士不可以不弘毅，任重而道远。

——郭继承

中华经典十三讲

郭继承 著

ZHONGHUA JINGDIAN
SHISANJIANG

图书在版编目（CIP）数据

郭继承人生课：中华经典十三讲 / 郭继承著. --北京：当代世界出版社，2019.5（2024.4重印）
ISBN 978-7-5090-1488-2

Ⅰ.①郭… Ⅱ.①郭… Ⅲ.①中华文化－通俗读物 Ⅳ.①K203-49

中国版本图书馆CIP数据核字（2019）第047118号

书　　名	郭继承人生课：中华经典十三讲
作　　者	郭继承
监　　制	吕辉
责任编辑	孙真
出版发行	当代世界出版社有限公司
地　　址	北京市东城区地安门东大街70-9号
邮　　编	100009
邮　　箱	ddsjchubanshe@163.com
编务电话	（010）83908377
发行电话	（010）83908410转806
传　　真	（010）83908410转812
经　　销	新华书店
印　　刷	艺通印刷（天津）有限公司
开　　本	710毫米×1000毫米　1/16
印　　张	19
字　　数	272千字
版　　次	2019年5月第1版
印　　次	2024年4月第6次
书　　号	ISBN 978-7-5090-1488-2
定　　价	49.80元

法律顾问：北京市东卫律师事务所　钱汪龙律师团队（010）65542827
版权所有，翻印必究；未经许可，不得转载。

阅读传世经典，为人生赋能

人生成长和发展过程中最重要的事情之一，就是通过阅读来提升自己的智慧和修养。在移动媒体和各种短视频充斥人们生活、肢解人们定力的当下，提倡沉下心来安静地阅读，更具有重要的现实意义。

可是，我们应该读什么书？这是务必要回答的问题。如果把一个人的心灵比作田地，读书就是向心田撒种子，如果读的是一本好书，那就是播撒优良的种子，庄严人生的风景；可如果是阅读不好的书，那就是向自己的心灵播撒毒草，最终可能导致人生走向歧途。那么，什么样的是好书，什么样的是不好的书？那就要看图书的内容是在开启人心灵之中积极向上的力量，还是引人走向堕落。凡是开启人性积极向上的力量，让人生越来越智慧，优点越来越多，缺点越来越少的书，就是我们常说的好书。这就是我们为什么提倡要阅读经典的原因。

经典是什么？就是千百年人类社会的大浪淘沙之后，历久弥新的人类杰作，浓缩和承载了人类文明智慧的光芒，有穿越时空的价值。当然，很多书不要说经不起历史的检验，就连几年的热度都不曾有。一个人读什么书，实则就是在用什么给自己赋能。当我们阅读《论语》的时候，就是孔子在给我们赋能；当我们阅读《道德经》的时候，就是老子在给我们赋能；如果我们阅读佛经，就是佛陀给我们赋能；如果我们阅读毛主席的书，就是用毛主席的智慧给我们赋能……但我们如果阅读描述是是非非、男男女女的书，同样也容易受到是是非非的干扰和影响。正是基于这样的考虑，我写出了这一本书，就是通过对中国经典的解读，将经典中凝练的智慧与我们的生活、事业、人生结合起来，让人类的智慧之泉，滋养我们当下的生活！

阅读传世经典，为人生赋能，是写这本书的初衷。对于普通人而言，时间和精力有限，不可能阅读全部的经典，甚至很难看懂和领会经典所传达的智慧，因此，这本书选取经典中最能给我们启发和教益的内容加以阐发，以适合读者阅读的方式加以呈现，转化成普通读者能看懂的语言，目的就是希望每一个读者朋友开卷有益，在阅读中让人生终生受益！

郭继承

2019 年 8 月 12 日

追求卓越，人生的永恒问题

不管人们生活在哪一个时代，都希望自己的人生更卓越、更有意义和价值，这是人类永恒的追求。

吸取历史上人类文明的精华，并结合自己的实际，作出正确的抉择，不断反省、不断提高，培养各方面的能力，真正踏踏实实地奋斗，这是所有成就卓越人生者的共同道路。其中，善于吸取人类文明史上的精华为我所用，某种程度上说是一个人成功和精彩的"捷径"。因为，虽然时空在不断变迁，但人类面临的很多挑战和问题具有共同性，历史上的圣贤、智者所思考的很多问题，对人生和宇宙的一些回答，往往穿越了时空，具有永恒的价值。我们加以领会并为我所用，既是传承文明的重要方式，更是提升自我的便捷途径，希望所有朋友们都能明白这个道理。

很多人生的智慧，历史上的智者已经有所领悟，我们如果不能主动学习和领会，就可能会在付出很多代价之后才有所斩获，但往往已经是"时光不再""空留余恨"，觉悟的时候恐怕已经太迟，时光不会重来！在前人的基础上，更通达地看人生，更智慧地做事业，以更高的标准做人，这才是我们做人做事该有的追求。

鉴于此，一直以来，我很想写一本书，回答如何让人生更智慧、更卓越，从而让那些有志于更高追求的人有一个基本的参考，并在这个参考之下，结合自己的实际情况，不断地修炼和成长。需要指出，我们所说的智慧人生、卓越人生，不是从地位、权力大小等外在的角度去评价一个人，而是指那种德才兼备、不管在哪个岗位上都能踏踏实实、兢兢业业造福人民的人。所谓外部的地位、名声、权力等光环不过是看人的一个角度而已,一个人真正的成就,最根本地取决于自己在工作中为大众、为社会创造了什么、奉献了什么,以及历史给予这个人的评价是什么。

文化的最大价值,在于通过提升人们的综合修养,助力人们创造更高的文明,为人类谋福。中国文化是一个无比丰富的智慧宝库,对于我们生活的方方面面都有巨大的价值和意义。我们选取历史长河中大浪淘沙之后传世的经典作为文本依据,将中华经典的智慧与卓越人才的培养结合起来,萃取经典中对于人类生活具有永久意义的内容,通过"以文化人"来体现文化的价值,通过提升人们的素养,来增进人类的福祉!

首先,无论人类社会怎样发展和变化,人类文明的高度根本就在于人的创造,而卓越人才的作用永远不可取代。一个真正优秀的人,不仅让自己感觉到人生的意义和价值,同样也是社会进步和为大众造福的重要力量!优秀人士的智慧、德行、见识、格局、境界、风格等,对于人类社会的发展和人民的福祉起着极其重大的影响。孔子曾经说:君子之德风,小人之德草,草上之风,必偃。这句话是说君子的德行和修为就像风一样,其重大影响甚至某种程度上决定了社会的风气;君子向哪里引导,社会就会呈现出什么样的风气。通过孔子的这句话,我们可以形象地感受到优秀的人——"君子"对于社会的重要作用。基于这种考量,我们专门就如何培养和实现卓越人生做出总结和梳理,清楚地告诉大家,卓越的人应该如何提升自己、应该具备什么样的修养,为追求卓越人生的朋友成长提供一个清晰的坐标和蓝本。这是我写这本书的初衷之一。一个卓越的人,不仅仅能够把自己的工作做好,造福人民,更是社会的一面旗帜和风向标,为大家的学习和发展提供了鲜活的动力和方向。一些有较大影响力的人如果出了问题,不仅伤害自己,而且会给社会产生恶劣的导向。因此,如何为社会培养和造就优秀人才,兹事体大,不可不察。

其次,一个人的卓越,实际上包括两部分:一部分是内在的修为,再就是外在的表现。对于一般人而言,大都是看到别人外在的光环,如地位、名声、财富等；实际上一个人的外在成就很大程度上取决于内在的修为。换句话说，一个人内在达到了什么境界，外在就会有什么样的功业与之匹配！一个人内在的状态和外在的功业是一体的关系，内在的状态通过外在的状态来体现，正是在做一番事业的过程中提升一个人内在的修为。因此，所有希望人生取得成就的人，都不要本末倒置，不能只盯着外在多大的事业，而要真正把自己的基础打好，让自己更优秀，这是人生卓越的根本。

在如何提升个人的自身修为问题上，中华文化有着不可替代的优势。中华文化的重要内容就在于如何培养和启发堂堂正正的大写的人，如何通过人自身的不断净化和升华，开启人本身的智慧、德行、境界、格局和能力。所以我们很有必要从中华优秀文化中提炼如何锻造卓越人生的营养，让有志于成为卓越人士的朋友成长得更好、发展得更好！当然，中华优秀文化蔚为大观，如何从中吸收精华为今天所有，存在一个方法和角度问题。本书以中国历史上传世的经典作为分析蓝本，从大浪淘沙的元典中总结出对我们当下最有用的智慧，从而实现中华优秀文化的创造性转化。

什么是经典？真正的经典是大浪淘沙之后的精品，从时间上看，是几百年、几千年才出一本的文化精品，是经过时间和实践检验，永远散发智慧的文化创造；从内容上看，真正的经典，一定是体现了"大道"的智慧，承载着人类美好的向往和价值追求，总结了人类自身和宇宙万物的规律，惟其如此，才能称为"真正的经典"。所以，我们以这样的传世经典为蓝本，总结其中的人生智慧，择取精华，让人终生受用。不仅是中华文化，任何一个文化形态的生命力，根本上都取决于能否回应人类社会的现实挑战，能否满足人民的文化需求！实现中华优秀传统文化的创造性转化，实质上就是用中华文化的智慧解决中国乃至人类社会面临的现实问题，在这个过程中推动中华文化的发展！

从一个人做一番事业的角度看，中华经典无论是从"道"还是从"术"的角度，都有着极为精彩的分析，在如何认识规律、如何采取正确策略等方面，都提供了非常值得学习的指导方案。比如《易经》，人生在什么状态和处境下，应该注意什么，《易经》都有深刻的洞察和分析，是我们不断完善自我的重要参考。无论是提升内在的修为，还是做一番事业，中华经典都是人生的必读之书。

再次，从中华民族自身学术体系建构的角度看，中华民族如果希望永远屹立于世界民族之林，能够永远生机勃勃，就一定要有伟大的文化，要有自己的精神家园，具体的表现之一就是要有自己的学术体系、理论体系和规则体系。否则，一个精神上和心灵上都不能独立自主的民族和国家，永远不会成为真正的大国和强国。大家在阅读人们如何成才的书籍时，移植西方所谓"成功学"思想非常之多，这些思想曾一度引起大众的兴趣。客观地说，那种所谓列举几条"要诀"仿佛就可以成功的做法，固然有一些意义，但我们要明白，一个人想真正拥有圆满的人生、做一番利国利民的事业，仅凭几个轻飘飘的条条框框是绝不能成功的！一个人如果没有真正深沉的智慧，没有厚重的德行，没有各方面的历练，根本不可能在复杂的社会环境里做出一番成就。因此，大浪淘沙之后，我们非常有必要沉下心来吸收几千年以来中华文化的大智慧！

实际上，中华民族作为人类历史上最悠久的民族之一，创造了人类文明史上的诸多典范，对人类的文明产生了极为深远的影响。可以说，中华文化对于人们如何提升自己的修为、如何全方位提升人的素质和文明程度，有极为丰富的论述和阐发，需要我们好好地总结和传承。出于这样的考虑，这本书从中华民族自身的历史文化中间寻求智慧，总结中华文化如何提升人的修为的论述和启示，希望其成为中国人自身的成才之道。

从中国文化主体性的角度看，包括医学、经济学、法学等所有学科，我们中国人都要有建构自身学术体系和理论体系的自觉，否则，简单照抄照搬别人的理论框架和体系，生搬硬套那些只适用于特定范围的所谓"理论模型"，不仅严重不符合中国的国情，会给我们的国家建设带来严重危害，更是缺少文化自信的一种表现。一个伟大的国家，一个有尊严的学者，一定要基于自身的文化体系和理论体系，建构本民族的文化体系、学术体系和理论体系，这是文化自信和精神独立的重要标志。

当然，在现实中，诸如自己的努力程度、接受教育程度、社会实践程度,以及社会环境、大众的人文素养、制度因素、人际环境等外部因素都对一个人的成才有重要影响。但个人的生活经历、世界观、学习方法则对一个人的成长起着无可替代的作用。本书不对各个外部要素做面面俱到的分析,而是以中国文化史上的传世经典为依据,围绕如何提升自身的修为和智慧展开论述和分析,希望能为实现卓越人生的人们提供一个学习和思考的参照。某种程度上说,是提取了中国文化史上的"蜂王浆",以此作为提升个人智慧的营养。

总之,这本书是为有抱负、有志于追求卓越人生的朋友们提供的蓝本和参考,希望它能够为大家的成长和提升提供实实在在的帮助。

特别指出,本书所选取的中华经典,是人类思想史上永恒的人文典范,它不是写给某一个时代的读者,而是写给历史,写给历史长河中所有志在追求卓越、造福社会的朋友!

希望这本书无论对大家自身修为的提升,还是对于做好社会工作,都有所裨益。

郭继承

2019年3月20日

目 录

第1讲 志不立，天下无可成之事 /001

一、立志是给人生布一个局 /003

二、多大的志向，多大的愿力 /008

三、不同的时代环境，何以立志 /012

第2讲 《尚书》：人心与道心，社会治理的人性根基与永恒主题 /017

一、从"人心惟危，道心惟微"说起 /019

二、启迪道心，防范人心 /022

三、多管齐下方有善治 /027

第3讲 《管子》《孙子兵法》：道术合一 /031

一、何谓"道""术" /033

二、卓越人才首在"道心"与"德政" /036

三、国之四维与核心价值 /040

四、"术"背后的"秘密"所在 /041

五、《孙子兵法》的"道"和"术" /045

第4讲 《大学》：内圣外王，卓越人生的成长之道 /049

一、"内圣外王"是一切成就者的成才之道 /053

二、何以"内圣"——三纲八条目与修行次第 /055

三、道德修养的具体方法——絜矩之道 /065

第5讲 《易经》与《易传》：一部精彩的人生哲学 /067

一、《易经》与人生之"道" /069

二、六十四卦与人生哲学 /080

三、《易经》：人生的参照系 /090

第6讲 《道德经》：道法自然与顺道而为 /093

一、顺道而为才能掌握主动 /097

二、为学日益、为道日损——悟道之法 /107

三、圣人无常心，以百姓之心为心 /110

四、悟道的障碍与修道的方向 /116

第7讲 《论语》：人生的教科书 /119

一、孔子为什么是千古一圣——圣人的秘密 /121

二、人生修为的一面镜子 /130

三、孔子智慧的秘密——无可无不可 /136

四、我们从孔子那里学什么 /141

五、从管子到孔子：一点反思 /145

第 8 讲 《庄子》：人生升华的不同状态 /149

　　一、从《逍遥游》看几种人生 /151

　　二、庄子的"理想人生"——大宗师 /159

　　三、从"混沌"之死，看中国文化的密码 /167

第 9 讲 《孟子》：人生的气象与修炼 /171

　　一、吾善养浩然之气——人人应该具备的大气象 /175

　　二、人生处处是道场 /180

　　三、孟子为什么批评墨子 /185

第 10 讲 《中庸》：把握中道，社会治理的枢纽 /189

　　一、《中庸》的两个层次 /191

　　二、执其两端，用中于民 /192

第 11 讲 禅宗经典：卓越人生的必修课 /201

　　一、正确解读禅宗经典的真精神和大智慧 /203

　　二、定力、文字与智慧 /220

　　三、心生万法：养好一颗心 /224

　　四、修心的不同层次 /225

　　五、修学在世间，不离世间觉 /227

第 12 讲 /《传习录》：如何在生活中历练 /231

　　一、王阳明一生 /233
　　二、致良知为王阳明的"心法" /240
　　三、知行合一 /246
　　四、事上磨练 /250
　　五、私意，凡心与圣境的最大阻隔 /253
　　六、每个岗位皆出圣贤 /255
　　七、历史洪流中看阳明 /259

第 13 讲 /《了凡四训》：人人皆可把握命运 /261

　　一、从被规定的人生到自觉的生命 /263
　　二、命运何以改变 /270
　　三、身在公门好修行 /278

结　语　阅读经典，造福大众，成就人生 /281

第1讲

志不立,天下无可成之事

志不立，天下无可成之事

如果我们问人生的第一等事是什么？不同的人可以有不同的看法，但无论是出于对人事的观察，还是对历史的解读，有志向和有愿力当为人生第一等事。无论从事任何一个行业、一份工作，如果是浑浑噩噩、无所事事，没有人生的使命、情怀和抱负，都不会做成什么事情。一个卓越的人才也必定是胸怀大志，对自己的人生有要求的人，必定是有强烈的学习意识、反思精神，坚定不移地朝着自己的理想奋进的人。

当一个人真正领悟了这一生的使命和责任，并且心魂相依，将自己的一生安住在确定的目标上面，才能做到心无旁骛、专心致志，才能保持定力，艰苦奋斗，不被诱惑和干扰，持之以恒地为实现有价值的人生而努力！

一、立志是给人生布一个局

一个人的志向有多大，人生的格局就有多大。王阳明在贵州龙场做驿丞的时候，开班办学，吸引了当地不少的好学青年前来参学。面对这些好学的年轻人，王阳明开明宗旨，明确提出"立志"是所有求学学生的第一等事。在开班办学的"告示"——《示范龙场诸生》中明确地指出：

> 志不立，天下无可成之事，虽百工技艺，未有不本于志者。学者旷废隳惰，玩岁愒时，而百无所成，皆由于志之未立耳。故立志而圣，则圣矣；立志而贤，则贤矣。志不立，如无舵之舟，无衔之马，漂荡奔逸，终亦何所底乎？昔人所言，使为善而父母怒之，兄弟怨之，宗族乡党贱恶之，如

此而不为善可也。为善则父母爱之，兄弟悦之，宗族乡党敬信之，何苦而不为善为君子？使为恶而父母爱之，兄弟悦之，宗族乡党敬信之，如此而为恶可也；为恶则父母怒之，兄弟怨之，宗族乡党贱恶之，何苦必为恶为小人？诸生念此，亦可以知所立志矣。①

王阳明为什么如此强调"立志"？为什么第一条就明确地提出"立志"呢？按照王阳明的说法，"志不立，如无舵之舟，无衔之马，漂荡奔逸，终亦何所底乎？"一句话，一个人如果没有真正的志向，将一事无成。

立志不仅是人生的方向标和"初心"，更是给自己的人生做一个"局"。一个人的人生呈现出什么样的局面，很大程度上取决于自己立一个什么样的志向。立志，其实就是自己给自己的人生开一个"局"，所谓立志高远，就是给自己的人生开一个宏大的局！有的人，气度不凡，一生志在圣贤，志在千里，志在以身报国，这些人往往呈现出一个波澜壮阔的人生；反之，一个人没有志向或者只关注自己的小幸福，这并不能简单地说不好，但由于开出的人生局面很小，则很难在历史上做出丰功伟绩。当我们看一个人的时候，一定要看他的志向，看他的人生格局，这是我们观察一个人的重要方面。这就是王阳明所说的"故立志而圣，则圣矣；立志而贤，则贤矣"。

我们观察这个世界上所有做成一番事业的人，大都有一个共同点，那就是很早就确立坚定的志向，并自觉地提升自己、创造条件，朝着自己确定的人生目标奋进，毛泽东就是这方面的典范。

我们先看毛泽东早期的一篇文章，体会一下毛泽东的"宏图大志"，其中讲到：

故当世青年之责任，在承前启后继古圣百家之所长，开放胸怀融东西文明之精粹，新研奇巧技器胜列强之产业，与时俱进应当世时局之变幻，解放思想创一代精神之伟烈。破教派之桎梏，汇科学之精华，树强国之楷模，布真理与天下！今正本清源，愿与志同道合，追求济世、救世真理者携手共

---

① （明）王守仁撰，吴光，钱明等编校：《王阳明全集》下，上海古籍出版社，2015年版，第804页。

进，发此弘愿，世世不辍，贡献身心，护持正义道德。

故吾辈任重而道远，若能立此大心，聚爱成行，则此荧荧之光必点通天之亮，星星之火必成燎原之势，翻天覆地，扭转乾坤。戒海内贪腐之国贼，惩海外汉奸之子嗣；养万民经济之财富，兴大国农工之格局；开仁武世界之先河，灭魔盗国际之基石；创中华新纪之强国，造国民千秋之福祉；兴神州万代之盛世，开全球永久之太平！也未为不可。①

这一篇文章就是《心之力》，写于1917年。据传毛泽东的这篇习作曾被湖南一师的杨昌济老师打了105分，比满分还多5分。这位从日本、英国留学归来的杨昌济先生之所以这样打分，是因为从中看到了毛泽东的雄才大略。

通读全文，我们可以看到作者兼济天下、追求世界大同的宏愿。这种要为国民千秋万代计，为神州万代盛世、全球永久太平着想的人，绝不会是一个庸庸碌碌的人！毛泽东一生的胸怀和成就，从他的立志就可以看得出。早在青年时代，毛泽东就表现出和普通人不一样的胸襟。有些年轻人少年时轻狂，也会说一些大话，可不过是一时兴起，说过就忘了，根本没有真正入心，更没有一生坚持的毅力和动力。毛泽东则不然，他少年时树立为国为民的抱负，一生不改初心，无论多少艰难困苦，都始终不忘记自己的使命担当，勇往直前。他认为完成人生的使命，务必要有健康的体魄，他为了锻炼身体和自身的胆量，养成洗冷水浴的习惯，在电闪雷鸣的夜晚登岳麓山，这种将伟大理想付诸行动的自觉和能力，是毛泽东突出的优点。

我们不妨读他在不同时期所写的几首诗：

在1918年4月送别罗章龙东赴日本留学时，他曾经写《七古·送纵宇一郎东行》，其中写到：

云开衡岳积阴止，天马凤凰春树里。

年少峥嵘屈贾才，山川奇气曾钟此。

---

① 逄先知：《毛泽东年谱》，中央文献出版社，2005年版，第30页有《心之力》部分语句及其此事的记载。

> 君行吾为发浩歌，鲲鹏击浪从兹始。
> 洞庭湘水涨连天，艟艨巨舰直东指。
> 无端散出一天愁，幸被东风吹万里。
> 丈夫何事足萦怀，要将宇宙看秭米。
> 沧海横流安足虑，世事纷纭何足理。
> 管却自家身与心，胸中日月常新美。
> 名世于今五百年，诸公碌碌皆余子。
> 平浪宫前友谊多，崇明对马衣带水。
> 东瀛濯剑有书还，我返自崖君去矣。①

在这首诗里，毛泽东很诚实地告诉大家：作为青年人，他心中也会有困惑和烦恼，但是他不会纠结于自己的小悲欢，更不会意志消沉。大丈夫的冲天豪情使得他能够很快超越个人的小情绪，这就是"无端散出一天愁，幸被东风吹万里"。在毛泽东看来，真正的大丈夫，一定要有大气象和大格局，"丈夫何事足萦怀，要将宇宙看秭米"。在宇宙苍穹面前，小我的悲欢离合，又算什么呢？面对自己的人生理想，毛泽东认为只有自己好好修持，不断提高自己，才能承担大任，这就是"管却自家身与心，胸中日月常新美"。正是带着为国为民、利济天下苍生的情怀，毛泽东对历史上的"达官贵人"，颇不以为然："名世于今五百年，诸公碌碌皆余子"，可以说正是有这样的气象、格局和自警，才有他后来的丰功伟绩。

红军长征，我们今天读来可谓艰苦卓绝，从军事形势上也可以说是险象环生。但是毛泽东并没有被困难吓倒，即便在几乎山穷水尽的时候，毛泽东的气象仍是横空出世，有一首写于长征期间的词——《念奴娇·昆仑》：

> 横空出世，莽昆仑，阅尽人间春色。
> 飞起玉龙三百万，搅得周天寒彻。

---

① 亦老编著：《毛泽东诗词鉴赏》，中国文史出版社，2004年版，第9页。

> 夏日消溶，江河横溢，人或为鱼鳖。
> 千秋功罪，谁人曾与评说？
> 而今我谓昆仑：不要这高，不要这多雪。
> 安得倚天抽宝剑，把汝裁为三截？
> 一截遗欧，一截赠美，一截还东国。
> 太平世界，环球同此凉热[①]。

在这首词中，没有遭遇极端恶劣环境的悲悲戚戚，我们看到毛泽东对自己做的事业充满自信，而且敢于将其放到千秋万代的历史格局里加以检验：千秋功罪，谁人曾与评说？即便是身处长征的险境和困境，心里仍然想的是世界大同：太平世界，环球同此凉热。

人们在观察一个人的时候，常常只看他外在的功业，而正确的做法是，要看是内在的什么力量支撑他创出一番功业。《道德经》说：万物生于有，有生于无。[②] 如果说一个人外在的丰功伟绩是"有"，那么，丰功伟绩之背后的"格局""智慧"和"志向"这些看不见的力量就是"无"。正是这个看不见的"无"，支撑着一个人披荆斩棘、勇往直前，从而不断地开创出新的业绩，造福无数的民众。

周恩来也是这样的人。早在十多岁读小学的时候，周恩来就明确地说出"为中华之崛起而读书"的宏愿。在1917年，周恩来从南开中学毕业去日本留学，途中给他的小学同学写了一句话，"愿相会于中华腾飞世界时——翔宇临别预言"。在列强环伺、军阀割据、老百姓生灵涂炭的时候，周恩来能说出这样的话，非常了不起！他坚定地相信，未来的中国一定会屹立于世界民族之林。在东去日本留学的途中，周恩来曾经写诗《大江歌罢掉头东》：

> 大江歌罢掉头东，邃密群科济世穷。

[①] 李文洁：《毛泽东诗词书法集》，云南美术出版社，2007年版，第17页。
[②] （魏）王弼注，楼宇烈校释：《老子道德经注》，中华书局，2011年版，第113页。

面壁十年图破壁，难酬蹈海亦英雄。[1]

我们今天回忆周恩来的一生，多看到的是鞠躬尽瘁、死而后已的精神品格，可是如果考察其一生，周恩来之所以能够波澜壮阔、可歌可泣，很大程度上源于他内心为国为民所立下的伟大理想！

无数的事例都告诉我们，一个人有多大的志向，就有多大的局面。一个人，能不能成为一个卓越的人才，其首要的就是要立志，要在内心深处有成长为卓越人才的愿望和心志。真正有志的人，不仅立志，更是在实践中把志向当作人生的方向，通过不断地学习、反思和践行，从而让理想变成现实。推而广之，任何一个人，立在这个世界上的第一件事，就是立志，为自己的人生做一个局，然后用一生的努力去成全和实现自己的人生。

二、多大的志向，多大的愿力

人生好比一场远航，能够走多远，取决于人生的动力，而动力最直接的来源则是一个人的志向，一个人有多大的志向，就会有多大的人生进取力量！

1. 志向高远，才不惧千难万险

人生是一场远行，志向越大，其经历的风险和挑战越大。如何面对这些人生征程上的困难，清晰的方向和坚定的意志显得尤为重要。唯有志向高远的人，面对千难万险，才有毫不退缩的勇气和坚定。玄奘大师的故事几乎家喻户晓，我们从他的经历中，可以看到伟大的志向带来的力量。

玄奘法师，俗姓陈，名祎，生于公元602年，河南陈留（今河南省偃师县缑氏镇陈河村）人。他的父亲叫陈惠，曾经做过江陵的县官，后来因政治的腐朽，决心隐居，玄奘法师是他的第四个儿子。

据历史记载，玄奘法师在小的时候，特别喜欢看书。有一次，父亲教孩子们读《孝经》。当讲到"曾子避席"这个典故时，玄奘法师突然很庄重，整理衣服站立起来。父亲觉得奇怪，问他何故如此？玄奘回答：曾子

---

[1] 张鸿诰：《关于周总理的早期诗作大江歌罢掉头东及其手迹》，光明日报，1978-01-13。

听老师的教诲，都要赶紧站起来走到席子外边，表达对老师孔子的尊敬，我作为孩子，听父亲的教诲，也要这么做。玄奘的父亲听了，心里很赞许，觉得自己的孩子今后必成大器，于是对他严格要求，带着他阅读了不少传世经典。

玄奘小的时候喜欢安静，不喜欢吵吵闹闹，不喜欢和小朋友打打耍耍。遇到热闹的事，即使门外锣鼓喧天，男男女女，他也能专心致志，刻苦读书。待人接物方面，玄奘从小就有很好的修养，待人和善友好，淳朴厚道而谨慎。

在当时，愿意出家的人，只有通过国家的考试，才能颁发度牒。玄奘大师13岁的时候，正值隋炀帝下诏考核出家的人，他便也去报名，但因为年龄太小而没有资格。专门负责考试和发放度牒的大理寺卿郑善果看到他后，就问：你是谁家的孩子？玄奘自报家门，郑善果好奇地问道：看着你不愿离去，难道也想出家吗？玄奘法师马上回答说：这是我的心愿。只是自己年龄太小，学习也不够深刻，没有资格去考试。大理寺卿听了以后，觉得眼前的这个孩子不简单，于是问：你为什么要出家？玄奘听了以后回答：我要远绍如来，成佛作祖！近学大乘，弘扬佛法！

此话一说，一下子震惊了大理寺卿，再仔细看玄奘法师，相貌庄严，沉稳大气。大理寺卿非常高兴，决定破格录取。这个事情过了以后，大理寺卿对属下解释说：我之所以破格录取他，是有原因的。考查一个人背诵了多少经书，并不是很难，很多人下一些功夫就能做到，但是一个人最宝贵的是先天的风骨和气象！是一个人心里蓬勃的大志向！就凭玄奘对出家愿望的回答，可以预见，他将来必定是光耀佛门的伟大人物！我们今天回过头来看郑善果的判断，可谓有知人之明！

玄奘大师出家之后，到处求教名师，刻苦阅读佛经，认真加以体会和领悟，提高很快。在这个过程中，他发现很多法师对佛法的理解并不相同，即便是同样一本佛经，不同的人翻译也有所不同。对此，玄奘大师决心到佛教的发源地去亲自考察，把原始的佛经请来加以对照和辨别。更何况自己作为出家人，也应该亲自去佛陀的出生地考察和学习。

玄奘大师决定之后，曾联合几人，上书唐太宗，希望得到批准。由于当时唐太宗刚刚登基，国家还不稳定，没有批准他们的请求。但玄奘大师立志坚决，即便是一人前去，也无怨无悔。

从长安到天竺，路程有几万里，大大小小上百个国家，中间有突厥等非常危险的区域，但是玄奘发誓如果不能求取正法，绝不东还一步！大家阅读《大唐西域记》，就知道其中经历的各种艰险。旅途的遥远，在当时是一个巨大的挑战。自然环境的险恶，几乎置人死地。抢劫、战争等随时发生在身边，可谓险象环生。在经过大沙漠的时候，他失手打翻自己的水袋，饥渴难耐，以致昏厥。但每每想起自己曾经发过的大愿，他都毅然决然地站起来，最终走出沙漠。

我们要问，是什么给了玄奘这么大的力量？"远绍如来，成佛作祖；近学大乘，弘扬佛法"可以说是玄奘大师一生的心灯！正是这一盏灯，使他面临无数考验的时候，都能坚忍不拔！因为任何现实中的困难，和他的历史定位相比，都微不足道！我们也不妨反观今天的一些人，一旦遇到一点问题和困难，不是尽力去想办法解决问题，而是不断地怨怒家庭、国家、政府、单位、领导、同事，这其中的根本原因就在于愿力和志向的大小！一个远绍如来、成佛作祖，近学大乘、弘扬佛法的人，不会把现实的困难当回事，为了自己的信仰，甚至死都可以！这是一个人心中不可战胜的磅礴力量！而现实中那些牢骚满腹的人，不要说胸无大志，就连基本的自我约束都做不到，他们只会关注别人给了自己什么，几乎从来不问我给别人和国家做了什么！

2. 志在千里，才不畏浮云

志向的大小，某种程度上体现了人生的高度。一个人有多高的志向，就有多高的生命高度。

如果把人生比喻成一次远眺，我们如何才能看得更远？那只有一个方法，就是登高远眺！古人说"欲穷千里目，更上一层楼"。王安石也说"不畏浮云遮望眼，只缘身在最高层"。都是这个意思。一个志向很低的人，只是在意自己的利益，在意自己的吃喝拉撒，在意自己的得失，这种人一生会有无数的挂碍，无数的患得患失。一个志向远大的人，对一些鸡毛蒜皮的事，对于一些小利益小得失，早已经超越，这样的人才能集中心智，一日千里！

2017年6月，李嘉诚在给汕头大学的毕业生发表演讲时说他一生志在千里，也知似水流年。"我年轻过，历尽困难试炼，我深刻知道成长之路是非常不容易的，在机遇的巨浪中，愚人见石，智者见泉。"

大家看李嘉诚的一生，也是非常的不容易，从很贫穷的少年开始奋斗，能有今天这样的局面，书写了一个企业家的奋斗史和成长史。可以说，李嘉诚正是有志在千里的大格局，才有了今天的事业。很多人之所以把一些细枝末节的东西看得很重，把金钱名利看得很重，其中很重要的原因在于没有大志，更没有开阔的胸襟和气象。

一个志向高远的人，是看破了很多小利益的人，是超越了很多个人得失的人，这种人的人生如同一匹没有多少负重的千里马，自然是一日千里！而那些只看中眼前利益的人，杂七杂八的东西都装在自己心里，如同一匹负重的马，有太多的负担和羁绊，可能很快就被压倒，更别说一日千里了。大家可以读一读苏轼的词《定风波》：

三月七日，沙湖道中遇雨。雨具先去，同行皆狼狈，余独不觉。已而遂晴，故作此词。

莫听穿林打叶声，何妨吟啸且徐行。竹杖芒鞋轻胜马，谁怕？一蓑烟雨任平生。

料峭春风吹酒醒，微冷，山头斜照却相迎。回首向来萧瑟处，归去。也无风雨也无晴。[①]

这首词给我们很多启迪。任何人的一生，都会遇到很多干扰，很多诱惑，很多来自方方面面的扰动。如果没有初心，没有坚守理想的定力，很多人都会在奋斗的过程中迷失掉，甚至有很多人开始怀疑、动摇自己的决定，这样没有坚持和毅力，如何成就精彩人生？所以苏轼说"莫听穿林打

---

① （宋）苏轼著，刘石导读：《苏轼词集》，上海古籍出版社，2014年版，第83页。

叶声，何妨吟啸且徐行"，实际上就是告诉我们要坚定走自己的道路，不要被各种干扰动摇了自己的人生坚持。大家看多少少年时代立下为国为民志向的人，到了中年却声色犬马，甚至身陷囹圄。立一个志向难，能够一生坚持，面对各种干扰和诱惑不为所动，更不容易！人生认准要做的事，做的是利国利民的正确的事，那就需要用一生坚持！希望有志于追求卓越人生的朋友，能够真正立下为国为民的大志，能够把兼济天下视为自己的使命和担当，而且矢志不移，一往无前！惟有如此，才有看穿各种干扰的定力和登高望远的智慧！这才能有"回首向来萧瑟处，也无风雨也无晴"的人生定力！

3. 立志，一定要会聚焦

大家去观察凸透镜，当大片的阳光经过凸透镜聚拢到一个点时，经过一段时间之后，纸片、火柴等都可以被点燃。其中的原因很简单，就是因为凸透镜有聚焦的作用，当把大片的阳光聚焦在一个点上，自然热量很高。人生也是如此，这一生一定要懂得集中到一个点上做事情，如果精力分散，这个行业做几天、那个行业做几天，最终就会一事无成。这就是禅宗所说的"制心一处"才能"无事不办"。再宏大的理想，都需要确定一个具体的方向。确定清晰的方向之后，一定要学会用一生的时间去努力。任何伟大的事业，都需要几十年、一生甚至多少代人的努力才能成就局面。任何三天打鱼两天晒网，都不可能做出成就。

人生，一定要学会聚焦，确定清晰的奋斗目标，落实在具体的事业上，在制心一处中成就人生，切不可在散漫中浪费时光！

三、不同的时代环境，何以立志

1. 苦难多斗志，富裕多安逸

大家研读历史，或者用心观察现实社会，会发现：越是在困难时候，越是容易激发一个国家或者一个人的斗志；相反，在安逸和繁华的时候，往往滋生骄奢淫逸，放纵堕落。我们姑且把这种现象称为人类心理的"历史周期律"，由此也可以解释为什么会出现所谓"富不过三代"的问题。很多人都在思考历史的周期律,可是很少人研究心理的"历史周期律"。在艰难困苦的时候,人们容易发愤图强,一旦取得一点成就,很多人心里难免产生忘乎所以之念,所以历史上有这样的感叹:商女不知亡国恨,隔江犹唱后庭花,这有其深刻的道理,需要引起我们的注意。当一个人、一个民族取得一点成就之后,心里开始丧失斗志和警惕的时候,衰相就已经出现了。真等到几十年之后国家江河日下的时候,恐怕就不可收拾了!所以,我们务必懂得居安思危、保持清醒的重要性,永远警惕心理上的"历史周期律"。

近几十年中国社会心理变化,也可以做一个例证。在二十世纪八十年代,改革开放之初,百废待兴,当时国家领导人励精图治,决心迎头赶上,各项改革措施不断推进,带来了中国生机勃勃的变化。出生在那个时代的中国人,普遍有发展自己、改变命运的紧迫感,可谓有时不我待的紧迫感,在读书和奋斗的时候,可谓废寝忘食。我也有自己的体验,那个时候的中学生,尤其是高中生,很少有不勤奋学习的学生,大都知道拼命地用功,争取考个好大学,改变自己的处境,让自己过得好起来。可是到了这一代人成家立业之后,物质生活等很多方面都有了很大的提高,他们的孩子却在读书方面出现了很多问题。最典型的就是不知道为什么学,不知道为什么奋斗,更无从谈起改变命运的急迫,因为父母都已经给他们准备好了。一个没有奋斗目标、不知道为什么活着的人,不要说成绩不好,就是考的分数高一些,又能做出什么样的成绩呢?浑浑噩噩,无所事事,患得患失,如何成就人生的精彩?

2. 超越"小我",人生无限可能

如何引导孩子们确立人生的志向,已成为今天的教育面临的严重问题。

如果把一个人的理想定位为只是满足自己的吃吃喝喝、声色犬马,那么,当这些实现以后,人生的路就会变得很迷茫。今天的学生真正有抱负、有使命的人比较少,原因何在?因为很多人的心胸仅仅是满足自己的小生活,很多家庭有车有房,零花钱也能满足孩子需要,孩子根本没有奋斗的动力。所以，今天的教育最重要的，不是做一点题目、考高一点分数，而是让孩子们知道如何过好这一生，做一个真正有使命感和情怀的人，一个真正对社会有意义的人！

如果我们探究今天很多年轻人缺少人生目标的原因，会发现这些人没有超越"小我"的格局，没有为社会、大众谋利益的情怀和担当，只是在意自己的吃喝玩乐和"小确幸"。当父母那一代人经过打拼，已经初步有了较好的物质生活时，他们自然没有了不断奋斗的强大动力。如果没有更高远的追求，一旦有了一定的物质生活之后，迷茫和无所事事就是人生的常态。

针对当前很多年轻人缺少终生为之奋斗的目标问题，北京某中学的校长曾经谈了自己的经历：由于这个中学地理位置好，学生的生源和成绩相对比较好。在每年寒暑假的时候，学校会专门安排学生的支教活动，去北京附近诸如河北等地与当地贫困的学生结成对子。有一次寒假过后，校长的办公室来了两个学生，跟校长谈起了这次支教的感受：这两个女孩子本来准备高中毕业后出国留学，而这次看到的事情让她们有了新认识。虽然整体上我们国家有了很大的发展，但由于客观环境等原因，在个别贫困山区还有生活比较困难的人。这些场景很让这两个女孩揪心。她们经历了这次"扶贫"之后，决定了这一生的志向：那就是在中国读书发展，用自己一生的努力帮助那些需要帮助的人，让更多的人生活得越来越好。校长也被孩子的愿望深深地打动。他知道其实真正的教育已经完成了，因为当孩子坚定了这一生非常有意义的方向之后，学习成绩等方面都不是大事了。

这两个姑娘为什么生发出这样的理想呢？根本原因在于他们已经不局限于自己的小悲欢、小得失，而是能够超出"小我"的格局而想如何为帮助别人做点事。所以，我们要预防心理学上由盛转衰的"历史周期律"，不要一旦有了一点成就之后就开始消极和堕落，最重要的是升华人生的格局。当一个人贫困的时候，努力为改变自己的命运和生活处境而打拼，这是值得鼓励的行为。可是当自己的生活已经有了相当的发展，或者比较富裕的时候，如果还是仅仅为了自己的小生活，那么必然会导致心理的腐化，丧失人生的方向。这个时候，一个人应该有更大的格局，应该超越"小我"，力所能及地为社会做点事，这样的人生才会更有意义，人生也才会更充实、更快乐。

我们经历了几十年改革开放的飞速发展，已经有了一定的基础。从长远看，无论是中国社会，还是人类社会，随着生产力的发展，早晚会进入所谓的"后物质时代"。那个时候，生产力的发达使得吃饭和生活的压力已经很小，人们会有较多的空闲时间，这个时候，人类社会最大的问题往往是心灵问题、思想问题、精神问题和价值观问题。如果一个人的灵魂是空荡荡的，没有高远的精神追求，没有为国为民奋斗的情怀，那么物质生活越是丰富，就越会面临精神的各种挣扎和困惑、各种痛苦和纠结、各种迷茫和无意义感。

推而广之，不仅是年轻人，很多年岁大的人也缺少真正的理想和情怀。由于当初只是为了自己的小生活打拼，经过努力之后，一旦有了较好的物质生活，很快，奋斗的动力源消失，人生的意义感和价值感迷失，这也是困扰整个社会的大问题。为什么很多地区在取得一定的发展之后，赌博、奢侈之风等严重？其原因就在于缺少高远的人生追求，小富即安，没有更高的追求，不折腾干什么呢？

人在天地之间，应该有庄子这样的情怀："天地与我并生，万物与我为一。"[①] 我们强调"大我"，强调一个人的社会责任，绝不是什么拔高人生，而是对人生状态的现实描述。生活在社会之中，我们的成长受益于很多人，我们的言行也会对很多人产生影响，我们每一个人对他人和社会都有不可推卸的责任。我们生活在天地之间，我们的言行对自然界都在产生重大影响，如近些年人类生存环境的恶化，实际上是人类的咎由自取。

我们对宇宙、对万物都有一份责任——有了这样的觉悟，无论自己发展到什么程度，只要心中有大我，就永远不会懈怠，更不会骄傲自满！我们作为中华民族之一员，有责任建设好我们的国家，让我们的人民更幸

---

① （晋）郭象注，（唐）成玄英疏：《庄子注疏·齐物论》，中华书局，2011年版，第44页。

福，并通过对自己国家的建设，造福人类。

每一个人都要照顾好自己的生活，但作为一个大写的人，不应该仅仅局限于小我的悲欢，而应该有超越小我之上的追求，能够通过自己力所能及的努力，造福更多的人，这才是生命的真正意义！有了这样的志向和愿力，一个人无论遇到什么，都有"我自岿然不动"的定力和百折不挠的毅力。也只有把家国天下放在心里的人，才能够真正超越小我的格局而为别人和社会造福，才能真正拥有波澜壮阔的人生，才能永垂史册，光耀后人！

第 2 讲

《尚书》：人心与道心，
社会治理的人性根基与永恒主题

《尚书》人心与道心：
社会治理的人性根基与永恒主题

高超的社会治理能力是卓越人才必备的能力之一。任何社会管理活动的主体都是人，人性是所有管理学的基础。如果我们对人性的洞察不够，任何社会管理活动都会出现各种偏差。如何认识人性，应该是管理者思考分析的第一个问题。只有建立在对人性准确的理解上，社会治理才有坚实的基础，各项具体的措施才能行之有效。

一、从"人心惟危，道心惟微"说起

古往今来，关于人性的思考、探索和争论，从未停止，也有各种各样的说法，性善论、性恶论、非善非恶、善恶交杂等，众说纷纭，莫衷一是。在各种对人性的思考中，中国文化对人性的思考更为全面，而且对于我们准确地理解人自身、解读人类的文化、理解社会治理的宗旨、做好社会管理活动，都有很现实的意义。

1. 中国文化的心传家法

在中国文化的典籍中，《尚书·大禹谟》集中体现中国人对人性的理解。在这篇文章中，帝舜对大禹说：人心惟危，道心惟微；惟精惟一，允执厥中。① 后世的朱熹、陆九渊等大儒，皆认为这四句话集中体现了中国文化的主旨，视其为中国文化的心传家法，即十六字心传。由此可见，这

---

① 李民、王健撰：《尚书译注·大禹谟》，上海古籍出版社，2012年版，第24页。

十六个字在中国思想史上的意义。如果深究这几句话的含义,"人心惟危,道心惟微",实际上代表了中国的先人对人性的深刻理解,对于我们今天如何理解人性仍有很强的现实指导意义。

我们先看字面的意思:"人心惟危",意味着"人心"给人带来的是危险,而"道心惟微",意味着"道心"很微妙、微弱。由此,我们可以看出中国先哲把人的"心"分为两部分:一部分内容是"人心",一部分内容是"道心"。那么,我们不免继续追问:到底什么才是"人心"?什么才是"道心"呢?为什么说"人心惟危""道心惟微"呢?如果我们结合现实生活,就更容易理解这句话的含义。

"人心",我们可以理解为是人性的弱点,表现为人的各种贪欲、偏见、自私、狭隘、极端、攀比、虚荣、嫉妒等,这些是人性之中消极的力量,是引导人走向堕落和违法乱纪的力量;而"道心",可以理解为人性之中的积极力量,比如觉悟、智慧、开明、上进、宽容、仁爱等,这是引导人越来越上进和高尚的力量。对于人性的积极力量,孟子称其为"良知"。为什么"人心惟危"?大家无论是研究历史或者看现实社会,一个人几乎所有的人生困境和灾祸,都与"人心"——人性弱点的膨胀有关,一言以蔽之,很多人就是败在人性的弱点上。人们所遭遇的困难,从表面上看是身陷囹圄,或者遭遇各种危险,但从内在的原因看,很大程度上是败在自己的人性弱点上。即便是有外在的诱惑和牵引,但如果自己能够有效地警觉和防范人性的弱点,也不会以身试法。人们常说"可怜之人,必有可恨之处",其道理就在这里。这个可恨的地方,就是人性的弱点。而"道心惟微",不仅告诉我们,人们的"道心"很微妙,还告诉我们当一个人的良知和欲望相遇的时候,很多时候人们的良知会在人性的贪欲面前打败仗。很多人知道有些事不应该做,还照样去做,最终越陷越深,不可收拾。由此,我们可以看到中国文化没有简单地将人性理解为善与恶,而是看到了人性的复杂。人性之中既有积极的力量,引人向上的力量;也有消极的力量,引人堕落的力量,这是对人性客观的描述。任何对人性简单贴标签的行为，都是对人性真实状态的偏离。很多人主观地以为中国文化认同人性本善的理论，并以孟子为例加以论证，这是对中国文化人性观的曲解。我在读《孟子》的时候发现，孟子非常清楚地认识到人性的复杂，认为人性可以引导向善，也可以引导向恶，但是孟子认为无论是一个人的美好未来或是人类的美好未来，都在于如何引导和激发人性之中的积极力量，如何引导人心中的"良知"，这是孟子着力的重点。

我们对照西方哲学史上的某些说法，就会发现洛克、霍布斯、亚当·斯密、休谟等人，无不假定人性是恶的，并在人性恶的基础上建构所谓的政治学理论和经济学理论，这种人性恶的假设是对人性真实状态的背离。换句话说，这种理论的人性假设都是有问题的。任何人以简单的"善恶"来定义人性，都是违背事实的。如果我们说人性本善，那如何看待人性之中的消极因素？如果我们认为人性是恶的，那我们如何理解人性之中的那么多让人肃然起敬的力量？所以中国文化对人性的理解，比较客观全面。人性是很多学科建构的基石，整个学科的大厦都需要我们清醒地看待。

如果人性是恶的，那一切的人类文明都是背离人的天性（恶）的，人类的教育也没有任何意义了！我们要警惕人性恶的观点，这不仅违背人性的真实状态，而且对人类的文明和进步，会产生非常消极的影响。反之，我们也要警惕人性本善的看法，如果我们过于相信人性的积极因素，而对人性的消极力量防范、警惕不够，就会犯严重的错误。所以，正确地理解人性，是我们从事社会治理的基础。任何对人性理解的偏颇，都会让我们的社会治理走上邪路。

正因为中国文化全面客观地理解了人性，所以我们就可以知道历代圣贤和大哲努力的方向了：尧舜禹、文武周公、老庄孔孟等，历代伟大的思想家和政治家，都在努力地启发和引导人性的积极力量、防范人性之中的消极力量，从而希望人类社会越来越好！所有人类文明的美好创造，都与道心有关；所有人类社会上的苦难，大都与人心的膨胀有关！启迪和护养道心，防范和制约人心，这就是人类社会永恒的任务，更是社会治理的永恒任务！

2. 启迪道心还是人心：人类文化的根本尺度

人类历史上形形色色的管理学理论和管理活动，无不是以人为主体和对象的，建立在对人性的全面准确理解之上的。从对历史的梳理和总结来看，那些基于对人性善的管理行为，往往期待通过人文和道德教化实现人人皆可为圣贤（好人），从而达到善政的目标，结果往往过于倚重道德和人文的教化，无法应对人性的复杂；而那些基于人性恶的管理行为，往往注重繁杂和严酷的法律，忽略了对人性的引导和教化，结果法令滋彰，盗贼多有，社会也容易沦入制度越复杂，社会就越混乱、人心越复杂的恶性循环。人们如何理解人，决定了其采用什么样的社会治理方式，从这个意义上说，人性是一切管理学的基础。任何伟大的管理学，都是建立在对人性的准确全面理解之上的。

如果具体到对文化作品的鉴别上，什么才是真正的好书？什么才是真正优秀的文化作品？具体到个人修为提升上，我们要问提高个人道德修养的方向是什么？当我们对人心和道心有了清楚的理解之后，这些问题就有了明确的答案。在人类的文化史上，但凡是启发人的道心，塑造人的善良、正直、宽容、开明、通达、上进等优点，从而引导人们做堂堂正正大写的人的作品，都是优秀的文化作品！反之，凡是那些鼓吹人的弱点、引导人们越来越自私、贪心、有偏见、狭隘、嫉妒等不良品质的作品，就不是好作品！在个人的修养问题上，人生不断升华的方向就是走不断超越人心以开启道心的道路。这就是我们常说的护好自己的一颗道心，正是人性之中的积极力量，让我们做一个有使命和情怀、有方向有规矩的人！人生修养的不断提高，实际上就是擦亮道心以超越人心的过程，从而让我们的人性越来越光亮，让我们的优点越来越多，缺点越来越少！我们常说人生是一场修行，其实就是在修我们的"道心"！

二、启迪道心，防范人心

我们对人性做了简单的分析之后，就可以总结所有的人类管理和治理行为，无不是通过如何限制人性的弱点（法治）、启迪和培育人性的积极力量（文化和道德）实现社会的善治。大家可以观察总结人类的历史，凡是良好的社会治理，无不是通过培育、引导和启发人性的积极力量以弘扬正气，通过激发人性之中的积极力量实现人们的自觉和自律。同时，对那些伤害社会公共利益和他人正当利益的言行予以法律、制度层面的强制约束。反之，那种违背人性的良知、打压良善，甚至鼓吹人性之恶的治理，无不是人类社会的毒瘤，最终必遭历史的否定。当然，在人类的历史上也有这样的社会治理行为，那就是利用人性的"恶"达到所谓的治理目的，看似非常有效，由于鼓励了人性之恶，实际上埋下了自我否定的恶果，从长远看这是饮鸩止渴的行为，不是管理的正道。孔子曾经说"放于利，多怨"，意思是一个社会如果只讲利益的刺激、用勾引人的欲望来达到管理的目的，那必定会带来社会的怨气和不稳定因素，更不可能实现社会的长治久安。带着这种观点去分析战国时期秦国的变法，我们既要看到其所起到的非常积极的作用，但是也要看到其中的弊端。有些变法的内容很大程度上是通过激发人性的恶来达到富国强兵的目的，比如通过杀多少人划分战功、通过奖赏土地和爵位的方式激发更多的人去杀人，这虽然在短时间内取得非常有效的结果，但是一个只是注重利益和奖惩的国家，由于缺少启发人性之中积极向上的力量，缺少对人的关怀和爱护，缺少厚重文化的支撑，结果大秦王朝统一之后不到二十年，就土崩瓦解。导致秦王朝灭亡的原因很多，但过多的严酷法律，不懂得真正爱护人民，人民苦不堪言，缺少温和的人文教化，缺少对人性积极力量的启发、滋养和培育，这些都是不可忽视的重要原因。

1. 人类社会治理的永恒话题

一句话，如何启发、培育人的"道心"即人性之中的积极力量以提升人类文明的质量，如何通过制度和规范建设以防范人性的弱点，这是人类社会治理的永恒主题。

从最理想的人类社会状态来看，是一个人做到自觉、自律和自由的有机统一。

先看自觉。所谓自觉，就是"道心"的启发，即平时所说的做一个觉悟的人。什么才是觉悟？儒、释、道各家、人类的各种宗教都有各自的说法，但如果结合人类的现实生活，那就是对人的使命有觉悟，对人这一生的方向和责任有觉悟，对自己每个社会身份该做什么、不能做什么有觉悟。觉悟，说得明白一点，就是做一个明明白白的人，做一个知道自己是谁的人，知道自己人生定位和角色定位的人。当然，做一个明白人，不但是嘴上的明白，更是在行动上明白。孔子说"五十知天命"，就是觉悟者的表现。在日常生活里，人们说某个人有眼色，知道人情世故，知道该说什么，不说什么，分寸拿捏得恰当，这也是普通人的小觉悟。否则，吃一顿饭，坐也不是地方，说话也不是地方，那就是一个糊涂人。做一个明白人、自觉的人，就会有自知之明，知道什么当为、什么不当为，进退得失，有边界有规矩。

再看自律，简单地说，自律就是自己管好自己。这是非常不容易的事，由于人性的弱点存在，故能全面管好自己的人微乎其微。只有真正自觉的人，只有开启"道心"的人，知道自己是谁的人，知道能做什么、不能做什么的人，而且能够将知和行结合起来的人，才能做到自律。否则，面对各种欲望，不知道自己该做什么、不该做什么，更管不好自己，那就谈不上任何的自律。所以，大家读孟子的话：徒善不可以治国，徒法不可以自行。非常清楚地告诉我们，只有将道德教化和制度约束结合起来，才能更好地治理国家。西方近代以来，特别强调法治的价值，也是出于这种考虑。在现实中，自觉的人很少，真正做到自律的人也是稀有，所以法治的兴起有其内在的原因。

再看自由，这是让很多人神往的一个词，曾经有多少人为了这个词献出生命。我们要问：什么是自由？自由是想做什么就做什么吗？自由是不需要任何约束吗？当然不是，所谓自由，是在一定的边界内的自由，是遵守各种规矩之下的自由。人在宇宙之中，不尊重宇宙的大法，就不会有任何自由，甚至带来人类的毁灭。在社会中，不遵守各种法律，就不会有任何自由，甚至会深陷牢狱之灾。真正的自由，是一个人做到了自觉、自律以后才有的状态。一个自觉、自律的人，清楚自己是谁，管好自己，在这个前提下才能拥有自由。否则，自由就是幻想，没有任何实际意义。

因此，我们在提倡自由的时候，要把自觉和自律结合起来说，要把自由和法治结合起来说。如果真是做到了自觉自律，那就有主动的自由，如孔子所言，从心所欲不逾矩！如果做不到自觉自律，那就是被动的自由，在法律管制下的所谓自由，而且一旦违背法律，就会失去自由。中国文化在这一方面认识得特别深刻，任何时候，任何时代，宇宙、社会都会有各种规律和规范，只有上升到自觉的人，才能拥有真正的自由。也就是说，通过人文的教育以滋养道德，通过文化的启蒙以提升人的觉悟，从而使人们做一个自觉和自律的人，这是最理想的状态。当然，从社会治理的角度而言，所谓"自由"，是给那些积极推动社会进步的力量以尽可能的自由空间。反之，对那些危害他人和社会的言行，必须加以限制和防范。否则，如果打着所谓"自由"的旗号，任由冲击社会健康发展的力量肆意横行，必然会动摇社会长治久安的根基！对此，社会管理绝不可幼稚，管理者更不可被所谓"自由"的口号束缚而不敢大胆地管理。

当然，由于人性的复杂，在现实中我们所要做的就是将启迪人性的"道心"与防范人性之中的"人心"结合起来，从而让社会达到各得其所、井然有序的目的，这是贯穿人类文明史的永恒问题。

2. 文化启迪道心，制度防范人心

如何启迪"道心"？就是通过优秀文化启发人性之中的积极力量，通过提升人性之中的德行、智慧、开明、上进等优秀品格实现人们的自我管理和自我约束。一个完全自律的人，才是真正有修为的人，由自律的人组成的联合体，才能达到社会管理成本最低的效果。在如何防范"人心"的问题上，就是对人性的弱点有非常清醒的认识，通过完备的制度、法律建设和有效的制度运行和执法来防范人性的弱点。

"扶正固本"，才能"邪不可干"。社会治理的重点在于培养社会的正气！在启迪"道心"的问题上，最好的办法就是通过优秀文化的教育以培养社会成员的德行，从而实现道心昌扬与德行落实的有机统一。近几

年，有些人讨论社会道德的弱化等问题，社会也开始大力提倡道德建设。实际上，道德建设分为道德自觉和道德行为两个层次。而道德自觉的培育是道德行为的前提，只有一个人在内心深处具有了道德的境界，才能在外在的行为上表现出道德的行为。可以说，道德建设是道德认知、认同和道德实践的有机统一，而在道德认知、道德认同的教化和培育上，文化建设起着决定性的作用。我们今天的道德建设之所以成效并不理想，很重要的原因就是缺少文化的滋养。文化的熏陶是根基，在文化熏陶的基础上才能培养一个人的道德境界和实践。当前，我们的道德教育更多的是一些简单空洞的说教，那些干巴巴的道德教条很难真正得到大众的认可。由于缺少深厚的文化滋养，结果导致道德的根脉未曾建立。

从只有文化之水才能滋养道德建设之根的角度看，我们必须大力传承和弘扬中华文化，在优秀中华文化的滋养下，才能真正培育社会成员的道德行为。我个人在阅读中华文化典籍的时候，也有一些体会。读《论语》《孟子》等书，其中所传达的"己所不欲，勿施于人""老吾老以及人之老"等思想，会自觉不自觉地影响自己的认知和行为。中国文化史上那些为了国家和人民肝脑涂地的人，今天想起来都不免让人潸然泪下，这些都会自然地浸润人的心灵，升华人的品格。可以想象，一个长期接受经典熏陶的人，经典所传达和渗透的智慧、思想，会不同程度地影响一个人的言行和思想。从这个意义上讲，我们传承中华民族的经典诸如"四书五经"、《道德经》《庄子》等书，就显得格外有意义。

通过启发人的道心，培养社会的浩然正气，塑造社会成员自我管理的能力，这是最理想的境界，马克思把这种状态称之为"自由人的联合体"。但是在现实中，我们必须看到现实的人是很复杂的，人性之中有各种力量，如何防范人性之中的消极力量和弱点，也是人类文明史上的永恒话题。人性弱点的集中表现就是自己不能管好自己，人们在自私、贪欲、偏见、狭隘、嫉妒等人性弱点的诱导下，往往会做出各种危害社会和别人的恶行，害人害己，在这种情况下，制度规范建设、法治精神的培养就显得格外重要。法治精神的教育与完善的立法是基础，严格执法是关键，在法治精神的影响下，再加上严格执法才能培养社会的规则意识和守法习惯。防范人性的弱点，就是给人性的弱点装上笼子，以防止其伤害社会的公共利益和他人的正当利益。在防止人性的弱点问题上，我们要关注制度建设背后的价值立场，关注遵守制度的习惯培养，只有这样才能更好地推进法治建设。从法治建设背后的价值立场看，无论是制度的建设和制度的执行，都是为了捍卫人类的美好价值，简单地说就是立善法，惩恶扬善，只有这样才能让法治得到人民的支持，才能真正维护社会公正而体现法治的力量。从培养遵守法治的习惯看，任何制度的落实只有让社会成员养成遵守法治的习惯，才能真正建设成法治社会。否则，再完备的制度，人们没有守法的习惯，也是一纸空文，单靠执法无法形成全民尊重规则的局面。

从社会现实看，我们今天的社会治理，也包括企业管理等各类具体的管理行为，在道心的培养上缺少深厚文化的滋养作为支撑；在防范人心的问题上，如何让社会成员养成遵守规则的习惯，也是当务之急。从对策的角度看，我们要大力弘扬中华优秀文化、善于学习其他文化形态的优点，以文化的厚重滋养道心，培养堂堂正正大写的人！我们要加强法治精神的教育，严格执法，以培养全体成员遵守规则的意识和习惯。只有这样，我们的社会才是井然有序的社会，我们的国家才是欣欣向荣而有浩然正气的国家。

三、多管齐下方有善治

理解了社会治理的宗旨——启发道心与防范人心，我们就可以对人类的社会治理模式做一点反思和总结。

1. 警惕社会治理上的非此即彼

在社会治理的问题上，我们要警惕非此即彼的现象。所谓非此即彼，简单地说就是肯定一个极端，否定其他角度的价值。当前，非此即彼的现象比较明显。比如说，市场经济与计划经济、中医与西医等问题，有人认为计划经济是错的、不好的，市场经济才是好的；西医是好的，中医是不好的，等等，就是典型的非此即彼，二元对立。在中国的现实中，非此即彼、二元对立的思维方式，可谓大行其道，对于我们的社会发展起着非常消极的影响，值得警惕。比如说，有人把西方尤其是欧美的做法当标准，只要是我们和他们做得不一样，那就是我们错了。这种根本不顾及中国实际的言行，就是典型的非此即彼的表现，严重危害中国的社会发展。当前中国之所以出现这种二元对立的思维方式，与近代以来西方的影响和教育大有关系。

在中国文化的语境中，我们是"和而不同"和"中道圆融"的思维，是注重不同力量动态平衡的思维，而不是主张一方打倒另一方的思维。西方文化的深层，有着"理念和现实""正义和邪恶""天堂和地狱""此岸和彼岸"的二元对立倾向。虽然西方近代以来的一些思想家开始反思这种二元对立的危害，但未能从根本上改变二元对立的思维习惯。所以在当今的美国看来，凡是和他们价值和制度模式一样的国家就是朋友，否则就是敌人。这种非此即彼的思维方式，是近代以来人类出现诸多血腥和冲突的文化根源之一。西方社会治理的困境也与此有关。早在18世纪，西方的经济学家认为社会治理一定要放开，反对政府的管控，持这种观点的典型人物就是亚当·斯密。后来在自由市场经济的推动下，西方出现了经济的飞速发展，但两极分化、社会不公、经济危机等各种问题纷至沓来，以致酿成了20世纪30年代全球的经济大萧条，于是凯恩斯又提出政府的宏观调控和国家主导经济。几十年之后，哈耶克等人又反对这种政府对社会的管控，提倡新自由主义，结果又引发新的金融危机。这种非此即彼的思维方式，在不同的治理模式之中跳来跳去，结果现在西方也无法面对自身的治理困境。其实在中国文化的语境中，各种治理模式各有各的价值，各有各的发挥作用的方式，而不是说某一种方式就是灵丹妙药。

因此，我们今天在社会管理的问题上，一定要自觉摒弃非此即彼的思维方式，不要以为哪种治理方式可以包治百病，可点石成金，而是根据社会的现实情况，需要哪种治理模式就采用哪种治理模式，更要综合发挥不同治理模式的优点，共同促进社会的健康发展。前几年，针对中国社会治理的问题，有人曾认为法治就是灵丹妙药，而不能深刻理解中央提出的"德法相依"理念；就如同更早推动市场经济改革的时候，面对中国经济的问题，仿佛一旦搞市场经济，一切都好了，不懂得市场经济必须和国家宏观调控有机统一，而且越推进市场经济的改革，越要加强宏观调控！这都是看问题的片面和浅薄所在，也是非此即彼、二元对立的典型体现。

实际上，市场经济、宏观调控各有作用；要文化、道德建设与法治建设有机统一，相辅相成，绝不是某一种方式可以包打天下。鉴于社会的复杂，我们在处理任何问题的时候，不要简单地以为"一怎么样就好了"，事实上，社会发展的任何时期都会有各种冲突和矛盾。矛盾是社会的常态，没有矛盾是不正常的；每一种解决问题的方式都各有价值，但不可将其绝对化，而是要认清楚每一种解决方式的局限和边界，各种方式集中起来，互相融合，共同在动态中实现社会的良性治理。

2. 德法相依，多管齐下

经过以上分析，我们就可以很清楚地理解孟子的话了：徒法不可以自行，徒善不可为政。[1] 中国的社会治理，绝不是模仿西方国家就可以解决中国的问题，绝不是移植别人的做法就可以解决自身的问题，而是结合自己的实际，采用各种措施，发挥不同治理方式的作用，多管齐下，共同把社会治理好。

孟子曾言："物之不齐，物之情也。"[2] 世界万物各有特点，不同地区、不同群体、不同单位也有不同的情况，针对人性的复杂，在社会治理的问题上，一定是多管齐下，各种治理措施各得其所，才能取得良好的治理效果，决不可非此即彼，以为某种治理措施可以包治百病。我们无论是反思和总结历史，还是考察现实，仍然存在大量的非此即彼的现象，仍然存在着某些人以为某一种方式可包治百病的幼稚病。

某一个企业，从乡镇企业做起，三十多年的发展，达到了一年几百亿产值的规模，可谓该行业比较知名的企业。可这个企业的老总一直很自

---

[1] 杨伯峻注：《孟子译注》，中华书局，2012年版，第173页。

[2] 同上，第133页。

卑，觉得美国等西方的管理经验和模式才是最先进的，花了近千万购买了美国IBM提供的管理模型，结果不到一年的时间，由于严重脱离企业实际，导致大量的骨干和核心技术人员流失，三十多年的企业毁于一旦。究其原因，就是某些人骨子里面对外国的膜拜，对自身管理经验的自卑，看问题的简单幼稚。实际上，任何一个国家、一个单位，各有各的情况，一定要善于根据具体的情况做出判断和处理，向他人学习也要结合自己的实际。在具体管理的过程中，不要简单地以为哪个药方可以包治百病，一定要结合实际，因事因地制宜。

我们要充分地吸纳和总结自身的管理智慧和经验，充分认识到任何一个国家的管理智慧和管理经验、模式都离不开本民族的文化之根。我们在学习其他民族好的做法时，绝不要以为简单的移植和模仿就能解决问题，而是要学习背后的道理，借鉴其中某些可以参考的具体做法，但都要懂得为我所用，以我为主，建构适合本国、本单位实际的社会治理模式和智慧。

第 3 讲

《管子》《孙子兵法》：道术合一

《管子》《孙子兵法》：道术合一

从成书的年代上看，《管子》这本书成书较早，能够比较鲜明地反映出中国先秦那个时代的智慧。管子，即管仲（约公元前723年至公元前645年），姬姓，字仲，谥敬，春秋时期齐国著名的政治家和思想家。齐桓公元年（公元前685年），管仲任齐相。管仲在任内大兴改革，推行富国强兵的政策，使齐国成为当时的霸主。管仲是一个将思想与政治实践结合起来的思想家、军事家、战略家和政治家，而《管子》一书则集中体现了他的思想和智慧，是我们学习和借鉴中国先秦治理智慧的重要文本。齐桓公四十一年（公元前645年），管仲病逝。

一、何谓"道""术"

如果通览《管子》这本书，会发现一个重要的特点：那就是将"道"和"术"有机地统一起来，从而既能在根本上下功夫，又有行之有效的实践策略和方法，这对于我们如何提高内在的修为和做好社会治理都有重要的启发。

"道"和"术"是中国文化里最常见的词语之一，如何把握其中的含义呢？

我们先说"道"。从字形上看，由"首"和"辶"组成，如果说"首"代表智慧，而"辶"代表行动，那么"道"这个字就代表了知行合一。真正有大智慧的人，绝不是嘴皮上的空讲，而是要能在实际行动上体现出来。很多人嘴上说"道"，讲书本上的"道"，但自己并没有"道"。对很多人而言，知"道"不难，听"道"不难，悟"道"难，证"道"难，行"道"更难。从笔画上看，"道"的上面有两点，代表宇宙的两种能量一阴一阳相辅相成，两点的下面是一个"自"，代表悟道一定是反求诸己，通过自己来领悟，而不是到外部去求东求西，更不是对外在的力量盲目地迷信和崇拜。从内涵上看，中国文化语境的"道"，包括这几个层次：其一，"道"是宇宙演化的原动力，这个层次就是"道"生万法。所以《道德经》就有"道生一，一生二，二生三，三生万物"[①]的说法。其二，"道"是宇宙、社会演化的规律，这个规律不是谁创造的，而是自然而然，"道法自然"。面对规律，我们一定要遵循规律，否则"背道而驰"就会遭遇重大失败。其三，在人和"道"的关系问题上，人是用"心"来悟"道"，中国文化的"心"和现在解剖意义上的心脏根本不同，中国文化的"心"实际上是指人们认知世界的能力。人们的"心"如何才能悟"道"？那就要把"心"打扫得干净一些，让心专注一些，这就是禅宗里所强调的"放下杂念"和"制心一处"。由此，大家就明白中国文化的儒、释、道等各家为什么不断要求人们一定要清净，就是因为只有让心清净下来，才能更好地领会"道"。其四，所谓一个人心清净下来，实际上就是要超越和放下"小我"的算计，把人性之上的弱点消去，这个时候人心才能领会大道。当人心和大道融为一体的时候，就是我们前面所说的"道心"。这种"道心"呈现的人，儒家称之为"仁人"，道家称之为"真人"，佛家称之为"菩萨"。由于"仁人""真人"和"菩萨"，都超越了"小我"，所以达到这种境界的人，一定是肝脑涂地为众生服务的人。

　　当我们明白了以上的道理，就能读懂中国文化的内在层次和含义。孔子说：君子要"志于道"，因为宇宙、社会大道是任何人都无法规避的，只有遵守大道，才能实现人生的自觉和主动。可是觉悟"道"之后是什么状态呢？那就是"仁"，所以"仁"代表了一个人领悟大道之后的境界，是"道心"的体现，凝聚了人类所有的美德。当一个人悟"道"之后，怎么在实践中

---

① （魏晋）王弼注：《老子道德经注》，中华书局，2011年版，第120页。

指导自己的生活，那就是"义"，表现为一个觉悟者应该怎么做，所以儒家就把二者结合起来，称为"道义"。如果从"道"的角度看，人类一切文化的创造皆与"心"有关，某种程度上可以说人类的"心"是什么状态，就会有什么样的文化形态、价值观念和制度规范等，所以，我们一定要启发"道心"，只有"道心"才能创造人类一切美好的东西，弘扬"道心"是人类社会永恒的责任！

那么，如何理解"术"呢？在日常的应用中，"术"有两种含义：其一，"术"从操作层面而言，是指在"道"的指引下，怎么做好事情的问题。任何美好的道理，如果不能结合实际落实下来，都没有实际的意义。禅宗对那些嘴上说"道"，自己又做不到的人，称之为"说食不饱"，嘴上空说什么好吃，肚子里叽叽咕咕叫，没有多大意义。如果从操作层面的"术"而言，那就是做任何事情，必有恰当的行之有效的战略、策略、方法、规范等。从"道"的层面看，是要确保做事情的时候有正确的价值立场，做真正利国利民的事；而"术"则是确保把好事真正做好，能够在实践中不违背初心，真正能够将利国利民的理想落实下来，真正惠及大众，造福万民。比如我们都熟知的大禹治水的故事，大禹想解决洪水的问题，造福万民，这就是"道心"，可是怎么才能把水患解决好，这就需要智慧和方法。大禹之前的治水者，采用堵塞的办法，结果洪水在陆地上肆虐，带来严重的危害，这就是有"道心"而缺少"术"。大禹总结经验，仔细观察地理和天象，决定利用水向低处流的原理，采用疏导的办法，解决水患，结果取得成功。"道"决定是否有利于大众的初心和正确的价值观，但"术"却是这种初心能否真正给人民带来福祉的关键。所以，二者有机统一，结合起来，共同推动人类文明的进步。其二，"术"有计谋和谋略的含义。这种计谋和谋略也有两种含义：一是在"道心"指导下运用计谋或者谋略达到目的；二是通过利用人的弱点和欲望来达到不可告人的目的。比如，在维护国家安全的正义战争中，运用计谋和谋略，利用敌人的弱点，以实现战胜敌人、保家卫国的目的，这就是第一种情况。再比如，某人图谋私利，用美色、金钱腐蚀和诱导某些关键人物，最终达到自己的目的，这就是第二种情况。但是，这两种情况，有一个共同点，都是利用人的弱点从而实现对人的控制和操纵，只不过区别在于是不是为了正当的目的。对此《道德经》有明确的说法：以奇用兵，以正治国，以无为取天下。[①] 这句话的意思是，在打仗等特别危急的情况下，用一点计谋也属正常；可是在治国的时候，领导人一定要正大光明，一定要建章立制，切不可对自己的人民要计谋，否则立国的根本就遭到摧毁。"以无为取天下"，是指那些伟大的领导人，不是主观地希望国家怎么样，更不会去折腾国家和人民，而是能够顺应规律，超越个人的欲望，道法自然。因此，对于"术"的运用，不仅要谨慎，而且要仅仅服务于"道心"，即达到造福大众、服务社会的目的。玩弄权术的人，历来难有好下场，此之谓"玩火者必自焚"。

简言之，如果仅仅停留在"道"的层面，那就容易导致空说一些美好的愿景，而不能产生实际的效用。如果仅仅是停留在"术"的层面，往往会奸诈阴险，为了达到自己的目的而不择手段。"道"和"术"的结合，应该是我们成就一番事业的理想状态。《管子》就是"道""术"结合的经典文本。

二、卓越人才首在"道心"与"德政"

在《管子》一书中，最能体现其社会治理理念的是《牧民》《立政》和《心术》等篇。顾名思义，这些文章集中讨论如何做好政治管理，如何培养伟大的政治家等问题。通过这些文章，我们可以发现，在管仲看来，一个伟大的管理者，首在管理者自身的德行和政治措施上的德政。而且，只有一个真正有德行的管理者，才能在实践中践行德政，做一个伟大的政治家，这实际上就是"道心"（管理者的修为）和"德政"（实际的管理效果）之间的有机统一。

比如，在《立政》中，他指出：治国有三本，而安国有四固，而富国有五事。[②]

[①] （魏）王弼注，楼宇烈校释：《老子道德经注》，中华书局，2011年版，第154页。
[②] 耿振东注：《管子》，上海三联书店，2014年版，第36页。

所谓"三本",即:君之所审者三:

一曰德不当其位,二曰功不当其禄,三曰能不当其官。此三本者,治乱之原也。故国有德义未明于朝者,则不可加于尊位;功力未见于国者,则不可授与重禄;临事不信于民者,则不可使任大官。故德厚而位卑者谓之过;德薄而位尊者谓之失。宁过于君子,而毋失于小人。过于君子,其为怨浅;失于小人,其为祸深。是故国有德义未明于朝而处尊位者,则良臣不进;有功力未见于国而有重禄者,则劳臣不劝;有临事不信于民而任大官者,则材臣不用。三本者审,则下不敢求;三本者不审,则邪臣上通,而便辟制威。如此,则明塞于上而治壅於下,正道捐弃而邪事日长。三本者审,则便辟无威於国,道涂无行禽,疏远无蔽狱,孤寡无隐治。故曰:刑省治寡,朝不合众。①

所谓"四固",即:君之所慎者四:

一曰大德不至仁,不可以授国柄。二曰见贤不能让,不可与尊位。三曰罚避亲贵,不可使主兵。四曰不好本事,不务地利而轻赋敛,不可与都邑。此四务者,安危之本也。故曰:卿相不得众,国之危也;大臣不和同,国之危也;兵主不足畏,国之危也;民不怀其产,国之危也。故大德至仁,则操国得众;见贤能让,则大臣和同;罚不避亲贵,则威行于邻敌;好本事,务地利,重赋敛,则民怀其产。②

所谓"五事",即:君之所务者五:

一曰山泽不救于火,草木不殖成,国之贫也。二曰沟渎不遂于隘,障水不安其藏,国之贫也。三曰桑麻不植于野,五谷不宜其地,国之贫也。四曰六畜不育于家,瓜瓠荤菜百果不备具,国之贫也。五曰工事竞于刻镂,女事繁于文章,国之贫也。故曰:山泽救于火,草木殖成,国之富也;沟渎遂于隘,障水安其藏,国之富也;桑麻殖于野,五谷宜其地,国之富也;

---

① 耿振东注:《管子》,上海三联书店,2014 年版,第 36 页。
② 同上,第 39 页。

六畜育于家，瓜瓠荤菜百果备具，国之富也；工事无刻镂，女事无文章，国之富也。①

在管仲看来，一个理想的社会管理或者政治管理，应该做到"三本""四固"和"五事"。"三本"的核心，在于强调管理者的德行是良好政治的基础；在《牧民》篇中，他说：如地如天，何私何亲？如月如日，唯君之节！②就是说，管理者的修为应该像日月一样，无私地照临世界，即"无私者，可置以为政"。很显然，管仲认为，任何伟大的管理行为，一定建立在管理者的德行根基上，即首先确保有一颗无私的"道心"。而"四固"的核心，在于强调管理者要自觉做到德行和政治实践上德政的有机统一，即"道"和"术"的统一；所谓五事，初看起来是一些具体的政策，其根本在维护核心价值"德"，实际上就是"德政"的具体体现。而且，在管仲看来，管理者的"道心"——德行和政治实践中的"术"——德政，都不是抽象的概念，其判断的标准就在于是不是真正为人民造福、是不是得到人民的支持，可以说这是具有永恒价值的认识。所以在《牧民》篇中，管仲强调：

政之所兴，在顺民心；政之所废，在逆民心。民恶忧劳，我佚乐之；民恶贫贱，我富贵之；民恶危坠，我存安之；民恶灭绝，我生育之。③

管仲之所以如此看重管理者自身的修养，是有着现实的基础。如果说一个领导人品质有很大的问题，自私狭隘，处理问题很不公正，总是希望以权谋私，那显然根本不可能处理好方方面面的关系，更不可能治理好国家。我们现在一直强调法治，客观地说，法制在约束人性的弱点方面极其重要，但是法制无论多么严密，都不能真正约束一个有严重道德缺陷的管理者。而且，法制某种程度上只是消极地发挥社会作用，更多的是在约束人们的言行；而道德则是积极地发挥作用，激发人们主动地承担责任！可

---

① 耿振东注：《管子》，上海三联书店，2014年版，第40页。
② 同上，第9页。
③ 同上，第59页。

以说如何培育管理者的"道心"和德行，是良好政治实践的基础和前提。在任何时代，"关键少数"的作用都不可忽视，甚至起着社会风向标的作用！管仲在《心术》一篇中，专门提出了如何培养管理者的智慧和德行的问题：

《管子·心术上》：心之在体，君之在位也；九窍之有职，官之分也。心处其道，九窍循理。嗜欲充益，目不见色，耳不闻声。故曰上离其道，下失其事。毋代马走，使尽其力；毋代鸟飞，使弊其羽翼；毋先物动，以观其则。动则失位，静乃自得。①

天之道虚，地之道静。虚则不屈，静则不变，不变则无过，故曰"不伐"。"洁其宫，阙其门"，宫者，谓心也，心也者，智之舍也，故曰"宫"。洁之者，去好过也。门者，谓耳目也。耳目者，所以闻见也。②

在管子看来，一个人身上有九窍，包括鼻孔、耳朵、嘴巴、眼睛、大小便通道等，管仲认为九窍代表的其实是一个人的欲望，正是在追逐欲望的干扰中，一个人的心智和智慧才被蒙蔽。就像一个人，本来是有智慧的，结果被各种杂七杂八的欲望牵引、各种纷杂的事情扰乱，导致心神紊乱，心浮气躁。那么，我们如何恢复这个人的智慧呢？那就要把各种扰动心神的东西屏蔽掉，从而让自己能够安下心来做判断。所以——

"圣人裁物，不为物使。心安是国安也；心治是国治也。治也者心也，安也者心也。"③

我们结合现实生活来说，就是外在的很多诱惑，正是通过"九窍"来干扰我们的正确判断和认知，很多人往往沉溺于感官的刺激不能自拔，让我们迷失在欲望的追逐中而失去"道心"。从这个意义上讲，我们应该时时警惕外部各种欲望对我们的牵引，从而保持清醒和定力，做出智慧的判断和抉择。

---

① 陈鼓应编注：《管子四篇诠释》，中华书局，2015年版，第114页。
② 同上，第137页。
③ 同上，第150页。

三、国之四维与核心价值

任何一个伟大的国家、民族,一定要有维系整个社会的核心价值和精神力量,这既是立国之本,也是长治久安之道。在现实中,我们评价一些国家时,容易犯这样的错误:那就是很多人过多看到物质层面的东西,看到一个国家的经济繁荣和高楼大厦,而对一个民族背后的文化因素和价值观缺少足够的重视。实际上,国家与国家的比拼和竞争,根本上在于民族背后的价值观、民族的精神品格和意志力。一个国家如何才能保持长久的凝聚力和向心力?如何才能保持长久的繁荣?如何在面临困境的时候接受考验、在身处顺境的时候能够居安思危、保持清醒?这就是文化的力量。可以这样说,文化如同一个民族的北斗星,无论是遇到什么样的考验,都要在北斗星的坐标下矫正方向。无论是国家发展,还是某个单位的管理,都不能轻视文化的作用和力量。曾有人这样说:弱国不要谈什么文化,就如同一个生活都很困难的人,不要谈什么理想和抱负。这看似有道理,实则是很浅薄的认识。任何一个弱小的国家,只有在伟大文化的激励下才能不断发展而走向强大;任何一个人,只有心地高远、有明晰的奋斗目标,才能让人生精彩。因此,不是弱小的国家不讲文化,不是生活艰难的人不讲情怀,恰恰相反,弱小的国家只有在伟大文化的激励下才能改变国运,生活艰难的人只有不坠青云之志,才能让人生出彩!

管仲非常深刻地认识到文化和正确价值观对于国家长治久安的作用。在《牧民》一篇中,他强调:

> 国有四维,一维绝则倾,二维绝则危,三维绝则覆,四维绝则灭。倾可正也,危可安也,覆可起也,灭不可复错也。何谓四维?一曰礼,二曰义,三曰廉,四曰耻。礼不逾节,义不自进,廉不蔽恶,耻不从枉。故不逾节则上位安;不自进则民无巧诈;不蔽恶则行自全;不从枉则邪事不生。[①]

---

① 耿振东注:《管子》,上海三联书店,2014年版,第3页。

这里的"四维",实际上就是精神层面的立国之基,是维系国家稳定和人民团结的精神支柱,实际上也是对民众"道心"的培养。"礼",是从国家制度层面而言,指的是大家都要遵循的规则和制度。"义",是从人们应该遵循的正确价值观而言,指的是人的言行要符合社会的稳定和发展需要。"廉",是从个人的生活而言,指的是节俭的生活作风。"耻",是从一个人的底线和操守而言,指的是一个人应该自觉遵守的道德底线。其中,"义",是从积极的方面考虑,是指人们应该追求的方向!"耻",是从消极的方面考虑,是指一个人不能触碰的底线。这"四维",实际上为人们的行为和思考,提供了一个系统的原则,对于维系社会稳定发展具有长久意义。

虽然人类历史不断地演化和变迁,但人类的精神层面有一些准则永远具有指导我们生活的价值,什么时候偏离了这些准则,社会就会出现重大问题,这就是精神上立国之基的重要意义。在任何时代,人们的价值观都是"多"和"一"的有机统一。所谓"多",就是指价值观的多元,每一个人有对问题的独特看法和评价;所谓"一",就是全社会共同遵循的价值观,这是维系社会凝聚力的支撑力量。从反面看,如果一个国家的核心价值动摇了,人心就散乱了,势必走向分崩离析。任何单纯政治上的强硬管理,都不是持久的因素;一个国家真正的长治久安,来自文化的力量!我们务必要认识到文化对于社会发展的重要意义,务必要维护和弘扬事关中华民族长治久安的核心价值。心安,则国土安,这已经屡被验证的历史事实,实非虚言。

四、"术"背后的"秘密"所在

任何时代,做成一番事业的人,或者从事利国利民的伟业,都需要把良好的愿景和实际的运作能力结合起来,简单地说就是好心要办成好事!"道心",还需"术能"来配合,共同服务于造福大众的事业。管仲就不是空讲一番道理的思想家,而是一个有着丰富实践经验的政治家和思想家。所以,他的思想不仅有价值层面的倡导,还有实践层面的落实和执行,是

"道"和"术"的有机统一。打个比方，如果说"道"是为了确保人生和社会管理的方向和价值不出现偏差，而"术"则是做事的方法和能力。再美好的价值和理念，空说无益，只有落实，才能惠及大众，治国安邦。这里我们摘取管仲在"术"方面的案例，并加以深层分析。

在《管子·轻重》篇中，记载了一则通过购买楚国野鹿的方式让楚国臣服的故事：

桓公问于管子曰："楚者，山东之强国也，其人民习战斗之道。举兵伐之，恐力不能过。兵弊于楚，功不成于周，为之奈何？"管子对曰："即以战斗之道与之矣。"公曰："何谓也？"管子对曰："公贵买其鹿。"

桓公即为百里之城，使人之楚买生鹿。楚生鹿当一而八万。管子即令桓公与民通轻重，藏谷十之六。令左司马伯公将白徒而铸钱于庄山，令中大夫王邑载钱二千万，求生鹿于楚。楚王闻之，告其相曰："彼金钱，人之所重也，国之所以存，明王之所以赏有功。禽兽者群害也，明王之所弃逐也。今齐以其重宝贵买吾群害，则是楚之福也，天且以齐私楚也。子告吾民急求生鹿，以尽齐之宝。"楚人即释其耕农而田鹿。管子告楚之贾人曰："子为我致鹿二十，赐子金百斤。什至而金千斤也。"则是楚不赋于民而财用足也。

楚之男子居外，女子居涂。隰朋教民藏粟五倍；楚以生鹿藏钱五倍。管子曰："楚可下矣。"公曰："奈何？"管子对曰："楚钱五倍，其君且自得而修谷。钱五倍，是楚强也。"桓公曰："诺。"因令人闭关，不与楚通使。楚王果自得而修谷，谷不可三月而得也，楚籴四百，齐因令人载粟处芊之南，楚人降齐者十之四。三年而楚服。①

在分析这个故事的时候，很多人从经济学的角度出发，认为管仲善于打经济战，实际上这只是看到事情的表面，管仲真正厉害的地方，在于着眼于肢解楚国的核心价值，从而动摇楚国的立国之本和国基！大家看，在春秋时代，一个国家最重要的产业是农业，吃饭问题是关系国家生死存亡

---

① 耿振东注：《管子》，上海三联书店，2014年版，第329页。

的大问题！这是当时的立国之本！一旦国本动摇了，这个国家的稳定就无法维系，所以管仲通过大量收购野鹿，从而诱惑楚国偏离自己的国基，其实是动摇了楚国的核心价值，从而让楚国最后不堪一击，自甘败落！这是非常高明的战略，这就是"术"，没有动一兵一枪，谈笑间胜败已定！我们再看一则管仲如何制服衡山国的案例：

> 桓公问于管子曰："吾欲求制衡山之术，为之奈何？"管子对曰："公其令人贵买衡山之械器而卖之。燕、代必从公而买之，秦、赵闻之，必与公争之。衡山之械器必倍其贾。天下争之，衡山械器必什倍以上。"公曰："诺。"因令人之衡山求买械器，不敢辩其贵贾。齐修械器于衡山十月，燕、代闻之，果令人之衡山求买械器。燕、代修三月，秦国闻之，果令人之衡山求买械器。衡山之君告其相曰，"天下争吾械器，令其价再什以上。"衡山之民释其本，修械器之巧。齐即令隰朋漕粟于赵。赵粜十五，隰朋取之石五十。天下闻之，载粟而之齐。齐修械器十七月，修粜五月，即闭关不与衡山通使。燕、代、秦、赵即引其使而归。衡山械器尽，鲁削衡山之南，齐削衡山之北。内自量无械器以应二敌，即奉国而归齐矣。[①]

这个案例与制服楚国如出一辙，表面上在打经济仗，实际上则是诱导衡山国动摇国本，偏离国基，最终不战而胜，肢解衡山国。

通过以上的两则案例，我们发现"术"的背后，实际上也是"道"。通过"术"，引导对手偏离治国的"正道"，这就是"术"背后内在的秘密！反过来，如果对手始终很清醒，始终知道治国的"正道"，始终维护国家的核心价值，维护好国家的根本，那这个"术"就会失效。以史为鉴，我们要懂得我们今天治国的核心价值是什么？我们立国的根本是什么？我们国家的根基是什么？这些关系中华民族生死存亡的大问题，务必要保持清醒！无论遇到什么挑战和风吹草动，都不要偏离自己的核心价值，都不可动摇国家的根本！只有这样，才会出现"敌人围困万千重，我自岿然不动"的智慧和神气！

---

① 耿振东注：《管子》，上海三联书店，2014年版，第335页。

如果结合人类的历史，我们可以更清楚地看到立国之本的重大意义。究竟什么才是立国之本？不同的层面、不同的历史时期有着不同内涵。从不同层面看，有精神文化层面的"立国之本"和物质层面的"立国之本"；从不同历史时期看，农业文明、工业文明、信息时代等不同时期，立国之本的内涵各有所不同。从精神文化的层面看，一个国家的立国之本就是维系国家向心力、凝聚力并指导该民族永远生机勃勃的美好价值和精神！只有坚守这些精神和价值，这个民族才能实现国家的繁荣稳定、欣欣向荣；如果背离了这些价值和精神，国家就会走向衰败和堕落。

带着这种观点，我们会发现，近代中国之所以落后的根本原因，从文化的角度看我们丢掉了自强不息、海纳百川、不断反省、居安思危等民族精神的内核，结果走向了僵化保守，必然招致落后挨打的命运！遗憾的是，我们没有真正从文化上做出全面的分析，既能够坚持文化的自信，又能够消除积弊；反而面对近代暂时的落后，很多人进退失据，价值观错乱，对于护养本民族文化中永恒的价值缺少思考，甚至走上了完全否定本民族文化的歧途，教训十分惨痛。更为严重的是，近代的苦难史带给我们这个民族深深的心灵伤害，以致到今天仍然有很多人看不到自身文化的价值。

这种心灵深处的自卑和文化不自信，使得我们经历多少年的发展还难以重建健康的文化心理。直到21世纪，随着中国的发展和人类社会出现的越来越多的问题，人们才逐渐看到中国文化的伟大智慧和世界意义，但如何让中华文化发扬光大，造福人类文明，还有太多的问题。中华文化，其中有一些内容与特定环境有关，自然需要在历史的长河中加以扬弃和超越；但也有超越时空的永恒智慧，需要我们坚守和弘扬！面向未来，我们如何整理和抽取中华文化中具有永恒价值的内容，并结合新的时代环境加以创造性的转化；如何面对新的挑战，推进中华文明的发展；如何在吸纳人类优秀文明的基础上不断自我提升。这是文化发展的时代课题。没有文化的认同，就不会有国家的认同和民族的认同！这是我们切切要清楚的问题！当前，有一些人，根本不了解中华文化，更谈不上认同中华文化，结果往往以其他国家的所谓标准对自己的国家指手画脚、生搬硬套，究其根源，如何真正做到文化认同和文化自信,至关重要!

立国之基础,表现在物质层面,有明显的时代性。近代以前,几乎世界各国的基础都是农业,凡是农业发达的地方,往往国力强盛,人民安居乐业;反之,农业的衰败则会导致国力的衰弱而走向凋零。管仲的高明之处,在于迷惑了其他国君的正确判断,使其偏离本国最根本的东西,结果自然不战而败。但到了近代,除了农业的国基之外,一个国家强盛与否在物质层面的集中表现就是工业文明,有的人甚至简化为"以钢为纲"。在这一点上,我们中华民族有痛彻心扉的历史。近代中国之所以落后挨打,工业文明的落后是最直接的原因,由此我们就可以理解毛泽东等领导人为什么在建国后如此重视工业发展。但到了20世纪80年代以后,除了农业、工业之外,又增加了互联网、信息技术、人工智能、航空航天等技术,这些成了代表一个国家综合国力的重要方面。在这些领域,哪个国家取得领先地位,哪个国家就能够引领世界潮头。当前在实体经济和金融的关系问题上,我们要懂得一个国家的财富归根结底是由实体经济创造的,金融也只有服务和促进实体经济发展才有它的价值和意义。如果整个国家陷入了投资房地产、投资金融产品的狂热,最终导致偏离支撑国家的根本——实体经济,那整个国家或会出现颠覆性的危险。由此,我们可以理解为什么国家强调实体经济的作用,警惕金融泡沫的危害。

懂得维护国之根本的道理,对于我们无论是做事还是做人,都有很大的启发意义。比如,在做具体工作的时候,一定要知道最根本的事情是什么,善于抓住事关全局的重点,在这个基础上协调好各方面的关系。在人生规划的问题上,无论是终其一生,还是在不同的阶段,都要清楚其最重要的事情是什么,如果偏离了安身立命的根本,结果生命消耗在很多无意义的事情之中,恐怕一生也会虚度,到时候悔之晚矣。

五、《孙子兵法》的"道"和"术"

《孙子兵法》又称《孙武兵法》《孙子兵书》《孙武兵书》等,是中国现存最早的兵书,也是世界上最早的军事著作,被很多人誉为"兵学圣典",在全世界流行甚广,得到很多人的赞誉和推崇。他的作者孙武(公元前544至公元前470年),被后人尊称为孙子、兵圣、百世兵家之师、东方兵学的鼻祖等。孙武曾以《兵法》十三篇去拜见当时的吴王阖闾,得到吴王的信任而被任命为将军。据历史记载,在吴国和楚国的战争中,孙武与伍子胥一起率吴军打败楚国,并攻入楚国郢都。除此之外,吴国军队在孙武的指挥下,向北严重威胁到齐国和晋国,向南也让越国感受到强大的压力,可谓声名显赫于诸侯。可以说,《孙子兵法》不是什么空洞的军事理论,而是有非常强的实践特色,有很强的实战性。难能可贵的是,《孙子兵法》不单单是研究如何打仗,而且还能够将战争放在整个国家发展的大局中加以研究和看待,是战争之"道"和"术"的有机统一。

在开篇《始计》中,孙子说:

兵者,国之大事,死生之地,存亡之道,不可不察也。

故经之以五事,校之以计而索其情:一曰道,二曰天,三曰地,四曰将,五曰法。道者,令民与上同意也,故可以与之死,可以与之生,而不畏危。天者,阴阳、寒暑、时制也。地者,远近、险易、广狭、死生也。将者,智、信、仁、勇、严也。法者,曲制、官道、主用也。凡此五者,将莫不闻,知之者胜,不知者不胜。故校之以计而索其情,曰:主孰有道?将孰有能?天地孰得?法令孰行?兵众孰强?士卒孰练?赏罚孰明?吾以此知胜负矣。①

孙武认为,一场战争该不该打、能不能打得赢,要有五方面的考量,其中首要的在于是不是符合"道"。孙武所强调的"道",就是"道者,令民与上同意也,故可以与之死,可以与之生,而不畏危"。② 如果我们更深入地分析为什么人民愿意和领导人同甘共苦?为什么人民能够和领导人上下同心?只有国家领导人仁爱人民、克己奉公、为政以德、政治清明,才能得到人民的真诚拥护,才能为了国家利益置生死于度外。否则,领导人不能真心爱护老百姓,老百姓也不会与领导人同心同德!由此可见,孙武

---

① 解放军军事科学院《孙子》注释小组:《孙子兵法新注》,中华书局,2005年版,第1页。
② 同上,第2页。

强调的"道",就是中国传统政治文化一贯强调的"民为邦本,本固邦宁"思想。如果领导人的管理不符合"道",即不符合人民的利益,那这个战争必然是非正义战争,不应该得到支持。可以说"以人民为本",这是人类政治学永远的根本和大道!

孙武对战争的分析,能够将影响战争的各个要素结合起来加以考察,这是中国独特的思维方式和考察方法。如同《黄帝内经》对于疾病的分析,中国的先人没有单纯地研究疾病,而是将人放置在天地宇宙之中,放置在春夏秋冬的四季之中,然后加以分析和认知人的健康问题,这种分析方法最贴近世界的本来面目,也最具有科学性。战争,绝不是单纯的军事问题,其背后与国际背景、国家战略、内政状况、军事科技等各要素紧密地联系在一起,只有将影响军事的各个要素都加以分析,才能得出关于战争的正确结论,这是《孙子兵法》的伟大之处!

在"术"的问题上,孙武结合地势、军形等做了很多分析,我们不一一列举。因为实际的战争是极其灵活的行为,瞬息万变,战争的地形、敌我双方的变化、心理变化、气候变化等,都会对战争产生重大影响。更何况今天的军事技术发生翻天覆地的变化,孙武提出的那些具体对策仅有参考意义,在实际的战争中未必用得上。在《虚实》篇中,孙武这样总结:

> 夫兵形象水,水之形,避高而趋下;兵之形,避实而击虚。水因地而制流,兵因敌而制胜。故兵无常势,水无常形,能因敌变化而取胜者,谓之神。[①]

这可以说是所有"术"的精华概括,真正有智慧的人,没有那么多僵化的教条,一切根据环境的需要和变化,能够准确地做出回应而取得胜利,那才是真本事!因为任何所谓的"机巧"和"策略",都有特定的适用范围,如果不顾及现实的环境变化,一味地照抄照搬,必然带来颠覆性的错误。有些人,学一些只适用于具体环境的条条框框,不懂得灵活变通,那就是赵括的纸上谈兵,后果极其严重。真正开了智慧的人,当然要重视具体的操作,可是也要根据实际的情况做灵活的处理,"能因敌变化而取

[①] 解放军军事科学院《孙子》注释小组:《孙子兵法新注》,中华书局,2005年版,第46页。

胜"，任何的教条和僵化，都会自掘死路！

如果谈到"道"和"术"的秘密，其实都在"心地"上，推行"道"的人，在于如何启发人的"道心"，在于真正为人民服务，让人类社会越来越文明和光亮！而"术"的背后，很多时候恰恰是利用人的"人心"——即弱点，对此我们务必慎之又慎！任何"术"的操作，一旦偏离"道心"，必然误入歧途，带来灾难后果，这是历代圣贤不愿意谈"术"的重要原因。

第 4 讲

《大学》：内圣外王，卓越人生的成长之道

《大学》内圣外王：卓越人生的成长之道

不论是哪一个行业的领军人物，或者是哪一个国家的管理者，如果想做成一番事业，成就卓越人生，最理想的状态就是"内圣外王"。换一句话说，只有将"内圣"和"外王"有机地统一起来，才能做成一番利国利民的事业。"内圣外王"，也是我们评价古今中外一切社会精英的重要尺度。

所谓"内圣"，就是把自己的德行修好，提升个人的素质，从而让自己有能力做成一番事业。所谓"外王"，是说当一个人具备一定修养之后，才能团结不同的人，调动各种资源，从而做成一番事业。任何一个人能够拥有丰功伟绩，应该说取决于各种因素，大致包括人的因素和外在制度、物的因素等。但人之外的因素如何发挥作用，根本上取决于人的智慧和修为，从这个意义上说，把人的修为提上去具有根本意义。任何一个行业的杰出引领者，首先是自己有足够的修为，有能力承担责任和使命；然后才是结合不同的时代环境，做出属于不同时代的丰功伟绩。

如果总结"内圣"和"外王"的关系，一个人的内在状态，某种程度上决定了他的外在功业；反过来，一个人取得多大的成就，反映了他内在的状态。内在修到了什么程度，外在才能取得多大的成就！很多时候，我们外在遇到的障碍，其实是内在修为的缺陷所致；当我们把内在的缺点超越了，外在的障碍也能超越。比如，一个人学驾驶，性格急躁，一到考试的时候往往忘记平时教练的指导，忙中出错，几次均不能考试通过。问题的表象看似驾照考不过，究其原因，其实是个人心性上的急躁冒失。一旦这个人把心性稳下来，沉稳而有定力，在面临考试的时候，从容严格按照平时训练的要求操作，考试通过肯定没有问题。所以，很多人之所以不能取得成就，根源就在自己的修为还需要不断地历练和提升。

从这个意义上说，任何一个杰出人士一定要有不断学习和自我完善的意识，这是人一生最重要的人生精神。我们都是有各种缺点的人，但只要我们有自觉学习和自我提高、自我完善的意识，就能够不断地向书本学、向实践学、向优秀的人学，在这个过程中实现"内圣"和"外王"的有机统一。这也是我们要好好学习《大学》这本书的重要原因。如何培养出"内圣外王"的境界，《大学》是值得我们参照的经典文本。

在中国传统的教育体系中，针对不同的年龄阶段有不同的要求。在朱熹看来：

大学者，大人之学也。① 古之为教者，有小子之学，有大人之学。

"大学"阶段，是15岁以后，他说：

及其十又五年，则自天子之元子、众子，以至公卿大夫元士之适子，与凡民之俊秀，皆入大学。②

在此期间则要"教之以穷理、正心、修己、治人之道"。就是要在小学"学其事"的基础上以"明其理"，按照格物、致知、诚意、正心、修身、齐家、治国、平天下的步骤，使其"明明德"，最后达到"止于至善"的目的。可见，中国传统的"小学"侧重于良好行为习惯的培养；"大学"侧重于德行、智慧和综合能力的提升。

凡是有志于造福大众的有志之士，应该认真阅读《大学》，从中体会"内圣外王"之道。《大学》原是《小戴礼记》第四十二篇，相传为曾子所作，是一部中国古代讨论如何培养圣贤的重要著作。北宋的"二程"即程颢、程颐非常尊崇此书，南宋的朱熹专门抽离出这一篇，做了《大学章句》，自

---

① （宋）朱熹：《四书章句集注·大学章句》，岳麓书社，2008年版，第5页。
② 同上，第3页。

此《大学》广为流传。

一、"内圣外王"是一切成就者的成才之道

1. 从孙中山先生的评价说起

孙中山是近代划时代的人物，他游历欧美等地，有博大的世界格局，对西方文化和中国文化都有着独特的理解。他对于《大学》这本书有着极高的评价：中国政治哲学谓其最有系统之学，无论外国任何政治哲学家都未见过，都未说出，为中国独有之宝贝。孙中山的这个评价，值得我们参究和重视。我们如何理解孙中山先生的这个判断呢？

首先，我们可以判断孙中山的这个认识是基于他对整个人类政治文化的考察而做出的论断。孙中山有非常深厚的西方学术修养，对洛克、孟德斯鸠、卢梭等为代表的西方政治学有精深的了解和思考，辛亥革命之后建构的国家体制，就在很大程度上借鉴了西方近代的政治学理论。但孙中山为什么还对《大学》做出了如此高的评价呢？西方的政治学，客观地说是基于人性恶的假设，诸如分权和制衡等对制度层面的思考较多，而对于政治家的修为与政治运作过程中人的因素思考比较少。我们回过头来总结人类近代以来政治学的实践，我们固然要重视制度的力量，但无论是制度的建构还是制度的运作，都以人的修养为基础，切不可因为制度的固化而导致社会治理的僵化！在外在制度建构与人心的建设的关系问题上，中国文化特别注意到了人心建设的重要性。可以这样说，中国传统的政治学，更多地着力于培育伟大的管理者；西方近代的政治学，某种程度上重点在于基于对人性的不信任而建构一套防止人性之恶的制度。而如何把伟大政治家的培育和外在制度的建设、运作有机结合起来，《大学》所强调的"内圣外王"之道提供了重要的参考。

而且，就制度建设层面而言，不同的国家如何探索与本国相适宜的制度模式，如何保持制度模式的良性运作等问题，都与人的因素直接有关。如果人的修为跟不上，再美好的制度设计也是流于形式，甚至会成为逾淮之橘。而在如何培养伟大政治家的个人修为方面，《大学》的论述非常精彩，这

是孙中山赞叹《大学》这本书的重要原因之一。

其次，孙中山对《大学》的高度评价，也启示我们务必要好好重视本民族的文化资源。现在社会上有一种倾向，仿佛一提及政治学思想，就是西方的高明，中华文化资源中非常丰富的政治学思想却被轻视，这是需要我们反思的地方。近代以来，由于暂时的落后，给我们这个民族带来非常严重的伤害。这种伤害不仅是物质的掠夺和生灵涂炭，比如抢夺我们多少东西、多少割地赔款、杀害我们多少同胞，更严重的是心灵的伤害！近代的苦难，列强的掠夺和烧杀，严重地伤害了我们这个民族的文化自信！伤害了很多中国人对中华文化的认同、对中华民族的认同、对我们国家的认同！直到今天，仍有一些人骨子里面看不起自己的国家，看不起自己的文化，看不起自己是中国人的身份！这种心灵深处的自卑和媚外，对一个国家是致命的伤害，需要多少代人的努力和弥合。客观地说，世界各国力量的消长是很正常的事，谁也不是永远的常胜将军，一个伟大的民族，永远不要因为一时的先进而骄傲，更不要因为一时的落后就妄自菲薄，而是永远海纳百川，善于反省，不断学习，自新自强，只有这样才能不断迎接挑战而立于时代的潮头！

2. 内圣才能外王，外王中方可内圣

关于内圣和外王的关系，简单地说就是只有内圣——自己修得好，才能外王——有能力做一番伟大的事业；也只有在外王的过程中，才能更好地提高自己的修为。内圣才能外王，在外王中提升自身修为，这就是"内圣"和"外王"的辩证关系。

当我们说"内圣"才能"外王"时，实际上揭示了这样的道理，那就是：当一个人拥有更大的权力、面临更大的局面时，越是会遇到更大的诱惑和挑战。如果一个人的修为不能从容应对外部的挑战和诱惑，那就会面临严重的局面，甚至会身败名裂。现在很多人只是希望自己的官多大、权力多大、企业规模越来越大，岂不知权力越大、事业越大对人的考验越大！如果一个人不能正确地看待和使用权力，那对于社会和个人都是灾难。有的时候，附着在权力上的诱惑超出想象，越是位高权重，诱惑越大。社会

治理当然需要各种严密的制度，但无论多么严密的制度，都无法管住一颗想犯罪的心。从根本上看，只有一个人的德行和智慧，才能经得起各种考验的诱惑。除了诱惑，人生还有很多凶险和困难，也只有真正有德行的人，才能有大无畏的力量，愈挫愈奋，一往无前。从这个意义上说，只有"内圣"，才能"外王"！

当我们说在"外王"的过程中才能"内圣"时，是因为一个人的德行和修为不是躲在暗室里自我欣赏，也不是在没有外部考验时的自我得意。一个人的修为究竟如何，需要在社会的历练中验证和升华！所以无论是儒家、道家还是佛家，无不是主张在造福大众的功业中历练自己，这就是"大隐隐于世"的含义。在道家看来，即便是成仙得道，没有造福大众的功德，一切都无从谈起。所以，那些希望成就卓越人生的人，一定积极投身社会实践，将所学运用到实践中，在实践中不断反思和升华。真正伟大的人，不是空想出来的，也不是简单读书读出来的，而是在实践中成长起来的，我们注意向书本学、向优秀的人学，但一定要重视实践，在实践中历练和提高，这就是我们平时所说的"实践出真知"。

二、何以"内圣"——三纲八条目与修行次第

《大学》这本书的精神，核心就是"三纲八条目"。所谓"三纲"，就是：

大学之道，在明明德，在亲民，在止于至善。①

所谓的"八条目"，就是：

古之欲明明德于天下者先治其国，欲治其国者先齐其家，欲齐其家者先修其身，欲修其身者先正其心，欲正其心者先诚其意，欲诚其意者先致其知，致知在格物。物格而后知至，知至而后意诚，意诚而后心正，心正而后身修，身修而后家齐，家齐而后国治，国治而后天下平。自天子以至于庶人，壹是皆以修身为本。其本乱而末治者，否矣。其所厚者薄，而其

---

① 王文锦译注：《大学中庸译注》，中华书局，2013年版，第3页。

所薄者厚，未之有也。①

八条目简化起来就是格物致知、诚意正心、修身齐家治国平天下。

三纲八条目，集中代表了《大学》的精粹，也为我们如何修为自己、如何内圣外王提供了指导和可操作的方法。"三纲"，指出了我们人生修为的总方向："明明德"，告诉我们人生的修为提升就是开启人性之中的积极力量，即"道心"；当我们不断擦亮道心而超越人性弱点的时候，我们的德行和智慧才会越来越高。"亲民"，朱熹和王阳明等思想家有不同的理解，王阳明的解释比较符合《大学》原意，即当一个人真正能够净化自己，超越人性的弱点之后，自然而然地把为人民做事、为人民造福视为自己的本分事，这就是"亲民"的含义。"亲民"，用今天的术语表示，就是"全心全意为人民服务"。"止于至善"，是告诉我们人生修为的目标，实现人性的完全净化，把人性的弱点完全超越和净化掉，从而呈现出一个人心中最美好的东西——"道心"。可以说澄明"道心"，净化"人心"，这是我们终极的修为方向。如果说"三纲"是我们提升个人修为的指南和总目标，那么"八条目"，则为我们如何一步步地提高自己提供了可以操作的方式和途径。对此，我们分别做一些说明。

1. 格物致知——万物皆有"道"

所谓"格物"，就是"所谓致知在格物者，言欲致吾之知，在即物而穷其理也"。② 万事万物皆有其道理，我们应该在和万事万物打交道的过程中，领悟其中的道理，开启自己心中的智慧。"即物而穷其理"，就是告诉我们善于从宇宙、从社会中的任何事情上领悟道理。中国古代在形容一个人的伟大时，经常说其德配天地，这如何理解？天地有哪些德行呢？比如我们看大地和太阳，我们吃、穿、用、住的一切东西，无不是来自大地的供养，而大地把我们生活的一切承载起来，山川河流、生活垃圾等，都是无怨无悔！所以《易经》称大地所代表的德行为"厚德载物"！那我们

---

① 王文锦译注：《大学中庸译注》，中华书局，2013年版，第3页。
② （宋）朱熹：《四书章句集注·大学章句》，岳麓书社，2008年版，第10页。

就要学习大地的精神，有博大的胸怀看待万物、成全万物。我们看太阳，太阳燃烧自己，把光和热撒向宇宙，我们生活所需要的很多能量都来自太阳的赐予。太阳光没有分别地普照一切，高山、峡谷、阴沟、普通人、伟人等，都接受太阳的温暖。大家想，这种没有分别的普照、燃烧自己照亮别人的精神，不就是《金刚经》所强调的没有分别心吗？如果我们领悟了太阳所体现的精神，在现实中对任何人都能一律平等，对待领导和清洁工一样的真诚和友好，而不是厚此薄彼，这就是很了不起的品质。

不独是天地，世间万物都蕴含着人生的大道。我们看身边的小草，一旦春天到来的时候，拼命地生长，抽芽、开花、结果实，到了秋天，瑟瑟秋风，落叶而将能量沉潜到深土里，等待另一个春天。我们要学习小草的精神，在有机缘的时候，好好珍惜机会，做出一点成就，有利于社会和国家。当机缘过去的时候，也能够收放自如，坦然从容。

通过这种格物，我们向大地、太阳学习，向万事万物学习，我们好好地反思自己的言行，是不是有能够承载别人幸福的心胸、是不是有燃烧自己照亮别人的精神？大地和太阳的精神，实际上是人类文明史上诸多伟大圣贤的写照。世界上，无论哪一个民族，凡是被人民缅怀和纪念的人，都是像大地和太阳一样的人，都是燃烧自己而照亮别人、无私地成全别人的人！反过来，那些自私、狭隘、投机钻营的人，在任何一个国家都不会得到尊重。

不独是大地和太阳，我们生活中的很多东西，都蕴含着需要我们学习的智慧，但需要我们善于聆听和体会，去发现无边宇宙背后的奥秘和启迪！

那么，为什么"格物"就可"致知"呢？朱熹整理的《大学》版本中指出：

盖人心之灵莫不有知，而天下之物莫不有理，惟于理有未穷，故其知有不尽也。是以《大学》始教，必始学者即凡天下之物，莫不因其已知之理而益穷之，以求至乎其极。至于用力之久，而一旦豁然贯通焉，则众物之表里精粗无不到，而吾心之全体大用无不明矣。此谓物格，此谓知之至也。①

就是说，人的心本就有领悟世界的能力，只是因为心灵被蒙蔽，才使得人们不能很好地理解世界。这就需要我们在和世界打交道的过程中，不断地自我净化，一点一点积累智慧，然后豁然贯通，将内心的"理"和世界的"道"沟通起来。

特别需要强调的是，中国文化认为人的智慧就是人们自身本来具有的能力，问题的关键是我们如何找到这种能力，或者是恢复这种能力，一句话，中国文化认为人的智慧不来自外部，也不是某种神秘的力量赐予，而是人自身本具的能力，关键是如何开启这种能力的问题。中国历代伟大智者的著作，无不是在引导我们如何开启人人本具的智慧！

2. 诚意正心修身——自我超越，不断完善

《大学》说：所谓诚其意者，毋自欺也。如恶恶臭，如好好色，此之谓自谦。②诚意，是告诉我们善于保护自己的正念，即利益大众的念头；而那些自私的狭隘的念头要注意净化和克制。通过念头的净化和清理，一个人就可以做到"正心"，即在起心动念的时候看好自己，力争让自己的每一个念头都能堂堂正正而不自私自利，都能自觉地以利益大众、服务社会为旨归，这就是正心。当一个人能够管好自己身心的时候，修身的功夫就已经非常了不起了。

为什么现实中的很多人做不到"正心"呢？《大学》做了解释：

所谓修身在正其心者，身有所忿懥，则不得其正，有所恐惧，则不得其正，有所好乐，则不得其正，有所忧患，则不得其正。心不在焉，视而不见，听而不闻，食而不知其味。此谓修身在正其心。③

很多人总是有这种偏激的情绪，诸如愤怒、玩物丧志、患得患失等，这

---

① （宋）朱熹：《四书章句集注·大学章句》，岳麓书社，2008年版，第10页。
② 王文锦译注：《大学中庸译注》，中华书局，2013年版，第4页。
③ 同上，第7页。

些情绪总是扰动自己的内心，不得安宁，更不要说什么智慧了。一个人能够将心安住在当下，不要轻易地被扰动，这才能做到"正心"。以我们平时的生活体验看，我们的情绪在剧烈起伏的时候，往往是智慧被蒙蔽的时候，也是我们说错话和办错事的时候。反之，当我们身心清净从容的时候，往往想问题全面客观，做事周到圆融。所以，"正心"的过程，就是消去我们各种偏激的情绪，从而让我们的心保持宁静平和。

在如何"正心"的问题上，一定要在起心动念的地方着力。在现实中，我们是不是时时在检查、反省自己的念头？是不是发觉各种极端的念头就加以克制和净化呢？这是诚意正心的关键所在。所以中国文化特别注意在心念上着力，因为一个人的第一念格外重要，往往反映的是真实状态。比如，当一个官员面临诱惑的时候，马上起了贪心，这就是第一念，表明的是内心需要不断净化的状态。可是，当他想到法律的惩处，马上收敛了自己的贪心，这就是第二念，虽然表现出一副正义凛然的模样，这已经不是他真实的状态了！道德的教育，更多是在第一念处下手；而法律则是着眼于人的行为，可等到了一个人产生了行为之后，已经是在末端了。一个人行为的根本处，还在于心念，在于起心动念时的发心。所以，我们的教育和制度，不仅要管住一个人的行为，更要在根本处着力，解决人的心念端正问题，所以"正心"格外重要。

有了上面的分析，我们无论是观察自己还是别人，第一念起来的时候，非常重要。比如，遇到金钱的诱惑，第一反应就是不动心，做一个遵守道德和法律的人，这是很了不起的人。如果是面对诱惑，第一反应是想贪，但是经过克制和自我提醒，觉得不应该做，进而管好自己，也很了不起，但已经退而次之。但如果面对诱惑，一旦动心，而且利令智昏，最终触犯法律，那就是牢狱之灾了。所以很多善良的人，是天性的善良，是每一个念头都希望利益别人、同情别人，这是值得我们学习的人。现实中，我们即便是会有一些自私的念头，但随时提醒自己，慢慢地修炼，经过"正心"的功夫，最终达到心里时时清净，时时希望造福别人，这有一个自我完善的过程。

3. 齐家治国平天下

"修身"之后才能"齐家",是因为一个人只有把自己修好了,才能做一个好家长。

所谓齐其家在修其身者,人之其所亲爱而辟焉,之其所贱恶而辟焉,之其所畏敬而辟焉,之其所哀矜而辟焉,之其所敖惰而辟焉。故好而知其恶、恶而知其美者,天下鲜矣。故谚有之曰:"人莫知其子之恶,莫知其苗之硕。"此谓身不修不可以齐其家。①

在现实中,很多人对如何做一个优秀的家长有些轻视,觉得似乎这是一个天然的能力,实则不然。大家看:当一个工厂的保安,都要经过专门的培训,做一个人的父母怎么可以不经过大量的学习和修炼?很多人自己的德行、性格、能力和智慧都有很多缺陷,如何培养出堂堂正正的好孩子?在家庭里,如果一个人心里有偏私,不会公道做人,那也就不能处理好家庭面临的各种关系了。

在中国古代,家族大都很大,子子孙孙几百人在一起,涉及方方面面的利益,任何事情处理的不公正,任何一个身份没有尽责,都难说是称职的家长。如果自己修不好,心里有小算盘,也不可能处理好长幼乡里等各种关系。只有一个人把自己修好了,才能放下自己的自私,很好地处理家族的各种关系,把事情做得端正,让大家心服口服。否则,一个时常多照顾自己利益的人,大家不会认可,也不会让人敬佩,更谈不上齐家。更进一步,当一个人在家庭里面能够处理好方方面面的关系,才能有处理好国家事务的能力。这里有一个典型的例子就是舜的故事。据传说记载,舜的父亲、继母和异母弟弟对他不好,甚至有加害他的行为。但是舜一点也不介怀,照样非常孝敬自己的父母。当时帝王尧听说之后,决定让他的女儿嫁给舜,经过长期的观察,尧发现舜无论是内在的智慧、德行,还是处理各种事情的能力,都非常突出,然后决定将国家禅让给舜。对齐家和治国的关系,《大学》认为:

---

① 王文锦译注:《大学中庸译注》,中华书局,2013年版,第8页。

所谓治国必先齐其家者，其家不可教而能教人者，无之。故君子不出家而成教于国。孝者所以事君也，悌者所以事长也，慈者所以使众也。《康诰》曰："如保赤子。"心诚求之，虽不中不远矣。未有学养子而后嫁者也。一家仁，一国兴仁；一家让，一国兴让；一人贪戾，一国作乱。其机如此。此谓一言偾事，一人定国。尧、舜率天下以仁而民从之。桀、纣率天下以暴而民从之，其所令反其所好而民不从。是故君子有诸己而后求诸人，无诸己而后非诸人，所藏乎身不恕而能喻诸人者，未之有也。故治国在齐其家。①

《大学》之所以得出这个结论，主要是对那些一人系天下安危的人而言。关键人物，一人的言行，可做举国的表率。大家看任何时候的社会风气，都和关键人物的表现有很大的关联。领导人的气象和做人的风格，某种程度上关系整个国家的气象和社会风气。领导人的简朴正气，也会带来社会的风清气正，反之亦然。

我们常说忠臣必出于孝子之家，是说一个对自己的父母特别感恩的人，对自己的国家往往也会非常忠诚。一个人在家里面如何面对尊长与在社会上如何面对领导，在家庭里如何面对兄弟姐妹与社会上如何面对同事朋友，在家庭里如何面对晚辈与社会上如何面对弱者等，都有共通之处。所以说，齐家才可治国。当把一个国家治理好的时候，政治清明，经济繁荣，人民安居乐业，很多邻国非常羡慕，纷纷效仿和学习，这样就能明明德于天下。

"明明德于天下"，集中体现了中国政治文化的伟大和包容。中国的政治文化，不认可军事的掠夺和欺凌，不赞成自我为中心，更不赞成恃强凌弱，而是注重"王道"，即通过自己的治理成就，使本国成为大家学习的典范，从而吸引其他国家也讲求文明礼度，从而造福百姓。这与近代以来列强的野蛮做法形成鲜明的对比。孔子也说，国家与国家之间，不是讲求征服和掠夺，而是"近者悦，远者来"，意思是领导人励精图治，发愤图强，把国家治理好，人民幸福，心情舒畅，从而为全世界树立治理的典范，起到改变整个世界风气的作用，而绝不是搞武装侵略、霸权主义。

---

① 王文锦译注：《大学中庸译注》，中华书局，2013年版，第9页。

4. 从知止到生慧

在如何"内圣"而开启智慧的问题上,《大学》还做了深刻的说明,那就是：

知止而后有定；定而后能静；静而后能安；安而后能虑；虑而后能得。物有本末，事有终始。知所先后，则近道矣。[①]

这简短的几句话，对一个人如何修持开出了大智慧，做了经典的概述和指导。"知止而后有定"，是说一个人如果什么都想要，欲望无止境，那么这个人就不会有什么定力，心意经常被扰动，心动荡得厉害，自然也不会有什么大智慧。只有懂得自己的边界——止，知道了什么可以要、什么东西不要追求，这个时候才有人生的定力。无论是儒、释、道等各家文化，定力的修持都非常重要。

当一个人有了定力以后，不再一味向外驰逐，才能慢慢地安静下来，这就是"定而后能静"。当心静下来的时候，纷纷扰扰、是是非非都不能扰动自己的时候，才能把心安下来，这就是"静而后能安"。这里的"安心"，是指一个人的心能够安住当下，不被各种干扰所搅动。在安住当下、清清静静的状态里，一个人的才能智慧才能涌现，看透事物的真相，这就是"安而后能虑，虑而后能得"。

大家都有这样的体会，越是安安静静的时候，考虑问题往往比较周全，看问题比较深刻；反之，内心乱糟糟的时候，往往进退失据，内心紊乱，思考容易出错。我们一直在讲提高个人的修为，某种程度上是要做人生的减法，不断地净化自己，不断地超越纷纷扰扰的干扰；如果一个人欲望很大，贪心很重，不可能修好自己！所以心静、心安，然后再去运思，是我们如何提高智慧的根本道路。《清静经》有一句话：人能常清净，天地悉皆归。一个人如果真能把心静下来，把杂七杂八的各种念头息下来，那么就有领悟世界的能力，定能生慧，这是根本之道！

---

① 王文锦译注：《大学中庸译注》，中华书局，2013年版，第9页。

物有本末，事有始终，这告诉我们看问题一定要看到根本，看到事情发展的前后逻辑，否则只关注细枝末节，只注重结果，而不注重"种因"，只能让自己越来越愚蠢。比如一个人的德是"本"，一个人的外在成就是"末"，只有厚德才能载物，否则缺少德性的人，位置越高、考验越大，越面临重大的凶险。比如一个国家的发展，表面上看是物质的繁荣，其背后的根本是民族的文化、价值观和精气神，如果一个国家的心灵建设跟不上经济社会的发展，当物质富裕之后就会面临分崩离析的危险。做事有始有终，有因有果，这是任何事情发展的前后逻辑，一个人，青少年时期有多少的积累、有多厚重的修养，人生就有多大的成就。否则，开始的时候，不懂踏踏实实地积累，勤勤恳恳地奉献，谁也不会有灿烂的人生前程。

很多人看问题的时候，只关注结果如何如何，其实当我们在"种因"的时候，就已经决定"果"了。大学期间怎么过的，是不是学到了真东西，决定了找工作的"果"；工作期间，是不是兢兢业业，做好业务，团结同事，敬重尊长，决定了以后是不是得到重用的"果"。懂得了这个道理，每一个人都要认真踏实地"种好因"，才能让人生"得善果"。

5. 国以善为宝

什么才是一个国家最重要的财富？《大学》引用了当时记载楚国历史的《楚书》的话：楚国无以为宝，惟善以为宝。① 就是说在楚国看来，真正宝贵的财富不是金银财宝这些物质的东西，而是"善"这种德行，即把有德行的人视为国家最宝贵的财富。

古往今来，任何一个国家和民族，任何一个组织或者企业，真正肝脑涂地给国家打拼和为企业做贡献的，都是真正有德行的人。越是在困难的时候，大家越能感受到有德之人对于国家和社会的重要性。大家看孔子，在世道如此艰难的时候，仍然秉持"士不可不弘毅，任重而道远"；孟子则强调"穷则独善其身，达则兼济天下"！三国时期，蜀国可谓勉强支撑，诸葛亮则鞠躬尽瘁、死而后已，终成名相的典范！无论是岳飞的"精忠报

---

① （宋）朱熹：《四书章句集注·大学章句》，岳麓书社，2008年版，第17页。

国",还是顾炎武的"天下兴亡,匹夫有责",亦或是林则徐"苟利国家生死以,岂因祸福避趋之"等,正是这些真正的有德之人,扶危济困,治国安邦。所以,任何社会如果长治久安,一定要培育社会的道德风气,一定要爱护社会上的有德之人。对此,《大学》非常清楚地告诉我们:

是故君子先慎乎德。有德此有人,有人此有土,有土此有财,有财此有用。德者,本也;财者,末也。外本内末,争民施夺。是故财聚则民散,财散则民聚。是故言悖而出者,亦悖而入;货悖而入者,亦悖而出。①

真正的君子,一定把修养道德放在首位。任何一个伟大的管理者和领导人都切记:只要自己真正有德行,能够为国为民,能够爱护体谅别人,就能吸引更多人团结起来一起奋斗!当能团结更多的人一起奋斗的时候,必然能开拓出伟大的事业,创造更多的财富,然后利济天下苍生。德行,是天下和个人的根本,所谓的钱财是有德行的人服务社会水到渠成的回报!当下有一些年轻人一直关注自己能赚多少钱,这当然可以理解,但如果没有明白其中的道理,也不可能拥有很多的财富。财富是"末",为社会打拼、为别人创造价值、为人民服务是"本",把"本"做好了,财富水到渠成。反之,如果我们没有能力服务社会,造福大众,我们哪里有什么财富?如果一个管理者过于看中钱财,不重视自己的德行和培养社会的德行,那必然引发社会的混乱和人心的叵测!人心乱了,社会稳定的根基就被抽走了。所以,当管理者看重钱财的时候,人民就会离你而去;当管理者能够将财物与人民共享的时候,人民自然团结在管理者身边。关于财产,任何用不正当的途径得到的财物,必然不会长久!任何伤害别人的话,也最终会伤害自己!

《大学》告诉我们,一个国家最应该重视的财富是德才兼备的人才!有了真正的人才,国家才能欣欣向荣!一个国家以什么立国,决定了国家的生死存亡!可以这样说,所有只知道重视利益的国家,从来不可能有长远的未来,只有用伟大的精神和正确的价值观指导的国家,才能繁荣昌

---

① 王文锦译注:《大学中庸译注》,中华书局,2013年版,第12页。

盛，这就是《大学》所说的：此谓国不以利为利，以义为利也。①

三、道德修养的具体方法——絜矩之道

对于道德修养的重要性，可谓妇孺皆知，但如何提出有操作性的规范，让人直接有所依归，让人知道怎么去做一个有道德的人，这是今天道德教育需要注意的问题。否则，只是一些抽象的说教，没有具体怎么做的指导，道德教育很难落实。对此，中国的经典提出了非常好的指导，值得我们好好总结。

比如，在《论语》里面，孔子从消极和积极两个方面，对我们如何做人提出了要求：从消极方面，己所不欲，勿施于人。即我们不愿意承受和面对的东西，诸如欺骗、伤害、不尊重、被打搅等，我们也不要这样对别人。从积极方面，己欲立而立人，己欲达而达人！我们希望拥有的、我们做好的地方，也能够积极地成全别人。比如，我生活好了，我愿意帮助更多的人过好生活；我读书找到了方法，也引导更多的人学会读书，领会书中的智慧。从消极的方面说，我们不要给别人带来不好的影响；从积极的方面，我们要带动更多的人生活，使之发展得越来越好！

在《大学》这本书里，提出了更为细致的人际关系处理准则——絜矩之道，对于我们如何做有道德的人有直接意义。

所恶于上毋以使下，所恶于下毋以事上，所恶于前，毋以先后，所恶于后毋以从前，所恶于右毋以交于左，所恶于左，毋以交于右，此之谓絜矩之道。②

这段话的意思是，我们不喜欢领导对自己怎么样，就不要这样对自己的下属。比如，我们不喜欢领导摆架子、官僚主义，那就绝不要这样对自己的下属。如果不喜欢下属对自己怎么样，那就不要这样对领导。比如，我们不喜欢下属欺骗自己、不喜欢下属阿谀奉承、做事浮漂等，那我们就不要这样对领导，而是对工作忠诚，做事兢兢业业。对于自己的前任领导，我

---

① 王文锦译注：《大学中庸译注》，中华书局，2013年版，第15页。
② 同上，第11页。

们不喜欢他留一个烂摊子,那我们就不要这样留给后来的人。我们不喜欢后来的人诋毁前任领导,那我们就要尊敬和感恩前任的领导,而不是人一走茶就凉。我们不喜欢同事之间互相拆台、嫉妒和传播小道消息,那我们就要待人诚恳、与人为善,能成全就成全,大家拧成一股绳,把工作做好,这就是絜矩之道。

絜矩之道,实际上是设身处地地站在别人的立场上,把自己不喜欢什么、喜欢什么,用在如何对待别人身上,这样就自然能够让别人感受到暖意和尊重。

第5讲

《易经》与《易传》：一部精彩的人生哲学

《易经》与《易传》：一部精彩的人生哲学

《易经》在中国历史上有一个发展的过程，我们所说的《易经》，是指《周易》，据历史记载是周文王姬昌所作，内容包括《经》和《传》两个部分。《经》主要讲述了六十四卦和三百八十四爻，对每一卦的卦辞和每一个爻的爻辞各有说明。而《易传》是当时的人研究《周易》所撰写的心得体会，用今天的话说就是研究《易经》的论文。《易传》共有十篇文章，统称《十翼》，根据传说为孔子所写，但这并没有严格的学术论证。

对于很多不了解《易经》的人而言，会简单地以为《易经》是一部关于预测的书，实际上这是对《易经》很大的误解。《易经》绝不是简单的预测书，而是有着非常深刻的智慧，是阐释宇宙、社会和人生大道（规律）的书。

一、《易经》与人生之"道"

《易经》的作者，很大程度上是希望在日新月异的变革中，探索出宇宙、社会和人生的规律，并以这种规律为指导，让我们的生活越来越好。下面我们从《易经》和《易传》中抽离出几条适用于人类社会的普遍规则或者规律加以阐发，以让我们的人生更富智慧和觉悟。

1. 从"易"说起

关于为什么称为《易经》，历史上有不同的说法。《易传》认为"易"有三义：变易、简易、不易。意味着《易经》要从时时变化的世界中（变易）探究贯穿其中的道理（简易），并领会宇宙、社会、人生中永恒的智慧（不易）。对于"易"这个字的理解，有的人认为"易"是日和月合在一起，有人说易代表了阴阳，凡此种种，见仁见智，不一而足。但可以肯定的是，"易"真实反映了我们生活世界的真实状态——变化。无论是宇宙的变化、地球的沧海桑田、社会的兴衰成败，还是人生的悲欢离合，等等，我们生活在一个时时发生"变易"的世界里，这是一个我们必须面对的基本事实。无论是我们思考人生、宇宙，还是做事业，首先应该对"变易"有充分的理解。具体在管理智慧上，一个卓越的管理者应该基于"变易"的现实，深刻理解下面几个词语：

一是"因时制宜"，弄潮儿向涛头立。大家看历史或者我们身边发生的事情，多少大人物曾经业绩辉煌，振臂一呼，应者云集；可是随着时间发生变化，时代发生变化，不能跟上时代的潮流，最终风流总被雨打风吹去，被时代淘汰，这种事例非常之多。比如康有为等人，在清朝末年倡导维新，不失为时代的先行者；但当民主共和的大潮到来的时候，他那些保皇的声调已经是"一江春水向东流"了。这启示我们要永远懂得随着时代的变革而变革，把握不同时代的内在要求，从而无论时代怎么变化，永不僵化，都能够迎立潮头，做时代的弄潮儿。如果被既得利益蒙住眼睛，没有了洞悉时代潮流的眼光，没有了开拓进取的精神，更没有随着时代主动调整的智慧和勇气，那只能被时代抛弃。

二是"因地制宜"。不同的地方有不同的情况，有不同的问题，这就要求我们不可把某一个地方的做法生搬硬套，囫囵吞枣，而是要善于根据不同地方的具体情况，做出针对性的探索。比如，有些做法在美国可能很好，生搬硬套到德国就未必有用；上海的官员有丰富的治理经验，如果到西藏去从政，上海的经验未必可以直接用于西藏。有的人管理经济非常在行，可是真正去负责文化事业，就需要方方面面加强学习和思考。因地制宜，要求我们一定要能够根据具体地域、行业环境等的变化，而做出适应性的调整。

三是"因人制宜"。一切伟大的事业都是人创造的。一项事业、一个国家是否兴旺发达，根本上在于是否能够发挥人的主体精神，是否激发出人的积极性和创造性。在如何激发人的主体精神和创造精神的问题上，要看到不同的人有不同的特点，那就需要根据不同的群体状况，制定出符合特定群体实际的政策和制度，只有这样才能人尽其才。现在我们的人才管理制度比较单一，如何真正用心研究人才的选拔、管理和激励制度，争取每一个群体都得到关注和重用，让每一个群体、每一个人都有发挥其作用的机会，应该分类施策，这样人人心情舒畅，每一个人的能力都得到激发，国家的事业才能蒸蒸日上。

四是在提升个人修为的时候，注意"心"和"世界"相一致。现在很多人生活痛苦，如果追问痛苦的根源，发现由于物质匮乏而痛苦的人很少，大都是和心灵的痛苦有关。那么，我们继续追问：为什么很多人心灵痛苦呢？当然原因很多，有一个原因就是不懂"易"。这个世界时时地发生变化，那么，我们的心应该和变化的世界时时保持一致，否则，世界已经沧海桑田，自己的心却停留在过去，就会痛苦不堪。举个例子：处在热恋之中的年轻人，由于某种原因，两人不得不分手，结果心灵极度痛苦，就是因为虽然爱情已经散场，可是自己的心却活在曾经的回忆里，活在曾经的爱情里，无法面对现实、接受现实。再比如，某个人做了领导干部，可是一旦到了退休年龄，无论自己愿意不愿意，都必须退出历史舞台。这个时候，很多人的心仍停留在权力的光环下，无法接受退出历史舞台的现实，结果是心里戚戚怨怨。如果能够真正领会"易"，那就要在领导岗位上的时候，高高兴兴地做好工作，造福人民；退休以后，高高兴兴地享受退休生活。有岗位时有岗位的好，退下来有退下来的好。可是如果自己的"心"一直停留在某一个状态，那随着环境的变化，只能是愤懑郁闷。对于年轻人而言，领悟"随缘"更是有重要的积极意义！不管领导安排自己到哪个岗位，都要能像水一样随顺工作环境，都能够积极主动、高高兴兴地把工作做好！只有这样，才能不断赢得主动，才能让生活和工作越来越好！

"心"要随着世界走，学会"随缘"，这是我们一辈子的功课。

2. 天行健，君子自强不息

这是《易经》和《易传》告诉我们应该树立的基本人生态度和精神。在很多人看来，所谓的"自强不息"，不就是顽强拼搏的精神吗？这当然是很浅薄的理解，自强不息有更深刻的内涵。可以说，中国文化所强调的自强不息精神在人类的文明史上都有划时代的含义，是人类走向文明和觉悟的一种证明。

从文化的源头看，我们中华民族在遇到重大的挑战时，都不是简单地将命运交付给外在的神秘力量，而是依靠自己的力量解决问题，迎战困难。大禹治水、愚公移山、钻木取火等传说，都体现了中华民族依靠自己的力量把握命运的人文精神。

据中国的历史文献记载，商代的文化有一个明显的特点，就是对天命和鬼神的崇拜。商代的纣王就认为他之所以能够管理天下，是因为他是天命的体现者，所以对来自社会的批评和人民的怨怒，并不十分在意。可历史恰恰是武王伐纣取得成功，这就颠覆了所谓天命在我的专断和自负。那么，如果天命在殷商，为什么武王伐纣取得大胜？如何解释武王伐纣取得成功这样的历史事件？

西周的思想家诸如周公等对此进行了深刻的思考。经历了巨大的社会变迁，人们认识到天命在谁，并没有固定，很大程度上在于人民的态度，在于政治人物是否赢得人民的支持。所以《尚书》说出了"天视自我民视，天听自我民听"[①]"民为邦本，本固邦宁"[②]等话。基于这种历史的反思，西周提出了著名的"敬德保民"之说，认为统治者务必要提高自己的德行，务必要爱护人民，只有这样才能得到天命的护佑。自西周以后，更多的人意识到人类的命运不在外部的神秘力量决定，而在于人类自己怎么认识和把握。

可以说，在人类的历史上，中国文化是最早开启自己把握自己命运的意识，主张"天行健，君子以自强不息"。在国家的发展上，中国先人反对"不问苍天问鬼神"，认为一切执政合法性的尺度在于是否为人民做事，是否得到人民的支持。具体到个人上，中国文化主张事有不成，反求诸己，主张每一个人都从自我做起，大家形成合力，让社会越来越好。

正因为中国文化在三千多年以前就已经对人类的命运有了如此深刻的思考，所以中国的历史上没有出现所谓的神学控制一切的时期。因为中华民族将人类的命运建立在自己的基点上，这种觉悟会让中国人破除外在的盲目崇拜和迷信，从而真正开启心性的觉悟和智慧，做一个自己努力把握自己命运的人。可以这样说，中国的思想家，无论是孔子、老子、儒家、

[①] 李民、王健撰：《尚书译注·泰誓》，上海古籍出版社，2012年版，第157页。
[②] 李民、王健撰：《尚书译注·五子之歌》，上海古籍出版社，2012年版，第172页。

道家、佛家等，无不是在努力开启人们心中的内在智慧，希望引导每一个人都成为自己把握自己命运的人，做一个真正的觉悟者！从某种程度上说，中国文化的启蒙运动在三千多年以前就已经开启，即引导人们摆脱任何蒙蔽人性的愚昧和晦暗，告诉人们自己才是自身命运的把握者，要通过自己的努力做命运的主人！但是，我们也要看到历史的复杂，正如同人性的复杂一样，人类社会的复杂也超乎想象。如果说人性善恶的较量贯穿着一个人成长的历史，人类的文明和蒙昧也是相伴而行。如果我们对中国文化和社会中间的某些保守和僵化力量清理不够，会容易引发严重的问题。中国近代的苦难史，就是鲜明的例证，这是我们必须反思的时代课题。

近代以来，启蒙的话题已经说了很多，很多大家都在谈启蒙。在中国文化的语境中，启蒙就是真正成为觉悟的人，成为自己把握自己命运的人！这与德国哲学家康德说法具有一致性：

所谓启蒙，就是人们脱离自己所加之于自己的不成熟状态。

那么什么是"不成熟状态"？康德的回答就是：

不成熟状态就是不经别人的引导，就对运用自己的理智无能为力。

其实，在康德看来，启蒙就是让人做一个独立思考、自我负责的人。面向未来，无论是人类的命运，还是中国的命运，亦或是一个人的未来，全在于人类自己。这就是中国文化所强调的"命自我立、福自己求"的含义。

懂得了这个道理，我们就知道一切对人的帮助，关键在于引导人们树立"命自我立，福自己求"的正确认知，外在的力量尽管起一些作用，但最根本的还是自己的强大！正是在这个意义上说，自强不息是人生最重要的精神力量之一！结合到当今社会的扶贫事业，我们更可以看到自强不息的伟大价值。中国政府推进的扶贫事业是人类美好价值的体现，对实现社会的公正更是意义非凡，但是怎么扶贫？这是事关国家发展的重大问题。如果我们真懂了自强不息的意义，就知道真正的扶贫不是送几头羊、几袋大米，也不是简单地发一点救济款，终极意义的扶贫，是心灵扶贫和文化扶贫，是在人们心里种下自强不息的种子，让人们萌发强烈的自己改变自己命运的愿望，并决心通过自己的努力改变贫穷落后的面貌。有了自强不息的精神，我们再给困难的群众一些物质的帮助、一些技能的培训等，才有真正长久的意义。否则，人们带着一颗颗"等、靠、要"的心，甚至让一些人习惯于占便宜，最终贫困不仅难以根本解决，更是滋生了懒惰和自私的阴暗心理，鼓励了人性的阴暗，事与愿违。

所以，自强不息绝不简单是强调顽强拼搏，更深刻的在于人类怎么看待自己的命运。中国文化认为人类的命运并非外部神秘的力量做主，更不被任何现实的力量决定，人类的命运在自己手里，在于自己怎么认知和奋斗，这可以说是人类历史上最早的体现人主体性的思想，是最能体现人类尊严和觉悟的启蒙文化。有了这种精神，我们做任何工作，面对任何事情，都不会做牢骚满腹的抱怨者，不会做忧谗畏讥的彷徨者，更不会做情绪发泄的旁观者，而是要力所能及地担起自己的责任，只有这样个人的命运才会好，国家才会越来越好，社会才会越来越好！

3. 一阴一阳之谓道

《易经·系辞》上有这样一句话：一阴一阳之谓道，继之者善也，成之者性也。[①] 这里的"阴阳"，代表的是宇宙中的两种能量，体现了中国先人对整个世界的观察和总结。所谓"阳"可以说是一种刚健有为和主导性的力量，"阴"是一种阴柔的辅佐和成全的力量，二者不是互相排斥和非此即彼的关系，而是相辅相成、互相成全的力量。"阴"和"阳"只有配合起来，才能真正实现社会、宇宙和人生更好的演化和发展。

比如一个单位，领导刚健有为，敢于负责，那也需要周到全面、敢于批评和监督的人，二者配合起来，才能更好地把事业推向前进。唐太宗的案例可以很好地说明。唐太宗作为历史上少有的有雄心壮志的帝王，气象恢弘，雄才大略，但他特别看重魏征等人的作用。面对魏征的批评，他认为"偏听则暗，兼听则明"，这种监督和批评的存在，对于大唐的伟业起到不可替代的作用。太宗曾经这样总结魏征的作用：

> 夫以铜为镜，可以正衣冠；以古为镜，可以知兴替；以人为镜，可以

---

① 刘大钧，林忠军：《易传全译》，巴蜀书社，2006年版，第157页。

明得失。朕常保此三镜，以防己过。今魏徵殂逝，遂亡一镜矣！①

如果我们领会了"一阴一阳之谓道"的智慧，作为主要负责人，必须敢于决策，敢于负责，积极进取，勇于担当，不可尸位素餐！同时必须海纳百川，善于倾听，包容不同看法，这样才能了解各方面情况，避免刚愎自用，自以为是！对于副手或者帮助负责人的人而言，要尽好本职，与领导沟通全面的情况，帮助领导决策更正确、更圆融。只有敢于决策的人和辅佐成全的人结合在一起，上下同心，众志成城，事业才能越来越好！

即便是在平凡的生活中，也有不同角色的划分。如在家庭生活中，如果妻子丈夫都是刚烈有为、喜欢说了算，则容易发生冲突；都优柔寡断、不知道如何决断，则导致家庭一遇到事情无法抉择，这两者都不是和谐之象。只有一人果断，一人柔和，才容易实现家庭和谐。

"一阴一阳之谓道"，启示我们做任何事情，都要知道自己的位置，知道自己的本分，知道自己在什么角色上、应该发挥什么作用，"当位"是一个人的清醒，更是做人的智慧！

4. 厚德方可载物

如果把一个人的事业比作一座大楼，大楼的地基就是一个人的德行。一个人有厚重的德行，就好比说人生的高楼有一个结实的地基；人生的德行（地基）多厚重，人生的高楼就有多巍峨。否则，德不配位，越是位高权重、亿万家财，越难免出现灾殃。这种案例在人类的历史和现实中一再上演，我们必须引以为戒。

通过了解刘邦和项羽的做法，我们会得到很多启发。刘邦攻占咸阳后，召集诸县父老豪杰说：

"父老苦秦苛法久矣，诽谤者族，偶语者弃市。吾与诸侯约，先入关者王之，吾当王关中。与父老约法三章耳：杀人者死，伤人及盗抵罪。馀悉除去秦法。诸吏人皆案堵如故。凡吾所以来，为父老除害，非有所侵暴，

---

① （唐）吴兢：《贞观政要》，齐鲁书社，2010年版，第37页。

无恐！且吾所以还军霸上，待诸侯至而定约束耳。"（《高祖本纪》）①

大家从这话里听到的是刘邦对父老乡亲的体恤和爱护，宽厚待民，自然得到了当地人民的热烈拥护。司马迁这样记载：

秦人大喜，争持牛羊酒食献飨军士。沛公又让不受，曰："仓粟多，非乏，不欲费人。"人又益喜，唯恐沛公不为秦王。（《高祖本纪》）②

尽管有很多人对刘邦有不同的看法，但如果我们考察刘邦的历史就可以发现，尽管他也有人性的弱点，但是他待人的宽厚和德行，是不能否认的事实。与此相反，大家看项羽的做法：

屠烧咸阳秦宫室，所过无不残破。秦人大失望，然恐，不敢不服耳！③

这多少都给人残忍和暴戾的感受，只能让人心生畏惧，哪里还能凝聚人心呢？后来，楚汉之争，项羽四面楚歌，乌江自刎，我们不免要问项羽到底败在哪里？如果项羽能够兼听则明，海纳百川，爱护百姓，那战争的结果恐怕是另外的样子。

我们常说一个人的德行重要，其实德行有两个基本的表现：

其一，就是一个人多大程度上能够爱护别人、宽容别人，多大程度上力所能及地成全别人、帮助别人。反之，如果一个人比较自私，什么事情都是以自己的利益为中心，这就是缺少德行。

刘邦在和项羽争天下的时候善待老百姓，建国之后，其休养生息的政策，更是让饱经战争之苦的老百姓得到休养和安定，这是更大的德行。所以，得民心者得天下，这是千古不易的真理。《大学》说：

是故君子先慎乎德。有德此有人，有人此有土，有土此有财，有财此有用。④

---

① （汉）司马迁：《史记》，中华书局，2006年版，第75页。
② 同上。
③ 同上。
④ 王文锦译注：《大学中庸译注》，中华书局，2013年版，第12页。

其二，一个人的德行表现在抵制诱惑的能力上。面对人生的很多诱惑，一个人如果能够有坚定的操守，知道该做什么、不该做什么，这就是德行的具体表现。一个人多大程度上抵制不良诱惑，就有多大的德行。否则，一旦遇到诱惑，就背叛理想，践踏良知，这就是没德行。

大家再看今天世界上各国的卓越企业家，几乎无一不是把慈善事业视为人生的重要使命，邵逸夫先生是其中的典型之一。他一生节俭，却为祖国大陆很多学校盖了上万座楼，有一百多亿港元用在资助中国的教育事业上，得到无数人的尊重。所以，几乎所有的成功者，都是以德行为人生大厦的根基，从而成就了人生的伟大。

那么，如果我们分析厚德载物背后的学理根源，会发现：往往真正有德行的人，才会有雄伟的理想，关心人民的疾苦，才有利国利民的雄心抱负！只有真正有德行的人，才能为大家着想，团结更多的人一起奋斗，把大家凝聚起来，形成强大的向心力和凝聚力；一个真正有德行的人，才能在人生发展的征途上，不忘初心，永不懈怠，绝不飘飘然，面对各种诱惑和考验能够不为所动，事业长久。

如果我们对伟大的人物做一个概括，会发现这些人就如同一个磁场的中心，能够把很多人吸引过来，大家一起团结起来，做成一番事业。而这个磁场的中心，就是"德行"。有德行的人，能够有理想和抱负，洞悉历史潮流，能够爱护大家，团结大家，一起努力！厚德载物，应该成为每一个人成长的座右铭，不断打牢自己的德行地基，让自己的人生经得起风雨的考验，从而写就人生的精彩传奇！

5. 积善之家，必有余庆

这是《易传》对人类社会长期观察得出的结论。《易传·文言》说：积善之家，必有余庆；积不善之家，必有余殃。[①] 从长远看，从基本的规律看，那些乐善好施、与人为善的人，往往会得到大家的尊敬，孩子因为好的家庭教育而更有出息！反之，那些人心叵测、故意仗势欺人的人，从长久看，也不会有什么好下场。历史上这样的例子很多，范仲淹就很好地证明了什么是"积

[①] 黄寿祺，张善文注：《周易译注》，中华书局，2016年版，第30页。

善之家，必有余庆"。他从小非常贫困，母亲改嫁后，自己独立生活，尽管非常艰难，仍然立下"不为良相即为良医"的志向。在读书期间，有这样一件事：公元 1014 年，真宗皇帝路过应天府，当时全城轰动，很多人争先恐后想看看皇帝。可范仲淹专注读书，未有所动。有一位同学还特地跑来叫他：皇帝巡视，赶快看看吧！但范仲淹却安静地回答"将来也会看到"，继续认真读书。第二年，他果真取得了殿试的资格，在宫廷朝见皇帝，并参加了由皇帝亲自主持的考试。我们从中领会的是一个人的专注、定力和气象。范仲淹为官之后，做人非常正直，不管在哪个地方和什么位置，都能够清正廉洁，力求造福大众，江苏盐城的范公堤、老家苏州的义学等，都是范仲淹一生为民的见证。时至今日，范仲淹的家族因为范仲淹的精神而发展壮大，范家的后人很多自觉以范仲淹的精神为榜样，勉励自己，家族也绵延不息，历代都有很多名人，得到社会的尊重和认可。

积善之家，必有余庆；积不善之家，必有余殃。它实际上告诉了我们《易经》的真精神。《易经》不是神神秘秘引导大家算卦预测，而是从根本上告诉了大家消灾祈福的道路，那就是做积善之家。只有好好地提高自己的德行，不断地完善自己，反思自己、存好心、做好事、说好话、帮助别人、建设国家、服务社会，路才会越走越好；反过来，如果贪赃枉法、飞扬跋扈，什么卦也救不了一个恶人。所以，我们学习《易经》，就要好好领会其中阐述的"道"。在中国的历史上，诸如"积善之家，必有余庆"等很多美好的价值，对于家庭和谐、社会发展等，都有非常积极的意义，是我们应该世代尊奉的价值观念。

6. 知进退存亡，而不失其正

《易传·文言》上说：

> 亢之为言也，知进而不知退，知存而不知亡，知得而不知丧。其惟圣人乎？知进退存亡，而不失其正者，其为圣人乎？[1]

如果翻译出来就是：《易传》在解释"乾卦"的爻辞时说：亢奋这种

---

[1] 黄寿祺，张善文注：《周易译注》，中华书局，2016 年版，第 19 页。

状态，是指只知道前进而不知道后退；只知道当前状态多好，不知道将来会走向灭亡；只知道把机会把握在自己手里，而不知道放下和成全别人，这不是真有智慧的人所拥有的状态。真正有智慧的人，对人生所有遇到的处境，都能有所预见，都有智慧把事情处理得圆融周到，既有做人的坚持又能灵活处理，这才是圣人该有的状态。

通过《易传》的这些话，我们要懂得，真正有智慧的人，要未雨绸缪，无论遇到什么考验，都能不变随缘，随缘不变，这是值得我们一生学习的境界。

所谓"随缘不变"和"不变随缘"，是说一个人一定要走正道，这是"不变"；但是，面对不同的环境和问题，正道如何落实，没有僵化的办法，一定要灵活运用。在现实中，有一些人能够"守正"，但是僵化固化，最终不能成就事业。有的人灵活多变，但不能"守正"，结果人生走了邪道，不免身陷囹圄。所以，进退得失不失其正，就是要告诉我们既要走正道，又要非常灵活，这是很不容易的境界。

孔子就是"不变随缘，随缘不变"的典范。在鲁国开始做官的时候，还算顺利，很快做到大司寇的位置，掌握着鲁国的司法工作。后因为鲁国的当政者不能真正善政爱民，于是孔子决定周游列国，推行自己的仁义教化。无论是在庙堂之高，还是在周游列国没有施政机会的途中，孔子都不改初衷，强调"君子忧道不忧贫"，强调"士志于道"，这就是随缘不变的典型例证。任何一个人，都会遭遇各种考验，有春风得意的时候，也不免有黯然伤神的时候；有风生水起的时候，也有风雪满途的时候，但一个人无论是遇到什么样的人生境遇，都不会乱来，都要知道自己的使命和责任，"进退得失不失其正"，这是非常伟大的人生精神！无论是遇到什么考验，真正的君子都能"守正"，这是我们永远需要坚守的价值！

我们常说日新月异，日月如梭，但人生也有永远不变的东西，那是人生终极的追求和道义的坚守，这是人生的意义所在，偏离这个人生的"北斗"，生命就失去意义！但随着各种环境的变化，如何将美好的价值落实下来，造福大众，能够观机逗教，能够因材施教，能够根据环境的变化把事情做好，这是"随缘"。"不变"的时候，要懂得"随缘"，"随缘"

的时候，要恪守"不变"，这才是了不起的人生！

《易经》告诉我们，人类社会无论怎么变，无论遇到多少挫折和磨难，但"正道"永远是人类社会的北斗星，也是需要我们每一个人爱护和坚守的价值。只有"正道"治国，真正爱护人民，道德和制度建设并重，社会生机勃勃，安定有序，人民安居乐业，这才是我们的最大利益！作为一个真正的君子，更要承担践行和弘扬正道的责任，不论人生遭遇什么，都要把守正道、行正道当作自己的使命！

人民安居乐业，国家繁荣昌盛，政治清明有序，社会公正廉明，人人心情舒畅，这样的好局面不是天赐的，是人们创造出来的。我们永远不可妄想一个美好的生活会自动而来，这都需要我们去创造和争取！而君子的作用尤其明显，社会的状态如何，就在于君子能否起到表率作用！无论在任何时代，人和人的作用都不是一样的，总是需要一些人走到社会的前面，承担起引导社会、领袖群伦的作用，对此，作为影响巨大的管理者，一定要把"进退得失不失其正"这句话当作人生的准则，不管岗位大小，都要把弘扬正气、维护公正、造福大众当作自己的天职！

二、六十四卦与人生哲学

1. 六十四卦的排序秘密

对于六十四卦的排序，古人并不是一时兴起，而是有着内在逻辑和联系，包含了当时的哲人对宇宙、社会和人生的深刻洞察，值得我们思考和领会！根据《易经》的文本，所谓"六十四卦"，就是：

乾、坤、屯、蒙、需、讼、师、比、小畜、履、泰、否、同人、大有、谦、豫、随、蛊、临、观、噬嗑、贲、剥、复、无妄、大畜、颐、大过、坎、离、咸、恒、遁、大壮、晋、明夷、家人、睽、蹇、解、损、益、夬、姤、萃、升、困、井、革、鼎、震、艮、渐、归妹、丰、旅、巽、兑、涣、节、中孚、小过、既济、未济。

对于为什么这样排序，《易传·序卦》做了这样的解释：

有天地然后万物生焉，盈天地之间者唯万物，故受之以屯。屯者，盈也。屯者，物之始生也。物生必蒙，故受之以蒙。蒙者，蒙也，物之稚也。物稚不可不养也，故受之以需。需者，饮食之道也。饮食必有讼，故受之以讼。讼必有众起，故受之以师。师者，众也。众必有所比，故受之以比。比者，比也。比必有所畜，故受之以小畜。物畜然后有礼，故受之以履。履而泰然后安，故受之以泰。泰者，通也。物不可以终通，故受之以否。物不可以终否，故受之以同人。与人同者，物必归焉，故受之以大有。有大者不可以盈，故受之以谦。有大而能谦必豫，故受之以豫。豫必有随，故受之以随。以喜随人者必有事，故受之以蛊。蛊者，事也。有事而后可大，故受之以临。临者，大也。物大然后可观，故受之以观。可观而后有所合，故受之以噬嗑。嗑者，合也。物不可以苟合而已，故受之以贲。贲者，饰也。致饰然后亨则尽矣，故受之以剥。剥者，剥也。物不可以终剥，剥，穷上反下，故受之以复。复则不妄矣，故受之以无妄。有无妄，然后可畜，故受之以大畜。物畜然后可养，故受之以颐。颐者，养也。不养则不可动，故受之以大过。物不可以终过，故受之以坎；坎者，陷也，陷必有所丽，故受之以离。离者，丽也。

有天地然后有万物，有万物然后有男女，有男女然后有夫妇，有夫妇然后有父子，有父子然后有君臣，有君臣然后有上下，有上下然后礼仪有所错。夫妇之道不可以不久也，故受之以恒。恒者，久也。物不可以久居其所，故受之以遁。遁者，退也。物不可以终遁，故受之以大壮。物不可以终壮，故受之以晋。晋者，进也。进必有所伤，故受之以明夷。夷者，伤也。伤于外者，必反于家，故受之以家人。家道穷必乖，故受之以睽。睽者，乖也。乖必有难，故受之以蹇。蹇者，难也，物不可终难，故受之以解。解者，缓也。缓必有所失，故受之以损。损而不已必益，故受之以益。益而不已必决，故受之以夬。夬者，决也。决必有所遇，故受之以姤。姤者，遇也。物相遇而后聚，故受之以萃。萃者，聚也。聚而上者谓之升，故受之以升。升而不已必困，故受之以困。困乎上者必反下，故受之以井。井道不可不革，故受之以革。革物者莫若鼎，故受之以鼎。主器者莫若长子，故受之以震。震者，动也。物不可以终动，止之，故受之以艮。艮者，止也。物不可以终止，故受之以渐。渐者，进也。进必有所归，故受之以归妹。得其所归者必大，故受之以丰。丰者，大也。穷大者必失其居，故受之以旅。旅而无所容，故受之以巽。巽者，入也。入而后说之，故受之以兑。兑者，说也。说而后散之，故受之以涣。涣者，离也。物不可以终离，故受之以节。节而信之，故受之以中孚。有其信者必行之，故受之以小过。有过物者必济，故受之既济。物不可穷也，故受之以未济。终焉。[1]

通篇解读下来，六十四卦实际上给我们展示了事物发展的过程。刚健有为的主导性的力量（乾卦）出现后，需要辅佐和成全的力量（坤），两种力量互相配合，一阴一阳，这个时候事物开始积蓄力量，准备破土而出（屯）。当能量积蓄到一定程度之后，事物萌发，刚刚开始生长的时候，就是"蒙"。在事物发展的初始状态，最需要能量的不断补给，这就是"需"。当大家都在为了获得能量而争执的时候，这就是"讼"。这个时候就需要有人出来制定秩序，这就是"师"。如此等等。当然，对于六十四卦，不同的人可以有不同的解读方式，得出不同的结论。我们在这里是从人生哲学的角度加以解读，从中总结对于我们的人生具有的启发和指导意义。六十四卦本身，某种程度上就是一部活生生的人生哲学，每一个卦，都给我们昭示了人生的一种状态，这个状态会遇到哪些问题，我们应该如何正确地应对等。可以说，六十四卦是我们人生的参考书，告诉我们人生会有什么境遇，我们应该如何正确地去看、去应对。

2. 如何应对人生的不同境遇

六十四卦的内容丰富，我们在这里不对每一个卦象都做分析，而是从六十四卦中间抽离出典型的几个卦象做分析，从中总结我们应该怎么做人和做事：

（1）乾与坤

六十四卦，以乾、坤两卦作为开始，具有重要意义。所谓"乾"，代表的是刚健有为的力量，是主导性的力量。我们做任何事情，都需要有人敢于担当、敢于负责，需要有人出来领头和决断，否则都是唯唯诺诺的人、

---

[1] 刘大钧，林忠军注：《易传全译》，巴蜀书社，2006年版，第175页。

不敢负责的人，无法成就一番事业。但是任何一个伟大的事业，都不是某一个人的独角戏，都需要有人起来辅佐和成全，需要一大批人团结起来，形成强大的合力，只有众缘和合，才能成就事业。所以，独阴不生，孤阳不长，一阴一阳，积极主导的力量和辅佐成全的力量汇合起来，才能成就一番事业。

大家先看乾卦：

乾下乾上

☰《乾》：元，亨，利，贞。

初九：潜龙，勿用。

九二：见龙在田，利见大人。

九三：君子终日乾乾，夕惕若厉，无咎。

九四：或跃在渊，无咎。

九五：飞龙在天，利见大人。

上九：亢龙，有悔。

用九：见群龙无首，吉。①

乾卦的内容，实际上给我们描述了那些敢于起来担当责任的大英雄（君子）成长的道路：开始的时候，自己的能力和位置都很平凡，一定做好本分，不可炫耀自己，否则实力和愿望不匹配，容易招惹祸端。随着自己的能力提升，广结善缘的过程中得到大家的帮助，开始逐渐地有所发展。但在这个过程中，君子会有重大考验，如果把握不好，就会跌入谷底，遭遇人生的麦城（或跃在渊）。但是只要君子能够非常勤勉、自警、谦和、反省和学习，那么即便是遇到考验，也能化险为夷。经过历练之后，君子能够取得更好的位置（飞龙在天）。在事业发达的时候，乾卦警告君子要"亢龙有悔"，实际上是告诉我们在事业顶峰的时候，一个人最容易飘飘然，最容易忘乎所以，这个时候保持冷静和清醒格外重要。但是看问题也不要绝对，如果是说君子事业发达的时候，正遇到局面混乱，那就要勇敢地起来负起责任，不是亢龙有悔，而是更进一步，敢于做主！这就是"见群龙无

---

① 臧守虎注：《易经读本》，中华书局，2007年版，第1页。

首，吉"。如果放到当时的历史环境里，一个人刚健有为做一番事业，当到达事业辉煌的时候，往往会冲击君王的权力，如果不懂得反省和收敛，那就会招来杀身之祸，所以"亢龙有悔"。但如果天下大乱，群雄无主，这个时候就不要"亢龙有悔"，而要勇敢前进，平定天下。这就是"见群龙无首，吉"。所以，《易经》绝不是教条，而是告诉我们根据不同情况如何思考和决断的指导。

坤卦则不然，很大程度上在启发我们如何成全别人，如何团结起来做成一番事业。

坤下坤上

☷《坤》：元亨。利牝马之贞。君子有攸往，先迷，后得主，利。西南得朋，东北丧朋。安贞吉。

初六：履霜，坚冰至。

六二，直、方、大，不习，无不利。

六三，含章，可贞，或从王事，无成有终。

六四，括囊，无咎无誉。

六五，黄裳，元吉。

上六，龙战于野，其血玄黄。

用六，利永贞。《象》曰：用六"永贞"，以大终也。①

坤卦开始的"履霜，坚冰至"，实际上是说辅佐的大臣要有预见能力，看到霜降的时候，就要预见到结冰的时候也会到来。辅佐的大臣要提醒君主居安思危，防范未来可能遇到的风险，未雨绸缪，防患于未然。所谓的"直、方、大"，其实是说我们做人的格局和气象，正直、端正、胸怀远大，不被恶劣的环境所侵染，具备了这样的素质，就能不断走向前进。后面所讲的"括囊，无咎无誉"，"黄裳，元吉"，是说有德行的人，知道自己的身份和分寸，谨言慎行，守住自己的位置和本分，这样才能发挥恰当的作用。所谓"龙战于野，其血玄黄"，是讲辅佐者过于强大，与主导者发动

---

① 臧守虎注：《易经读本》，中华书局，2007年版，第10页。

战争，这当然不是好现象。坤卦最后告诉我们只要有厚重的德行，做事的发心是至诚之心，最终的结果都会吉祥。

从乾卦和坤卦中，我们思考我们每一个人的定位。不是每一个人都有机会、有能力做一把手。每一个人要清楚自己的定位和本分，知道自己发展处在什么阶段，应该具备什么德行，应该如何审时度势，否则就会遭遇障碍和挫折。如果自己不适合做一把手，那就好好诚恳地辅佐领导，全心全意地和领导团结起来更好地完成事业。这就是人们所说的"知人者智，自知者明"。

不管是一个单位还是一个国家，只有敢于负责、担当的人和周到全面的辅佐者相互配合，精诚团结，才能有更好的发展。一把手，要有一把手的样子；辅佐者，要有辅佐者的样子，互相配合，上下同心，众志成城，这才是成就事业之象。

（2）泰卦和否卦

泰卦和否卦，分别属于《易经》中的第十一卦和第十二卦，我们一般的人经常说否极泰来，可是在《易经》的顺序中，恰恰相反，是先泰后否。《易经》之所以这样安排，体现了其作者对人生的深刻观察。我们发现现实中太多的人一旦取得某些成就之后，忘乎所以的有，飘飘然的有，骄奢淫逸的有，刚愎自用的有，如此等等，很快事业就会遭遇重大挫败。平时人们常说的一嘚瑟就倒霉，虽然是一个俗语，但也不无道理。我曾经给一个煤矿企业上课，问企业的经营情况，老总告诉我，在十多年之前，效益非常好，煤还没有挖出来，就有多少辆车等着要煤。可是2012年以后，随着国家治理环境污染的力度加大，产能过剩问题的凸显，煤炭行业面临着越来越严重的困难。我问他：你读过《易经》没有？《易经》非常清楚地告诉我们"泰"卦后面就是"否"卦，你们在效益非常好的时候，就应该对今天有所预见！如果当初你们在拥有较好效益的时候，未雨绸缪，对产能过剩、环境承载力、国家发展战略等有一个预判，做好新项目的研发和开拓，还有可能实现转型！所以"泰卦"之后就是"否卦"，启示我们这一生无论有多少成就、多大辉煌，永远不可张狂，永远要清醒地看清未来，做好预判！

更进一步，泰卦和否卦的卦象还给我们在管理学上有重要的启发。

首先我们看泰卦 ☷☰——乾下坤上：

泰卦，卦象是"坤上乾下"。对于这个卦的状态，《易经》称之为"泰"。《易经》这样解释：小往大来，吉亨。《彖》曰：泰，小往大来，吉亨。则是天地交而万物通也，上下交而其志同也。内阳而外阴，内健而外顺，内君子而外小人，君子道长，小人道消也。[①]

在《易经》的意象符号中，"乾"象征着"天"，是一种向上的力量；"坤"象征着"地"，是一种向下的力量。而泰卦的卦象是地在上，天在下，那么向上的力量与向下的力量就形成交感，这就是上面提到的"天地交"与"上下交"，这种不同力量交融的状态，《易经》称其为"泰"，"天地交"则"万物通"，"上下交"则"其志同"。熟悉中国文化的人，对于"泰"这个字都不陌生，对于国家的希望，人们常说国泰民安，对于一个人的大气和沉着，称之为处之泰然。

我们再看否卦 ☰☷——坤下乾上：

否卦，卦象是乾上坤下，"天"在上，"地"在下，这个卦的状态，《易经》称之为"否"。《易经》这样解释：否之匪人，不利君子贞，大往小来。彖曰：否之匪人，不利君子贞。大往小来，则是天地不交而万物不通也，上下不交而天下无邦也。内阴而外阳，内柔而外刚，内小人而外君子。小人道长，君子道消也。象曰：天地不交，否；君子以俭德辟难，不可荣以禄。[②]

对于"否"这个词，中国人也很熟悉，当一个人很不顺利、很沮丧的时候，我们总是劝慰：振作起来，很快就会"否极泰来"。《易经》为什么将"天在上、地在下"的卦象称之为"否"呢？我们看《否》的卦象：天在上，地在下，在这样的状态下，向上的力量"天"和向下的能量"地"，二者根本上处于背离的状态，无法形成相互交融的状态。在这样的状态下，自然就是"天地不交"与"上下不交"。对于这种"不交"的状态，《易经》认为必然导致"万物不通"与"天下无邦"。"万物不通"指的是自然界；"天

---

① 黄寿祺，张善文注：《周易译注》，中华书局，2016年版，第93页。

② 同上，第101页。

下无邦"指的是"人类社会"。言外之意，一个上下不交、天地不交的状态，大自然就不会风调雨顺，人类社会也就会失去和谐秩序而出现混乱和冲突。

通过对《易经》中"泰"卦和"否"卦的解读，我们不难发现，《易经》认为，无论是自然界还是人类社会，一个好的秩序或者是和谐的秩序，一定是各种能量互动的秩序，而不是各种能量对立而不交融的状态。我们把这种认识用在对人类社会秩序的理解上，就可以得出：一个好的秩序或者是和谐的秩序，一定是各个阶层的诉求都能得到表达和尊重，每一个阶层的愿望和利益都有表达的渠道，任何一个好的政策也正是在各种诉求的交融中得以制定。这种反映了各个阶层利益和诉求的政策，也就能够最大程度上体现社会公正，能够反映每一个社会成员的心声和愿望。这样的制度，用《易经》的话就是"上下交"与"天地交"，自然也会"万物通"与"其志同"。"万物通"指的是人与自然界的和谐；"其志同"指的是人与人之间的和谐。这不正是我们所倡导的和谐社会吗？所以，"和谐"这个词，是中国文化贡献给人类社会和政治文明的财富，需要我们把它解释好、实现好，以给人类社会的和谐发展提供智慧的启迪。

结合当前人类的政治文明，我们想想，什么才是真正良好的政治制度？通过对人类政治制度的考察，并结合"泰""否"两个卦象的启示，我们可以得出：无论是君主高高在上、人民缺少权力的专制和独裁，还是简单地以民意作为一切的标准而最终不免走向民粹的近代以来所谓西方民主制度，都没有真正体现"泰"卦的智慧。一个伟大的制度设计，一定是"上下通"，既不是简单的领导人说了算，也不简单是民意说了算；而是实现领导人和民意的互动，这是我们今后政治发展的重要方向。那种领导人说了算而对民意重视不够的制度，我们称之为独裁和专制的制度；那种一切简单地以民意为导向的制度，我们会发现容易导致民粹和民意绑架政治的现象。只有领导人和民意互动的制度，才是更优质的制度设计，才体现"泰卦"的智慧。领导人一定要倾听民众的呼声，体现人民的利益；同时，伟大的政治家一定要高瞻远瞩，能够引导民意朝着有利于国家长久发展的方向发展，这才是社会的良性互动。今天很多国家和地区的内耗、政治不稳定、民意绑架政治等，都和简单的民意取向有关。通过对"泰"卦的分析，我们不仅要建立文化的自信，而且更要在这种智慧的启示下建立制度的自信，通过建设和探索更加优质的民主制度来发展人类的政治文明！

（3）☷震下兑上——随卦，☷巽下艮上——蛊卦，☷兑下坤上——临卦

所谓"随"，代表一个人取得成功之后有人追随和吹捧，这是大家常见的现象，富贵之后山里有远亲，一个人有了地位、权力和财富，很多人都会攀各种关系，很多人趋炎附势以希望得到好处。在这众多的鲜花和掌声中，就会有一些不怀好意的人掺杂其中，唯恐天下不乱，甚至有居心叵测的人浑水摸鱼，扰乱视听，这就是"蛊"。面对众多的吹捧者和追随者，领导人一定要预防被人蛊惑。历史上很多伟大的人，在面临艰难困苦的时候都能坚忍不拔，可取得一些成就之后，面对一些表面吹捧实则居心叵测的人，却丧失了辨别和分析能力。所以，当一个人面对鲜花和掌声的时候，一定要警惕小人的蛊惑。

面对多种声音、多种观点，睿智的领导人要善于判断和取舍，这就是"临"。代表了君子在面对鲜花和掌声、面对各种赞美的时候，能够清晰地判断和准确地取舍。从这几个卦象，我们一定要懂得无论多大的成就，都要非常清醒；面对各种声音，要学会判断和抉择，绝不可被任何赞美所陶醉！

（4）☷损卦，☷益卦

损卦，从字面的意思就知道是受到损失。结合前面的卦象，是说一个人遇到困难的时候，想办法纾解困难，那就要付出一些代价，这就是"损"。在我们一般人看来，谁愿意受到损失呢？大家看"损"后面的卦就是"益"，这启示我们这个世界没有无缘无故的收获，没有奉献和付出，收获也就无从谈起。换一句话说，人生"损"多少，才有后面的"益"多少。"损"之后，才有"益"，这是我们必须清楚的人生逻辑。

现实中很多人根本不理会这个道理，只是在意自己的得失，在意自己的收入和地位，只是想要自己的那个"结果"，殊不知这"益"的前面是"损"，没有足够的奉献"损"，无从谈起人生的收获"益"。对于在企业工作的人而言，你有多少奉献、给企业创造多少价值，自己才能得到相应的收入和肯定！对于政治管理者而言，自己有多少奉献、给人民做多少

贡献，自己才有多大机会，才有社会的肯定。对于刚走向工作岗位的年轻人，尤其要懂得只有好好工作，才有得到各方面肯定和认可的机会，否则都是空中楼阁。

很多人情绪的偏激、看问题的偏狭，都和人生智慧的缺失有关。如果我们在内心里非常清楚有多少奉献，才有资格谈有多少收获，只有种了"损"即奉献社会的"因"，才有人生收获的"果"，那么，急功近利的躁动、不劳而获的妄想，自然就会少一些。

（5）☲☵既济卦，☵☲未济卦

《易经》六十四卦的最后，就是"既济"和"未济"，六十三卦"既济"，表达的是做事情的时候，各种条件已经具备，是事情可以成全的状态。可是最后一卦"未济"，却告诉我们一切又要从头开始。所以，《易经》是一个开放的系统，没有在终点给大家一个乌托邦，不像西方的童话故事，结局永远是王子和公主过上了幸福的生活。而是告诉大家事情在看似圆满的时候，往往又是重新开始的时候。这是对人生和社会的真实描述，是非常重要的智慧和人生感悟。

比如一个人希望自己当上单位的一把手，当各种条件具备，如领导肯定、同事认可、群众支持等而当上一把手的时候，绝不是万事大吉的时候，而是一切又要重新开始了。面对新的岗位、新的挑战、错综复杂的问题，到底有没有能力做好工作，这是重大的考验。如果自己没有准备好，或者自己没有能力做好新的岗位，被选拔看起来未必是好事。

读了《易经》，我们永远不要犯"一怎么样怎么样就好了"的幼稚病。看到眼前的问题，幻想着一旦实现了什么目标就万事大吉了，这是人生的幼稚和天真！事实上，无论地球上任何一个国家，任何一个地区，还是人生的哪一个阶段，都是问题多多，都面临各种各样的挑战。人生的美好，绝不是说有一个所谓"天堂"等着你，而在于面对各种困难的时候，如何修持自己，如何化解困难。对此，大家可以理解为什么中国文化如此赞美莲花的圣洁，佛菩萨等觉悟者下面也是莲花座，中国文化之所以这样安排，体现了中国文化的内在智慧。我们的文化不认为什么地方或者人生的某个阶段是一片美好、没有任何问题的，而是说我们要向莲花学习，在淤泥中间绽放出清香妙洁。这就意味着无论我们遇到什么困难，都要有智慧去应对，有能力去化解，有毅力去克服，只有这样，我们人生才有真正的美好和幸福！这个美好和幸福不是来自外部的环境，而是来自于内心的智慧，来自我们面对任何问题都能应对和处理的高远和从容！

《易经》这样的开放系统，也给我们一个启发，那就是人生永远没有终点，永远需要不断地接受新的考验、不断地反思和成长。这是一个永远的过程！一个新的机会或者岗位，恰恰是自己新的开始，是接受挑战不断前行的开始，而绝不是坐享其成的人生终点。我们一定要学习莲花的精神，人生永远没有一个美丽无瑕的地方等着自己享福，更没有什么完美的地方让自己坐享其成，而是永远面临着各种考验和挑战，面临各种困难和凶险。我们正是在迎接各种挑战和考验、处理各种问题的过程中，修炼出圣洁的精神、创造出芳香四溢的世界。

《易经》的布局，包含着对人生极其深刻的领悟，六十四卦所折射的不同人生状态，为我们如何过好一生提供了借鉴。我们应该勇敢地接受人生的各种考验，在各种考验中修炼自己的格局和心灵世界！

三、《易经》：人生的参照系

通过以上的分析，我们可以得出《易经》所讲述的道理，是对宇宙、社会、人生运行规则的概括，是我们人生的指南。

1. 人生无所谓吉凶

很多人把《周易》视为算卦的书，误解了其中的智慧和真精神。人生是一个动态的过程，其发展轨迹的决定力量在于人的努力。一个真正有智慧的人，不是被动地所谓"听天由命"，而是领悟人生的智慧之后，主动地改变自己的命运。北宋的思想家张载曾经这样理解：

> 易为君子谋，不为小人谋，故撰德于卦，虽爻有小大，及系辞其爻，必谕之以君子之义。[①]（张载《正蒙》大易篇第十四）

[①] 林乐昌注：《正蒙合校集释》下，中华书局，2012年版，第682页。

这句话的意思是，《易经》实际上是为君子作参考的书，因为真正的君子懂了道理能够立刻改正自己，在造福大众的过程中，让人生越来越好！而小人走的不是人生大道，自私自利，而不是为社会谋利益，所以小人看了《易经》也起不到改变命运的作用。张载认为《易经》的每一卦都贯穿了"德"，都在告诉真正有修为的君子应该怎么做，如何避免小人犯下的错误。由此可见，《易经》不是简单算出人的吉凶，而是通过卦象和爻辞来告诉我们应该怎么做，应该如何做一个有道德的人，从而减少所犯的错误，从而"积善之家，必有余庆"。

对于《易经》，孔子曾说："加我数年，五十以学易，可以无大过矣。"[①] 在孔子看来，《易经》也是修养道德的学问，通过学习《易经》可以提升自身的德行，减少犯错误的机会。大家读《论语》和《孔子家语》，其中几乎没有记载孔子如何利用《易经》算命之类的记载和评论，他曾说：易其至矣乎！夫易，圣人所以崇德而广业也。[②] 在孔子看来，《易经》真是伟大，通过对《易经》的学习，我们可以提升道德而让人生的事业更加弘大！可以这样说，《易经》是真正君子如何修养道德的书，如何提升智慧的书，而不是简单的"术"。

简言之，人生的很多境遇，无所谓"吉凶"，更不要以为一个"卦"就决定了人生的"吉凶"。同样的一件事、一个处境，不同的人会有不同的处理方法，会有不同的结果，其原因就在于个人的认知和努力。因此，不断地提升自己的智慧和德行，从而打牢人生的根基，自己才能越来越好，除此之外，非正人君子之道。

2. 做把握自己人生的人

我们学习了《易经》之后，要深刻理解《易经》所阐发的道理，并以此作为人生的提醒。我们处在不同的人生状态，应该注意什么问题，如何改进自己，这是《易经》最重要的意义。天行健，君子自强不息，任何一个人的命运，不在于别人决定，也不在于神秘的力量决定，一个人的命运如何，取

---

① 杨伯峻注：《论语译注》，中华书局，2017年版，第101页。
② 南怀瑾：《易经系传别讲》，东方出版社，2015年版，第124页。

决于一个人怎么想、怎么做；一个国家的命运，在于这个国家的人民怎么想、怎么做！人类的未来，就在于人类怎么想、怎么做！我曾经遇到一个开饭店的老板，花钱请人对饭店做装修，对于怎么装修、怎么布局等，花了很多功夫。一段时间过后，饭店的客流量并不见好转。他自己觉得奇怪，已经花了那么多的时间和金钱去布局和看风水，为什么没有见效果呢？给他指点的人明确地告诉他：饭店以什么为本？以饭好吃、饭菜质量好和价格让人能接受为根本！你花那么多的时间东布局、西布局，为什么不能好好地根据客户的需求做好饭、定好价格呢？如果你的饭菜特别好吃，客人吃了还想来，价格适中，老百姓能够接受，饭店待人热情，客户怎么可能不越来越多？做人不可迷信，装修得很好、布局很好、有敬畏之心是好事，但这些都是外部原因，而最重要的内因是做好本分！

所以，我们一定要好好领会中华文化的精神，深刻领会福自己求、命自我立的道理，我们学圣贤书，学各种文化、知识等，都是为了提高自己的觉悟，更好地改变我们的命运，让我们的国家越来越好，社会越来越好。即便是对于外在的神秘世界，中国文化认为只要我们自己净化到一定程度，就可以领会天地的道理，这就是："易，无思也，无为也，寂然不动，感而遂通天下之故，非天下之至神，其孰能与于此？"[①] 读《易经》，重在从中领悟人生的道理，提升生命的高度！

---

① 刘大钧，林忠军注：《易传全译》，巴蜀书社，2006年版，第160页。

第 6 讲

《道德经》：道法自然与顺道而为

《道德经》：道法自然与顺道而为

老子所著的《道德经》在全世界都有极其广泛的影响。尼采曾经这样称赞《道德经》：《道德经》像一个不枯竭的井泉，满载宝藏，放下汲桶，唾手可得。海德格尔也非常推崇老子的思想，据说他把《道德经》的"孰能浊以静之徐清，孰能安以动之徐生"①挂在房间的墙上。英国著名历史学家汤因比在《人类与大地母亲》一书中，这样评价道家："在人类生存的任何地方，道家都是最早的一种哲学。"日本人汤川秀树说："早在两千多年前，老子就已预见到了未来人类文明所达到的状况。"包括俄罗斯的前总统梅德韦杰夫等人，更是把《道德经》视为治理国家的教科书。对《道德经》，尽管存在各种各样的理解，但它的智慧得到世界上无数政治家、思想家的重视，这是不争的事实。如果考察《道德经》的文本，其所要讲述的不是局限于知识层面的东西，有很多内容是真正的修行人修到一定程度才有的感悟，是对人生、社会、宇宙运行规律的概括。那么，宇宙和人类社会运行的规律是什么？我们怎样认识规律？我们如何遵循规律？在遵循规律的过程中，人们会遇到哪些重大障碍？诸如此类的问题，《道德经》都有涉及。我们这里对《道德经》的解读，主要是从吸取人生智慧和提升个人修为的角度加以抽离和总结，以让我们的人生和事业发展得更好。

"道"和"德"是《道德经》的关键词。"道"就是宇宙、社会和人生的大道，可以称为规律，我们只有遵循大道才能掌握主动，取得成就，背

---

① （魏）王弼注，楼宇烈校释：《老子道德经注》，中华书局，2011年版，第37页。

道而驰自然没有好结果。"德"是一个人修持的状态，只有内心非常清净，才能正确地领会大道，这种以清净的心领会大道的状态就是"德"。有"道"的人，自然有"德"，有"德"的人，才能领会大"道"。在现实中，有各种欲望、各种杂念的人，没有能力领悟大道，自然也不会有德。古往今来说道的人特别多，可究竟什么人才能领悟大道？道，其实就是一个人擦亮心灵的镜子以后自然呈现的状态。排除外在的干扰，简简单单，清净的心所展现的状态，离道不远。

在道家看来，我们人有先天和后天的区别。所谓先天，就是指生而有之的能力；而我们眼睛能看、耳朵能听、舌头能感受味觉、大脑能思考问题等能力，都是在出生以后随着身体的发育才有的。道家把先天的能力称为"元神"，把后天的能力称为"识神"。在道家看来，真正智慧的打开，恰恰要排除后天的干扰，从而把先天的能力开启出来。依我们个人的生活经验来看，一个人清清净净，能够尽可能排除各种干扰的时候，就是智慧涌现的时候；反过来，如果是被各种外在干扰扰动的时候，往往是智慧被蒙蔽而做出愚蠢决策的时候。

对于大道，老子曾经这样描述：上士闻道，勤而行之；中士闻道，若存若亡；下士闻道，大笑之。不笑不足以为道。[1] 就是说当听到真正的大道时，会有三种人生的状态：第一种人，也是最上等人，马上就知道这是好东西，然后立刻按照大道的要求去做，从而成人成己。第二种人，也就是很多普通人，将信将疑，不断地疑问：是这样吗？真的是这样吗？第三种人，听了大道之后，哈哈大笑，不仅不认可，而且讽刺嘲笑。我们在现实中也有类似的经历：当你苦口婆心地希望一个人好时，有的人听了不仅心里感恩，而且马上去做，这就是一等人；也有的人对你的善意将信将疑，这就是二等人；还有一些人，无论你多么善意，他都以为你在骗他，油盐不进。这种人就是我们常说的不可救药的人。

下面我们仅就《道德经》中的某些智慧提取出来，以古为今用。

---

[1] （魏）王弼注，楼宇烈校释：《老子道德经注》，中华书局，2011年版，第115页。

一、顺道而为才能掌握主动

如果我们简要概括《道德经》的核心思想,其中之一就是"顺道而为",应之而治则吉。我们做任何事情,无论是人和宇宙的关系,人类的社会治理,个人的修身之道等,都必须认识规律,尊重规律,顺应规律,这是"顺道而为"最重要的含义,也是全世界的共识。我们以"顺道而为"作为解读的角度,看一看《道德经》如何在修身和治国等方面体现"顺道而为"的智慧。

1. 有道先天地生

首先,《道德经》告诉大家,我们生活的宇宙和社会,绝不是杂乱无章,而是有规则的——有"道"可寻:《道德经》第二十五章:有物混成,先天地生。寂兮寥兮,独立而不改,周行而不殆,可以为天地母。吾不知其名,字之曰道,强为之名曰大。[1] 如果对"道"做一个概括,那么"道"是源生的力量,是产生万物的源头,"道生一,一生二,二生三,三生万物"[2];道是我们必须遵守的宇宙、社会规则,"天网恢恢,疏而不漏",如果不尊重规律,那就会"不道早已"。由于大道的内涵和运行状态超出了语言描述的境界,老子也只是说"吾不知其名,字之曰道"。老子没有对什么是"道"纠结笔墨,但是对大道的运行和状态做了很多描述,这是我们理解大"道"的重要途径和方法。

《道德经》在处理人类面临的各种问题时,没有带着"先入为主"的人类主观想象和自以为是去思考和处理问题,而是认识到宇宙有内在的"规则"——道,这是非常伟大的智慧,为我们处理好人类面临的各种问题,提供了重要指导。因为人类最容易犯的错误,就是带着各种"主观企图"因而不能正确地认识"道",更做不到遵循"道",结果只能是"背道而驰",遭遇重大挫败。

当然,我们也不在语言上纠结如何说明"道",而是通过对"道"运行状态的描述,从中总结出几条我们可以遵循的规律。

---

[1] (魏)王弼注,楼宇烈校释:《老子道德经注》,中华书局,2011年版,第65页。
[2] 同上,第120页。

2. 人法地、地法天、天法道，道法自然

在提出宇宙有"道"之后，老子对"道"的运行状态做了描述。《道德经》二十五章中，老子说：故道大，天大，地大，王亦大。域中有四大，而人居其一焉。人法地，地法天，天法道，道法自然。① 在老子看来，人的行为要效法大地，厚德载物；大地要效法宇宙，天行健，自强不息；整个宇宙不是杂乱无章的，其背后有道；而大道的状态则是自然而然。"道"作为宇宙、社会、人生的法则，我们必须遵守，而"道"最大的特点是我们不要干扰他的自然状态，让"道"自然而然地运行。

那么，首先我们看，通过效法天地，给我们什么启发。《道德经》第七章告诉我们：天长地久。天地所以能长且久者，以其不自生，故能长生。是以圣人后其身而身先，外其身而身存。非以其无私邪？故能成其私。② 一个真正懂得大道的人，应该向天地学习，天地没有小我的自私，太阳、地球、月亮承载万物、照耀万物，并没有希望人们回报自己的想法，也正因为没有自私的想法，所以才能光耀亿万年。那么，我们再看人类社会的所有被称作圣贤的人，所有被人类文明记载并永垂不朽的人，大都是某种程度上秉承了天地的精神，能够用自己的努力去为大众谋福利，甚至为了天下的兴亡而把生死置之度外！正因为这些人心中没有"小我"，所以才能够永远被历史铭记！对于这种境界，《道德经》第八章又做了很好的比喻：上善若水。水善利万物而不争，处众人之所恶，故几于道。居善地，心善渊，与善仁，言善信，政善治，事善能，动善时。夫唯不争，故无尤。③ 真正有智慧、有德行的人，就像水一样，滋润万物，待在低洼的地方，并不刻意地显示自己。这种有修为、有德行的人，能够置身于纷争之外，心像大海一样宽广，与人为善，讲求诚信，做事情能够拿捏分寸，有能力成就一番事业。这种境界，就是懂得"效法天地之德"之后身心呈现的状态，也是《大学》里面所赞赏的"内圣外王"之人。

---

① （魏）王弼注，楼宇烈校释：《老子道德经注》，中华书局，2011年版，第66页。
② 同上，第21页。
③ 同上，第22页。

现实中很多自私的人，是因为内在的博大心性被人性的弱点所蒙蔽，自然做不到像天地一样无私宽广，在实践中必然会带着自私，违背自然之道！老子曾说：有德司契，无德司彻①。从表面的意思看，"有德司契"，是说有德行的人拿着别人欠账的契约，而不去追讨。实际上是想表达一个真正效法天地而无私的人，总是在成全别人，这就是"有德司契"。"无德司彻"，从表面的意思看，仿佛是无德的人拿着别人欠税的证据去缴获税收，实际上是想表达，那些自私的人，往往只想着如何从别人那里获取，如何占别人的便宜，而不去奉献和付出！无论是效法天地，还是上善若水，都告诉我们要摆脱人性污染的蒙蔽，真正按照本来清净无私的天性来为人做事。

理解了"效法天地"之后，那么我们如何理解"道法自然"呢？在道家看来，宇宙、社会的运行之道，只要我们不去人为干扰，大道自然而然地运行；反之，如果一旦人为地去扰动大道运行，就会违背大道的自然状态，从而引发宇宙、自然和社会生态的恶化。

比如自然界，生物圈之间互相制衡自然演化，如果不是人们为了自己的欲望盲目地征服和破坏自然，就不会有近代以来严重的环境恶化现象。所谓地球变暖、水土流失等，都与人类的不当行为有关。人类为了满足自己的欲望而掠夺自然，其实就是违背了自然规律，就是"不自然"。具体到个人的修为上，现代医学认为一个人的身体内部就有很强的自我救治和疗愈能力，即便是身体出现了一点不平衡，身体自身也会很好地恢复和调整，这就是身体的"自然状态"。可是，现在人们吃很多营养品，远远超出了身体的实际需要，整天胡思乱想消耗心力，更不能按时休息，问题长期积累，身体自然会出现重大病变，这也是违背了身体的自然状态所致。在社会治理上，不同阶层和角色各安其本，人们之间最好的关系就是简单和善良。简单让人们生活减少应酬，轻轻松松，转而专注于做好该做的事；善良让大家互相爱护，人与人和谐美好，这才是让大家最愉悦的生活状态。可是人与人之间非要勾心斗角，非要显示自己的小聪明而给别人

---

① （魏）王弼注，楼宇烈校释：《老子道德经注》，中华书局，2011年版，第196页。

添堵，非要搞得关系异常复杂从而增加生活的压力和烦恼，这也是违背自然。大家平心而论，人类多少烦恼和痛苦不是自己找出来的？所以，道法自然，这是非常伟大的道理，我们一定要剔除人为的复杂和扰乱，而要顺应和尊重大道的自然运行！

可以说，"道法自然"是《道德经》看问题的总纲。在人与宇宙关系的处理上，老子主张决不可因为人的贪欲而破坏自然之道；在人与社会的关系问题上，老子认为管理者不可因为自己的贪欲去折腾社会，所以老子说"治大国，若烹小鲜"[1]！在修身的问题上，老子认为我们只有把人心上的污染去掉，才能真正顺应身心的天性，不断地净化和升华！

3. "道法自然"与"和光同尘"

正因为"道法自然"，所以我们在提升自己修为的时候，就要不断自我打磨，把心性上"不自然"的东西消去，这样才能超越导致人们不能"道法自然"的障碍，真正做到"道法自然"。关于如何消去心性上"不自然"的东西，老子曾说：锉其锐，解其纷，和其光，同其尘，湛兮似或存。[2]

锉其锐，是说要抹去人心灵深处伤害人的棱角，宽以待人。大家观察现实社会，一些人心里有很尖锐的东西，要么做事伤人、说话伤人，乃至眼神都伤人，这都是一个人心里的"锐"。一个人的修为提高，就是不断地"锉其锐"，从而让大家觉得愉悦和心情舒畅。如果说一个人和别人打交道，让人不舒服，让人心里不痛快，那说明自己的心性还需要不断地打磨和修炼。可是如果我们问为什么人心里有这个"锐"？其实就是心中的"我执"，而这个"我执"恰恰是让人带着"小我"看世界而不能道法自然的内在原因。

解其纷，是说一个人要有慧眼观潮的能力，在乱世纷纭的杂象中看到真实的状态和真实的东西，从而准确地把握规律。如果一个人被外在现象迷惑，根据看到的片面情况就妄加评论，这不是解其纷。

---

[1] （魏）王弼注，楼宇烈校释：《老子道德经注》，中华书局，2011年版，第162页。
[2] 同上，第12页。

和其光，是说一个人的修为要不断地开启内心的光明，让自己光亮的一面更加显现，不断地超越人性的阴暗和弱点。

同其尘，是说一个人无论在任何环境里，都能很好地工作，都能不故意显示自己的聪明而让人不舒服，无论和谁打交道，都能对人诚恳、谦和。

一个人如果真正做到了"锉其锐，解其纷，和其光，同其尘"，实际上就是把心性上的弱点超越掉，从而能够不带自己的偏见和执着与外界打交道，这个时候才能圆融无碍，道法自然。

4. "道法自然"与"圣人之治"

"道法自然"的道理，表现在治理国家的问题上，那就是"圣人之治"。老子认为：不尚贤，使民不争；不贵难得之货，使民不为盗；不见可欲，使民心不乱。是以圣人之治，虚其心，实其腹；弱其志，强其骨。常使民无知无欲，使夫智者不敢为也，则无不治。[①] 对于这一章，很多人认为这是老子的愚民和反智，实则这是对老子思想的误解。老子主张通过净化心灵开启人们心中的智慧，从而实现社会的自然运行，反对人为地扰乱社会，否则就违背社会的运行之道。

"不尚贤，使民不争；不贵难得之货，使民不为盗；不见可欲，使民心不乱"，意在强调不要人为地鼓励老百姓之间的争斗，更不可因为统治者对某些东西的偏爱而引起老百姓的偷盗之心，也不要人为地搞一些花花绿绿的东西以刺激人们的欲望。老子这样说的道理在于，我们人性之中，既有道心的光芒，也有人心的弱点。只有很好地启发道心，而不要搅动人的欲望，社会才会越来越好。否则，欲海无边，而人类的灾难和痛苦，大都是人类的弱点所致。所以，老子主张在社会治理上一定要引导人民不断启发道心，减少对心灵的干扰，这就是"虚其心"。但一定要发展生产，让人民生活好，这就是"实其腹"。不要激发人们的好斗之心，更不可鼓励有些人为了自私自利无所不用其极，这就是"弱其志"，但要让人民生活得健康幸福，这就是"强其骨"。让人民"无知无欲"，绝不是什么"愚民"，是

---

① （魏）王弼注，楼宇烈校释：《老子道德经注》，中华书局，2011年版，第9页。

说不要让一些花里胡哨的东西干扰了人民清净的心境，扰乱了社会正确的价值判断，从而使人们始终有一颗清净而智慧的心。如果人们都能心里比较清净，能够自觉地排除外部的扰动，那么，即便是有一些故意耍心眼的人，故意扰乱社会的人，故意制造乱局而谋取私利的人，也不敢胡作非为。这就是"使夫智者不敢为也"。

通过以上分析，我们可以总结老子在社会治理上的一贯做法，就是主张恢复人们的道心，排除社会发展过程中人为的干扰和破坏，从而实现社会自然而然的大治。管理者尽可能不要迷乱人们的心智、更不要鼓吹人们之间的争斗，这样社会才能长治久安。可问题在于有一些管理者做不到这一点，不少人喜欢标榜自己，凸显自己的作用，似乎只有在不断折腾社会的过程中，才能显示自己的权力和价值。因为这些人心里有太多希望彰显自己的欲望，这也是老子为什么要统治者"去奢"的原因。

5. 有无相生，前后相随

大道运行的状态，其中一个表现就是相反相成，即有无相生，前后相随。我们生活的世界，是一个不同力量对立统一的世界，即有阴有阳，有正有负，有支持有反对，有生有死，等等，这就是世界本身的自然面貌。我们只有对这种相反相成的规律和现象有了深刻的理解，才能获得主动。

正因为这个世界是对立统一的世界，所以任何一个事物，都有自己的对立面，"天下皆知美之为美，斯恶已；皆知善之为善，斯不善已"[①]。比如大家都认为某一种发型是好看的、某一种服饰是漂亮的，结果全社会无论老幼男女，全都是如此打扮，那这个东西就会让人讨厌。如果社会认为某一种行为很好，假如规定帮助老人过马路可以高考加分，那很多老人在过马路的时候就要倍加小心了，因为不知道要被多少人来回搀扶过马路。如果说给敬老院的老人洗脚就可以得到提拔重用，那敬老院老人的脚非洗出问题来不可。可见，很多事情，一旦不加警惕，必然走到事情的反面。所以老子说：故有无相生，难易相成，长短相较，高下相倾，音声相和，前

[①] （魏）王弼注，楼宇烈校释：《老子道德经注》，中华书局，2011年版，第7页。

后相随。① 有无相生，很多看得见的东西，来自看不见的东西；如同文化、信仰是看不见摸不着的力量，但是可以产生强大的力量以促进物质财富的创造。当然，物质财富的丰富也可以让人民有更多的时间充实心灵。难易相成，一个人做事情，如果开始的时候非常重视，加以全面的研究，那么难事也会变得简单，如果一个人粗心大意，不做充分准备，简单的事也会变得困难。任何一个事情出现了，我们一定要注意到它的反面，否则就会因为自己的幼稚而犯下严重错误。此之谓"祸兮福之所倚，福兮祸之所伏"②。所谓好事坏事，其实不在于事情本身，而在于人们是不是有智慧让事情起到好的作用。

现实中很多人看问题不够全面，不能看到问题的反面。比如一个孩子参加高考，成绩非常优异，考到了名牌大学，家长非常高兴，大宴宾朋，好不热闹。考上好的大学，固然是一件好事，可以有更好的平台，但是如果不能正确地看待这个机会，不保持清醒的头脑，而忽略德行的培养，则好事也会成为坏事。正因为考上好大学，机会比一般人多一些，考验和风险自然也会更多。一旦自己的德行和智慧不能驾驭人生机会，那么随时都有可能面临凶险。我在给一个处级干部班上课的时候，发现一个学员比较高傲，仔细一问才知道是新提拔的处级干部，我当时告诉他们：能够有更好的平台，无论是对于自己的发展，还是服务社会，都是好机会；但是正因为权力大了，面临的考验和风险更大，一旦不能正确看待和使用权力，权钱交易、以权谋私，后果不仅是牢狱之灾，甚至有家破人亡的危险。说这些话，并非危言耸听，而是社会上有不少这样的现实。很多人只是看到事情光亮的一面，而不能看到事情的背面，结果在忘乎所以中麻痹大意，最终败走麦城。作为公务员，能有提拔的机会，当然很好，但也要看到任何权力上面都附着巨大的利益，权力越大，附着的利益越大。打一个比方，权力上附着的利益就如同刀刃上的蜂蜜，当权力足够大的时候，刀刃上附着

---

① （魏）王弼注，楼宇烈校释：《老子道德经注》，中华书局，2011年版，第7页。
② 同上，第156页。

的蜂蜜就变成了蜂王浆，越是位高权重，越是有巨大的诱惑。如果一个人不能知道"祸兮福所倚、福兮祸所伏"，一旦用嘴巴去舔刀刃上的蜂蜜，一定会鲜血淋淋。

正是因为老子有这样的智慧，使得他看问题更冷静。我们看人类历史上，多少国家和政府，往往在取得一点成就之后，就穷兵黩武，走上炫耀武力的道路，看不到恃强凌弱背后的巨大危险，结果害人害己，最终所有发展的成就会因为侵略扩张而毁于一旦。老子非常清楚地看到事物发展的对立面，他说："以道佐人主者，不以兵强天下。其事好还。师之所处，荆棘生焉。大军之后，必有凶年。"[1] 任何穷兵黩武的背后，都有太多的财富被摧毁，太多的生灵被涂炭，战争使得多少的辛勤建设化为灰烬，这就是"大军之后，必有凶年"。当国家面临被侵略的时候，当然主张战则必胜。但一个真正有道行的辅佐者，不会诱导自己的领导人走向穷兵黩武的道路；任何伟大的领导人更不会因为国家有些实力而走上耀武扬威的道路。治国的根本，就是以大道去辅佐领导人，从而真正启发社会的道心，仁爱天下，让人民安居乐业，人心净化，在这个过程中实现长治久安，这才是社会长长久久的正道。至于战争，那是不得已的行为，虽然要求战则必胜，但不是社会的常态，更不应该鼓吹战争。

6. 反者道之动，弱者道之用

大道运行的另一个表现就是"反者，道之动；弱者，道之用"[2]。这意味着任何事情一旦走向顶点，必然会走向事情的反面。这就是人们常说的水满则溢，月盈则亏。这是很平常的、处处存在的道理，但非常重要。历史上无数的轮回，都和人们不懂水满则溢有关。一个人只有领悟了这个道理，才能让自己的人生处于主动，永远不要自满骄傲，永远不可嘚瑟张狂，不要飘飘然，而是要懂得"弱者道之用"。"弱者道之用"，是说真正有道的人，一定非常谦卑，知道自己的不足，海纳百川地学习别

---

[1] （魏）王弼注，楼宇烈校释：《老子道德经注》，中华书局，2011年版，第80页。
[2] 同上，第113页。

人，永远不断地学习和反思，永远海纳百川，永不懈怠，只有这样的人生才能永远向前！我们常说历史的周期律问题，实际上就是这个世界大道运行的一种表现，关键是人们如何发挥人类的智慧，以有效避免或者减少历史周期律带来的伤害。曾经有人问我：既然"物壮则老，是谓不道，不道早已"①，那我们到底应该怎样才能顺应大道呢？大家想：既然事情到了顶端必然走向反面，那么，我们切切不可骄傲自满，永远清醒，这样才能避免"物壮则老"！

关于"物壮则老"，大家请看《道德经》第三十六章：将欲歙之，必故张之；将欲弱之，必故强之；将欲废之，必故兴之；将欲取之，必故与之。是谓微明。②有人以为这是老子在使用计谋，其实不然。老子在这里无非是把客观存在的现象或者规律做了描述罢了。正如同经商，如果我们希望得到我们想要的东西，必然是给别人想要的东西，这样才能得到自己想要的东西，这就是"将欲取之，必故与之"。老子告诉我们：一个国家，再有实力，都不可争强好胜，因为"柔弱胜刚强"。即便是国力再强大，都不可炫耀武力，因为"鱼不可脱于渊，国之利器不可以示人"③。一个人、一个国家一定要清楚自己安身立命的根本——"鱼不可脱于渊"；一个人、一个国家的战略底细不能被人看得清清楚楚，否则这个国家的战略安全就会有重大危险，因为"国之利器不可以示人"！

7. 未雨绸缪，方可赢得主动

正因为世界有规律可循，所以我们做事情的时候，不要等到不可收拾时才采取措施，不要在不可挽回时才意识到问题的严重性，相反，应该在事情还未出现或者有一点苗头的时候，就要积极主动采取措施，防患于未然，以赢得未来。

在《道德经》第六十四章，老子说：

---

① （魏）王弼注，楼宇烈校释：《老子道德经注》，中华书局，2011年版，第80页。
② 同上，第93页。
③ 同上，第93页。

其安易持，其未兆易谋；其脆易泮，其微易散。为之于未有，治之于未乱。合抱之木，生于毫末；九层之台，起于累土；千里之行，始于足下。为者败之，执者失之。是以圣人无为故无败，无执故无失。民之从事，常于几成而败之。慎终如始，则无败事。是以圣人欲不欲，不贵难得之货，学不学，复众人之所过，以辅万物之自然而不敢为。①

　　在这一章，老子清楚地告诉我们，做任何事情，在局面安定的时候，容易稳定局面；当事情还没有形成规模的时候，容易把握和引导；在事情开始比较脆弱的时候，我们容易予以化解；在事物只有一丁点苗头的时候，才容易使其散失。正因为如此，我们在做事情的时候，要善于在它尚未发生以前就能够很好地处理；在治理国家的时候，争取在祸乱还没有发生之前就能早做准备。一抱粗的大树，是从萌芽的状态生长起来的；九层的高台，也是从一点点的泥土堆积起来的；行千里的路程，必须从脚下一步一步地走起。如果人为干涉大道，违背规律，必然招致失败；有所执着，不尊重实际情况，非要自己如何如何，必然会遭受损害。因此，有大智慧的圣人，不带着自己的主观意志去强求做事，自然也不会招致失败，大智慧的人能够尊重和顺应自然，没有自我的执着，所以也不会遭受违背规律的打击。大家观察，很多人总是在快要成功时功亏一篑，我们必须吸取教训，做任何事情都要从一而终，始终谨慎，决不可麻痹大意。因此，有大智慧的圣人，能够心中无所求，清净自然，智慧现前；有大智慧的人不会把所谓的外在财富看得很重，能够重视别人忽略的德行和智慧，能够尽可能补救大家经常容易犯的错误。这样，圣人以清净的心去遵循万物的规律，而不会带着自己的主观欲望干涉自然规律，这样才能看似无为实则无不为。

　　在这一章老子给我们的启发，和《黄帝内经·灵枢经·逆顺》里所强调的"上工治未病"具有相同的内涵。任何事情的出现、发展和走向死亡，都有一个逐渐衍生的过程，我们懂得这个道理，就要善于在细微处观察，在事情刚刚要萌生的时候，就能够洞若观火，能够清清楚楚地预见未

---

① （魏）王弼注，楼宇烈校释：《老子道德经注》，中华书局，2011年版，第170页。

来，能够看到事物运行的轨迹，这样才能够采取主动措施，赢得主动。一旦在事物发展的初期未能有所预见，等到了不可收拾的时候，才知道事情的严重，很多都已经悔之晚矣。就政治的大局看，无论是唐朝的藩镇割据，还是大明王朝的宦官之乱，实际上早已经有所苗头，只是统治者未能有效地加以防范，最终导致不可挽回的损失。满清的社会治理更是教训多多。早在乾隆皇帝的时候，英国马格尔尼来到中国就带来了蒸汽机模型，如果当时的主政者能够清楚地看到事情的严重性，果断地打开国门、学习先进技术，那么后来的近代屈辱史也许就会出现另外的局面。对此，我们必须引以为戒！

就当前的社会治理而言，无论是环境治理，还是科技战略，不能等到环境承载力达到极限的时候，才意识到环境保护的重要性，也不能等到别人在技术上卡我们脖子的时候，才意识到掌握核心技术的重要性，这些都需要提早布局，掌握主动。在选才和用才的问题上，我们要反思今天的选拔人才、评价人才和培养人才的政策和标准问题上，有哪些问题？我们当前的一些政策和标准是否真正有利于优秀人才的培养？为什么科技投入的力度加大，而效果并不怎么尽如人意？诸如此类的问题，一定要未雨绸缪，深入研究和洞察问题根源，不要等到问题大量累积才开始调整，而是提早布局。就个人的健康而言，当一个人的身体有一点警告的时候，未能重视，结果出现重大病变的时候，才开始惊慌失措，往往局面不可收拾。包括猝死之类的疾病，身体都会给出清晰的信号，如果真是到了身体不能承受之重的时候，一切都无法挽回。

我们懂得这个道理，就要在做事情的时候，务必懂得预见未来，懂得根据规律的发展轨迹做好各种防范措施，这样才能未雨绸缪，才能在事情可控的时候把握好局面，使之朝向人所希望的方向前行，这也是领悟大道之后的目的。

二、为学日益、为道日损——悟道之法

人们在作画的时候，把特别重要的地方称之为"画龙点睛"。在读书

的时候，把书中特别重要的地方叫"文眼"。《道德经》有五千言，真正的"文眼"和"画龙点睛"之笔在第四十八章，这也是我们解读《道德经》的秘密所在。

1. 人生的加法与减法

在《道德经》第四十八章中，老子说：

> 为学日益，为道日损。损之又损，以至于无为。无为而无不为。取天下常以无事，及其有事，不足以取天下。①

这句话，给我们揭示了《道德经》的秘密。

宇宙、社会、人生有"道"或者"规则"，这可以得到大家的共识。可是，这个道是什么？我们怎样才能领会这个道？这是问题的关键，也是很多人关心的问题。对此，老子指出，人生有加法，也有减法。很多人一生都在拼命地追求这个那个，熟悉了人生的"加法"；可也要懂得人生的"减法"才可。当我们在学习知识的时候，就是加法。比如我们学会了更多的单词、技术等，这是加法；可是在修道的时候，却要用人生的减法。修道为什么要用减法呢？因为我们要用心来悟道，可问题的关键是心如何悟道？如果心里杂七杂八、乱七八糟，心里各种执着、各种欲望、各种贪求，就如同乌云遮住了太阳，根本无从悟道。一个人心里只有清清净净，云破天开，才能更好地领悟大道。对此，我们每个人多少都有类似的生命体验：只要外部干扰减少，自己比较清净的时候，往往是看问题比较深刻全面的时候。那么，我们要想看到世界的真面目，领会大道，就需要不断地净化心灵，做好人生的减法。做减法的过程，不仅是心灵不断净化的过程，也是不断排除外部扰动的时候。到了一定的程度，心里非常清净，能够把一些杂质清理掉，"损之又损，以至于无为"，任何外部的纷纷扰扰也不能干扰自己，这个时候人们才能领会大道而顺势而为。所以老子才说"无为之处，无所不为"。

我们以这种智慧去看社会和人生，会有很多启发。从社会治理的角

---

① （魏）王弼注，楼宇烈校释：《老子道德经注》，中华书局，2011年版，第132页。

度，如果一个社会强调激发人的欲望、刺激人们的欲求，虽然可以换得一时的发展，但长久看确实埋伏着重大隐患。刺激人的欲望，不仅欲海无边，而且当一个国家的物质繁荣和心灵建设不同步的时候，一个文化贫瘠和心灵躁动的社会，迟早会引发重大问题。因此，我们发展生产的时候，一定要做好社会治理的减法，这个减法不仅是不要扰民，更深刻的在于要净化社会的心灵，通过优秀的文化升华大众的智慧和境界，这是治国的根本之道。从个人成长的角度，我们太习惯于做各种加法，整天在各种欲望的追逐中丧失生命的意义和价值，迷失人生该有的方向。那种不断地满足人生欲望的所谓成就，虽然看起来让人生拥有了更多的财富和光环，可是在一次又一次的刺激中所获得的所谓短暂幸福，也会随风而去。而且，人们依赖于感官刺激所获的幸福，导致人生越来越躁动，幸福感越来越薄弱，越来越依靠强烈的刺激才能获得更短暂的所谓幸福，其实这是人生的不归路。

我们的人生大都有这样的体验，小的时候，各种外在的刺激比较少，心灵相对简单，那个时候风吹是幸福，白云飘过是幸福，细雨蒙蒙是幸福，春暖花开是幸福，看到阳光欢喜，看到斜阳也是欢喜……可是随着年龄的增加，各种欲望被开发出来，结果如果没有外部强烈的刺激，就很难感受到所谓短暂的快感，这是人生的悲哀。其实，心灵越简单，越能感受到幸福。所以，人生的真正幸福，在于做人生的减法；人生真正的智慧，更在于做好人生的减法；只有内心清净，才能智慧涌现。

尤其生活在现实世界的人，各种刺激、各种扰动，无处不在。如果没有大智慧，很快就会迷失自己，就会在各种追逐中失去自己生存的价值和意义。人生的时间其实很短，如果真的有所觉悟，就要知道自己最应该做什么，应该有所为有所不为，而且不可什么都想抓在手里！做好最该做的事，心无旁骛，制心一处，那才是真正的智慧。

2. 宁静方可致远，无为才无不为

在做人生减法的时候，我们可以用诸葛亮的话做印证。在《诫子书》中，诸葛亮告诫自己的孩子：非澹泊无以明志，非宁静无以致远。我们在小的时候，只是为了考试而去背诵这些名句，并不深究其中的含义。实际上，这不仅是诸葛亮修身的总结,更是我们提高自己修为的至理名言。宁静,指的是一个人的定力修持,致远指的是一个人的智慧通达,只有深具定力的人,才能看穿乱象,智慧通达。澹泊,是指一个人放下了很多贪欲,明志,是说只有放下人心之后,才能升起道心。

无论是老子告诉我们做好人生的减法,还是诸葛亮的宁静致远、澹泊明志,其实都是在启发我们找寻人生最真实的东西。当前,有一些人在提倡极简主义的生活,一切尽可能回归简单。其实极简主义的背后,没有什么奇怪的东西,同样是在做人生的减法。当人们在不断追寻财富、追求形式的绚丽以让自己越来越复杂的时候,人们不免要问:自己想要的终究是什么?这些所谓繁琐的形式、铺张的浪费,和自己的幸福真的有什么关系吗?一个人真正的必需品,并不是非要如此复杂。如同一个人的身体需要的并不多,一旦超过身体自身的需要之后,大吃大喝就是严重的负担,甚至会导致严重的疾病。

很多时候,我们不妨少一些没必要的纷纷扰扰,让自己安静下来,多培养自己的定力,在宁静的观察中能看清楚很多东西;人生切不可做欲望的奴隶,在淡泊中追求对社会、对自己真正有意义的东西。

三、圣人无常心,以百姓之心为心

某一次开会时,我曾听到有人说老子的思想有些消极,我感受到很多人对老子的思想存在深深的误解。面对文化精品的点评,人说话时一定要有诚恳的态度,知之为知之,不知为不知,不可不负责任地乱说。老子深知宇宙、社会、人生大道的力量,一再告诫人们不要妄为而背离大道,这绝不是什么消极。任何一个伟大的思想家,大都有深切的社会责任,对人民有一种悲天悯人的情怀,老子更是如此。

1. 正确的价值观是人生的方向盘

在《道德经》第四十九章,老子说:圣人无常心,以百姓心为心。善者,吾善之;不善者,吾亦善之;德善。信者,吾信之;不信者,吾亦信之，德信。① 真正称得上圣人的人，都经历过不断的人生升华，从"小我"走向"大我"，从而超越"小我"的得失算计、悲欢离合，这种状态下的圣人心里面只是大众的利益，这就是"圣人无常心，以百姓之心为心"。

我们总结人类的历史，以造福人民为价值取向，是世界各民族伟大人物的共同特点。在中国，神农氏尝百草，大禹治水三过家门而不入，孔子周游列国，诸葛亮鞠躬尽瘁、死而后已等，无不体现了造福人民的价值观。不单单是中国，西方也是如此。比尔·盖茨是世界公认的大企业家，他曾经明确地宣布在他去世之前，希望把个人五百多亿美金的财富以做慈善的方式捐献给全世界。可以这样说，世界上凡是让人尊敬的人，无一不是以造福大众为自己最高的追求。圣贤对人的成全和奉献，不因人发生变化，是一以贯之的人生修为，所以老子说："善者，吾善之；不善者，吾亦善之，德善；信者，吾信之；不信者，吾亦信之；德信。"这是说真正有修为的人，对于善良的人，要与人为善，对于不善良的人，仍然能坚持与人为善的立场，因为这是有德之人做人的基本立场，不因为对方是谁而发生变化，这是真正的善良！对于讲求诚信的人，有修为的人以诚相待；对于不讲求诚信的人，有修为的人仍然坚持做一个诚信的人，因为诚信是有德之人做人的基本原则，这才是真正的诚信！老子在这里说出了一个人非常重要的素养，那就是是否能真正一生如一地坚持自己的价值追求，而且这种人生的坚持与环境没有关系，是自己由内而外的自然展现。

社会上有一些人，嘴上说做一个造福大众的人、做一个诚信的人、做与人为善的人，可是在现实中一旦遭遇一点挫折、自身利益受到一点损失，马上就怀疑自己的立场和价值观，马上后悔对人的善良，这种摇摆不定，并不是真正的品格高尚，最终也会随波逐流，一事无成。老子对历史和人性都有通透的理解，他深知一个社会的长治久安在于人心，如果整个社会走向了刺激欲望而投机取巧的道路，那会祸患无穷，正确的价值导

---

① （魏）王弼注，楼宇烈校释：《老子道德经注》，中华书局，2011年版，第134页。

向,是实现国家良好治理的基础。所以他主张"以正治国,以奇用兵,以无事取天下。吾何以知其然哉?以此。天下多忌讳,而民弥贫;民多利器,国家滋昏;人多伎巧,奇物滋起;法令滋彰,盗贼多有。故圣人云:我无为而民自化;我好静而民自正;我无事而民自富;我无欲而民自朴。"①(《道德经》第五十七章)在老子看来,军事问题,需要在很短的时间内决定胜负,需要一些谋略,这就是"以奇用兵";但治国是涉及千秋万代的事业,决不可通过愚弄百姓、耍奸偷巧的方式,一定要走光明正道,"以正治国",通过制度建设、文化教化等多种方式,让国家充满浩然正气,让正派的人得到认可和提拔,而不可让劣币驱逐良币,否则,政治环境越来越恶劣,最终引发大乱。治国如果不走人间正道,结果必然是"天下多忌讳,而民弥贫;人多利器,国家滋昏;人多伎巧,奇物滋起;法令滋彰,盗贼多有"。越是防范老百姓,越会导致更多的人走上想尽各种办法钻制度空子的道路,最终社会越来越乱,不可收拾。

可是如何才能做到"以正治国"呢?老子认为领导人的作用无比重要!"我无为,而民自化;我好静,而民自正;我无事,而民自富;我无欲,而民自朴。"② 伟大的管理者须有正确的价值观,内心清净,不要有太多的私心杂念,更不要把权力视为谋取私利的工具,具有这种状态才能做到"无为",而绝不是"胡作非为"。老子强调的无为,与平时我们认为的无所作为没有任何关系,而是强调领导人不要因为自己的私欲而折腾老百姓,不要因为自己的虚荣和攀比而违背规律。管理者只有认识规律,道法自然,顺应规律,才能取得良好的社会治理效果。"无为"的实质,不是不为,而是怎么为的问题。只有真正顺应规律的"为",不盲目折腾的"为",才能造福人民,实现长治久安!

当然,有些人也会怀疑,做一个造福大众的人,对我个人有什么好处呢?这当然是很功利的想法,而对于那些志在造福大众的人而言,并不是

---

① (魏)王弼注,楼宇烈校释:《老子道德经注》,中华书局,2011年版,第154页。
② 同上。

为了自己的好处,更不是为了炫耀自己的名声,而是一个人修到了一定程度的自然的行为,这就是"上德不德,是以有德"①。最高尚的德行,是自己做了利益社会的事,心里毫无挂碍,根本不需要别人赞赏,也不觉得自己有多么高尚,不过是自己应该做的事而已。而那些做一些利益别人的事就念念不忘的人,唯恐别人不知道报答自己,患得患失,那就是"下德不失德,是以无德"②。现实中很多人为什么做利益别人的事后会感觉痛苦?很重要的原因是"下德不失德",对自己的善行念念不忘,一直希望社会认可、国家表扬、对方报答,这种希望有所回报的善行,虽然也很好,但容易导致期待和现实之间的落差,不免心灵痛苦。对此,老子明确地告诉大家,做一个善良的人,不要觉得委屈,因为"天道无亲,常与善人"③,这句话也回答了那些"做好人有什么用"的困惑。放到历史的长河中,那些得到社会认可、得到人民尊重的人,都是造福人民而永远被铭记的人!即便是作为普通人,诚恳待人,与人为善,也会减少很多灾祸,结更多的善缘,让自己的人生更顺利、事业发展得更好!

2. 人民至上是一切伟大社会治理的基础

观察、研究和总结人类历史上所有经典的管理学案例,无不是坚持"人民至上"的价值观。可以说,任何管理的源头活水都来自人民的支持和认可。这是千古不易的文化真传。任何一个有志于做卓越管理者的人,一定要对人民有深切的情怀,通过自己修为,真正具备造福大众的能力!如果不能造福大众,甚至为害一方,结果必然是身陷囹圄,最终黯然退场!

我们以大家都耳熟能详的案例说明服务人民并得到人民支持的重要性。有一次学生和我谈论中国共产党的历史,我问他:请问在人类的文明史上,谁把"全心全意为人民服务"作为自己的宗旨?请考察世界上所有的政党,看一看哪一个政党能够把"全心全意为人民服务"当作自己的奋斗方向?这就是在近代血雨腥风的环境里,人民为什么选择共产党,以及

---

① (魏)王弼注,楼宇烈校释:《老子道德经注》,中华书局,2011年版,第98页。
② 同上。
③ 同上,第196页。

中国共产党人能够带领中国人实现救亡图存的根本原因!

中共所坚持的人民至上的价值追求,我们可以放到中共最困难的时候去考察。因为沧海横流,方显英雄本色。

红军长征可谓人类行军史上最艰苦的行军之一,正是靠着坚定的信念和崇高的价值追求,红军完成了长征这样的壮举。在长征途中,也涌现了无数让人感佩和肃然起敬的故事,这是我们透视工农红军价值追求的窗口。我们举两个例子:

其一,半床被子的故事。1934年11月上旬,红军突破国民党第二道封锁线后,中央红军卫生部等驻扎在了湘赣边界的湖南省汝城县文明瑶族乡沙洲瑶族村。

那年冬天的一个傍晚。不幸与队伍失散并迷路的三名女红军战士,饥寒交迫,筋疲力尽,跌跌撞撞地来到了沙洲村。她们没有进村,而是敲开了离村几十米的一间破茅草屋。

主人是一对年轻的夫妇。女主人叫徐解秀,夫妇刚刚结婚,家里一贫如洗。他们倾其所有,为饥饿疲惫的客人准备了一顿粗茶淡饭。吃完饭,徐解秀就将三位客人领到了床上。那是一张用楠竹扎成的床架,床上的破席下面垫着稻草,女战士忙将她们唯一的棉被打开,简短休整后,女战士决定把被子留给乡亲。

临走时,夫妇俩说什么也不肯接受。一个红军姑娘从背包中摸出一把剪刀,她们三个人不约而同对视了一下,坚定地把一条被子剪成了两半。她们拉着徐解秀的手哽咽着说:大姐,这下你可别推了,这半条你就收下吧,等革命胜利了,我们还会回来看您的。徐解秀在去世前曾经把孩子召集到跟前,对孩子们说:一定要跟共产党走,因为共产党是只有一条被子也要分一半给你的好人。徐解秀老人弥留之际告诫儿孙们的话,从此成为了她家的家训。

其二,萝卜坑的铜元。1935年2月,红军一渡赤水,进入川滇边的镇雄、古蔺、叙永等地区。由于国民党的反共宣传,川南人民对共产党和红军产生了恐惧心理。据云南镇雄县雨河、坡头、大湾一带上百名老年人回忆,1935

年2月上旬,听到红军到达水田寨及扎西时,当地除留下少数老人看家外,其余携子暨妻,藏诸山林及岩洞之中。红军到达当地时,多数家中无人。有的百姓在山上饿得支持不住了,才悄悄来到家附近找吃的。见红军宁肯冒着严寒露宿街头,也不乱打开百姓住房,方恍然大悟,知道受骗,于是奔走相告,到山中将饥肠辘辘的亲人接出。有的人在红军走后才回家,见家中锅中留下银元、镍币及条子,作为吃去粮食烧去柴草的补偿。据四川省古蔺县太平镇走马坝的群众回忆,红军在老百姓的菜地取食萝卜时,每挖一个萝卜,就在土中埋入一枚铜元。在云南扎西大湾仓上赵怀高家喝了一锅开水,付了半元镍币。红军所到之处,不仅庐墓未成丘墟,而且尽量帮助群众解决生活上的困难,把棉衣、衬衣、粮食、油盐等送给农民。1935年2月9日,红五军团在扎西营上,一个战士看到农民张顺清的母亲衣不蔽体,便把自己穿的衬衣脱下来送给她,她感动得流下了眼泪,以后常说:"红军不但不拿老百姓的东西,反而把自己的东西拿给我们,红军真是好军队。"像这样的动人事迹,举不胜举。

在长征中,有无数这样的事迹。红军以其实际行动,使人民群众认识到共产党是真正为人民服务的,因此愿意将粮食、鸡、猪卖给红军,为红军带路、舂米、做饭、补衣服,把房子让出来给红军住,向红军提供地方上的情报,带着红军去打土豪的岩洞碉楼以取得给养。不少群众还冒着生命危险,掩护红军伤员和流落红军。红军正是以自己的实际行动,取得了人民的支持,才打破了国民党的碉堡堵击、交通阻隔、经济封锁,渡过了长征中的重重难关。

中国共产党开始的时候,力量那么弱小,是什么原因让中国共产党成为执政党?那就是真正扎根人民、服务人民并赢得人民的支持!

无论是政治家还是企业家,任何管理者切不可把为人民服务和为人民做事仅当成一个口号,对于政治家而言,赢得人民才能赢得执政;对企业家而言,赢得人心,才能赢得市场,这是万古不易的真理。

如何赢得人民的支持,这不是一个抽象的口号,需要我们有办法有措施才可。服务人民绝不是单纯地讨好民众,更不是片面迎合。狭隘地迎合民意，会引发严重的后果。负责任的政治家通过激发社会的正气、培养人民的觉悟，提升整个社会的文明程度，从而让社会走向良性发展的轨道。

四、悟道的障碍与修道的方向

宇宙有"道"，很多人都想做一个"得道"的人，可是我们为什么不能"悟道"？其中的障碍是什么？对此，道家的思想做了清楚的说明。人的心灵本来就有领悟大道的能力，人的心灵越是清净，越有能力领会大道。《清静经》对此作了详细的说明：

> 夫人神好清，而心扰之；人心好静，而欲牵之。常能遣其欲，而心自静，澄其心而神自清。自然六欲不生，三毒消灭。所以不能者，为心未澄，欲未遣也。能遣之者，内观其心，心无其心；外观其形，形无其形；远观其物，物无其物。三者既悟，唯见於空；观空亦空，空无所空；所空既无，无无亦无；无无既无，湛然常寂；寂无所寂，欲岂能生？欲既不生，即是真静。真常应物，真常得性；常应常静，常清静矣。如此清静，渐入真道；既入真道，名为得道，虽名得道，实无所得；为化众生，名为得道；能悟之者，可传圣道。①

人的本性是清净而且有领悟大道的能力，但是人们在追逐各种欲望的过程中，遮蔽了自己的觉悟本性，从而离大道越来越远。大家想，若一个人心里充斥着各种贪求、各种欲望，什么悟道之类的话，都无从谈起。对此，老子也明确地说：

> 五色令人目盲；五音令人耳聋；五味令人口爽；驰骋畋猎令人心发狂；难得之货令人行妨。是以圣人为腹不为目，故去彼取此。②

古往今来，所有被欲望牵引的人，无不会迷失心智，甚至以身试法。所以，贪求利益会让人变得愚蠢——利令智昏，迷恋权力会让人忘乎

---

① （唐）杜光庭，吕纯阳等注：《清静经集释》，中央编译出版社，2015年版，第2页。
② （魏）王弼注，楼宇烈校释：《老子道德经注》，中华书局，2011年版，第31页。

所以——权令智昏，沉陷美色会让人丧失底线——色令智昏，如此等等，都是外在的过分欲求带来的后果。

那么，面对人们容易被各种欲望俘虏的现状，应该怎么办呢？从法治的角度说，法律只是通过强制性的举措约束人性的弱点，但这不能改变人的心性；如果不在人心的教化和引导上下功夫，单单依靠外在的制度，不能根本解决问题。对此《道德经》的回答就是："圣人在天下歙歙，为天下浑其心，圣人皆孩之。"[1] 圣人希望人们不要被身上的九窍（两眼、两耳、两个鼻孔、嘴巴、大小便通口）的欲望所控制，如果是为了追求九窍的快感，那就会迷失在追逐外在欲望的迷途中。在道家看来，一个人内在智慧的开启，恰恰要超越外在感官的刺激。这就是老子所说的："复命曰常，知常曰明。不知常，妄作，凶。"[2] 一个人被五光十色的外在环境迷惑，不能开启内在的智慧，这就是"不知常"，必然是"妄作凶"。所以当一个人面临灯红酒绿的时候，老子强调一定要看淡和超越后天的感官刺激，只有超越后天，才能开启先天，这也是老子强调"圣人皆孩之"的原因。

对于修道，很多人、很多书，说得玄乎其玄，其实大道本来平常，就是排除后天的很多干扰、不要做欲望的奴隶，让自己的心清净下来，人本来具有的能力就自然显现出来。越是绞尽脑汁地妄求，离道越远。所以要"知其雄，守其雌，为天下溪。为天下溪，常德不离，复归于婴儿"[3]。只有安安静静、清清净净，才能让大道自然显现。为什么道家在很多地方让我们学习"婴儿"呢？因为婴儿在母腹之中，后天的欲望还没开发，眼耳鼻舌身意等后天影响对悟道能力干扰很小，所以道家用这个比喻告诉我们，不要因为后天的欲求而干扰大道的自然状态。

无独有偶，中国的禅宗亦是如此。布袋和尚在如何证道的一首诗中，也表达了类似的智慧：

---

[1] （魏）王弼注，楼宇烈校释：《老子道德经注》，中华书局，2011年版，第134页。
[2] 同上，第39页。
[3] 同上，第75页。

手把青秧插满田，低头便见水中天。

六根清净方为道，退步原来是向前。

手把青秧插满田的过程，即是一个人向心灵播种清净种子的过程。我们为什么要提倡人们阅读启发道心的好书？因为读书的过程，实际上就是向自己的心灵种种子的过程，如果阅读不好的东西，会污染人的心灵。低头便见水中天，实际上是说我们不要老是被欲望牵引，而要懂得回头，其实就是让自己变得越来越清净。六根清净方为道，退步原来是向前，则是和道家的智慧如出一辙，只有放下自己眼耳鼻舌身意等对于外界的欲望，才能开启内在的大智慧。可是，芸芸众生，熙熙攘攘，很多人就是为了满足口腹之欲，甚至是为了声色犬马，而不是清净自心！那些不追求灯红酒绿的人，在一般人看来恐怕很难理解，那些清净地过简单生活的人，在俗人看来不是退步吗？其实，这正是修大道的境界，"退步原来是向前"！

这就是让人一声叹息的地方，在俗人看来，吃喝玩乐仿佛才是常态。而对修道的人而言，超脱吃喝玩乐，才能清净而智慧涌现。所以，普通人眼中沉浸在声色犬马中的所谓"辉煌人生"，恰恰离大道和智慧越来越远。而那些简简单单的人，看起来很平常，却是真正有智慧的人。所以，老子也感慨：俗人昭昭，我独昏昏，俗人察察，我独闷闷！[①]

[①] （魏）王弼注，楼宇烈校释：《老子道德经注》，中华书局，2011年版，第51页。

第 7 讲

《论语》：人生的教科书

《论语》：人生的教科书

在中国的历史上，很难找出一本书像《论语》那样深入人心，影响了社会几千年，绵延不绝。北宋的政治家赵普曾经称：半部论语治天下。日本人涩泽荣一，被称作日本近代产业的先驱人物，被誉为工商业的精神领袖和"日本企业之父"，他曾经有一句名言：一手拿论语，一手拿算盘，他的话很好地体现了经济发展和人伦教化二者的关系。在中国的历史上，《论语》可以说几乎影响到每一个人的生活和命运，今天我们有必要从《论语》中解读孔子的智慧和精神，以为今人所用。

一、孔子为什么是千古一圣——圣人的秘密

在中国的历史上，在儒家思想中，尽管人才辈出，但真正明确能够被称作圣人的，也只有孔子一人。可是我们要追问，孔子为什么可以被称作圣人？这其中所隐含的文化密码是什么？通过对孔子一生的解读，我们从中可以领悟很多人生的启迪。

1. 艰辛的少年时代

在全面了解孔子一生的文本中，《史记》中的《孔子世家》给人们比较可靠的参照。大家阅读《孔子世家》，可以发现孔子的童年、少年非常不容易。孔子出生于鲁昌平乡陬邑，"其先宋人也，曰孔防叔。防叔生伯夏，伯夏生叔梁纥。"孔子曾有一个哥哥，但是腿部有残疾，于是他的父亲叔梁纥和颜氏女结婚，希望生一个健康的儿子。婚后，他们曾向尼山祈

祷，在鲁襄公二十二年生孔子。据《孔子世家》记载，孔子"生而首上圩顶，故因名曰丘云。字仲尼，姓孔氏"。大约在3岁的时候，孔子的父亲叔梁纥去世，葬于防山。孔子小的时候，"为儿嬉戏，常陈俎豆，设礼容"。①由此可见，孔子天生非常喜欢文化和礼仪。在孔子十多岁的时候，母亲也去世了，童年非常凄凉。作为落魄士大夫家庭出身的孩子，孔子也容易遭人轻贱。有一次孔子参加宴会，门人阳虎嘲笑孔子：季氏飨士，非敢飨子也。言外之意就是孔子根本没有资格参加士大夫的宴会。这当然是对孔子的公然羞辱，只不过孔子有足够大的胸怀去看淡世态炎凉。

2. 不怨天，不尤人，下学而上达

孔子的伟大，就在于面对家境的败落和生活的艰难，他毫无抱怨和指责，他曾经说：不怨天，不尤人，下学而上达，知我者其天乎！②这是非常伟大的人生精神，不去抱怨环境、推诿责任、抱怨别人，而是通过自己的努力不断地升华，从而实现人生的突破和智慧的提升！这是值得我们每一个人永远学习的人生精神！当别人问他的学生：孔子是一个什么样的人时，他告诉学生，你们就回答："发愤忘食，乐以忘忧，不知老之将至云尔。"这在《论语》里有清晰的记载：叶公问孔子于子路，子路答不上来。子曰："女奚不曰：其为人也，发愤忘食，乐以忘忧，不知老之将至云尔。"③面对别人对他很多的溢美之词，孔子曾经这样自我评价："十室之邑，必有忠信如丘者焉，不如丘之好学。"好学，不断地提升自己，借用一切机会升华自己，这是孔子非常鲜明的特点。孔子曾说："十五有志于学"，就是说他在十多岁的时候，就把学习当作毕生奋斗的目标。我们举一个孔子学习音乐的例子，来说明夫子好学的精神：

据《孔子家语》记载，孔子曾经学琴于师襄子，师襄子曰：吾虽以击磬为官，然能于琴，今子于琴已习，可以益矣。孔子曰：丘未得其数也。

---

① （西汉）司马迁著，金源编译：《史记·世家》，三秦出版社，2008年版，第220页。
② 杨伯峻译注：《论语译注·宪问》，中华书局，2012年版，第217页。
③ 同上，第100页。

有间，曰：已习其数，可以益矣。孔子曰：丘未得其志也。有间，曰：已习其志，可以益矣。孔子曰：丘未得其为人也。有间，孔子有所谬然思焉，有所睪然高望而远眺。曰：丘迨得其为人矣。近黮而黑，颀然长，旷如望羊，奄有四方，非文王其孰能为此？师襄子避席叶拱而对曰：君子，圣人也，其传曰《文王操》。①

大家看孔子学习音乐，绝不是懂一点演奏音乐的技巧和乐理而已，而是能够通过音乐来领会作者的精神和心灵世界，甚至他能够根据曲子的内在精神来判断作者是谁，这是学习音乐至高的境界。通过孔子学习音乐，我们可以看到孔子的好学，"圣人无常师"，孔子能够海纳百川，珍惜每一个学习的机会，任何人的优点都是孔子学习的榜样，带着这种精神和胸怀，才能成就历史上的圣贤！

3. 两个圣人相遇：当孔子遇到老子

孔子一生曾经几次去拜见老子，其中一次，根据《史记·老子韩非列传》载："孔子适周，将问礼于老子。老子曰：'子所言者，其人与骨皆已朽矣，独其言在耳。且君子得其时则驾，不得其时则蓬累而行。吾闻之，良贾深藏若虚，君子盛德，容貌若愚。去子之骄气与多欲，态色与淫志，是皆无益于子之身。吾所以告子，若是而已'"。②孔子听了老子的教导，对他的弟子说："鸟，吾知其能飞；鱼，吾知其能游；兽，吾知其能走。走者可以为罔，游者可以为纶，飞者可以为矢。至于龙，吾不能知，其乘风云而上天。吾今日见老子，其犹龙邪！③"大家从中可以看到孔子对老子的欣赏和赞叹。老子的话实际上是告诉孔子修掉人心之中自我的主观，只有这样才能心包太虚，才能客观地看世界，体悟宇宙规律，道法自然！如果大家读了老子和孔子之间的对话，就能体会道家圣人和儒家圣人之间的以诚相待和互相尊重，我们还会拘束于门户之见吗？真正伟大的人，没有

---

① 王国轩，王秀梅译注：《孔子家语·辨乐解第三十五》，中华书局，2016年版，第289页。
② （汉）司马迁：《史记·老子韩非列传》，第2140页。
③ 同上。

认识的天花板，思维更不可能被固化，而是海纳百川，兼容并包！

还有一次孔子见老子的记载，据《史记·孔子世家》言：鲁南宫敬叔言鲁君曰：请与孔子适周。鲁君与之一乘车，两马，一竖子俱，适周问礼，盖见老子云。辞去，而老子送之曰：吾闻富贵者送人以财，仁人者送人以言。吾不能富贵，窃仁人之号，送子以言。曰：聪明深察而近于死者，好议人者也。博辩广大危其身者，发人之恶者也。为人子者毋以有己，为人臣者毋以有己。孔子自周反于鲁，弟子稍益进焉。① 这里老子对孔子的告诫，是要孔子削去人生的锋芒，淡化突出自我的主观企图，安安心心做好自己的本位，能够睿智而圆融，这对孔子修身和处事有非常大的帮助。

4. 见贤思齐，见不贤而内省

如何看待优秀的人，是对人生的考验。有一些人，心胸狭窄，看到比自己优秀的人，妒贤嫉能，甚至打击报复，这在历史上比比皆是。孔子主张："三人行，必有我师焉。"诚心诚意地学习别人和赞叹别人，而又不盲目地接受，因为"择其善者而从之，其不善者而改之"，这是非常值得我们学习的地方。

嫉妒心，是一个人成长的重大障碍，从内在的原因看，嫉妒的人，是因为内心非常狭隘，容不下别人任何的优秀；从个人成长的角度看，嫉妒优秀的人，并不妨碍优秀的人继续成长，而自己却因为心胸狭隘而关闭了不断反省、学习和成长的道路，这才是问题的关键。所以我们要学习孔子的海纳百川，"见贤思齐，见不贤而内省"，即见到优秀的人就诚恳地欣赏别人的优秀，并向优秀的人学习，从而不断地提高自己；见到不优秀的人，不是去嘲笑别人，而是反省自己是否也有这样的缺点，这才是人生不断自我提高的道路。

5. 过则勿惮改

谁的人生不会犯错？大概世界上几乎找不到不犯错的人。以完美的道德标准要求世人，多少有些求全责备。问题的关键是如何面对错误、改正

---

① （汉）司马迁：《史记·老子韩非列传》，第2140页。

错误。《论语》记载了这样的故事：

> 陈司败问昭公知礼乎，孔子曰："知礼。"孔子退，揖巫马期而进之，曰："吾闻君子不党，君子亦党乎？君取于吴，为同姓，谓之吴孟子。君而知礼，孰不知礼？"巫马期以告。子曰："丘也幸，苟有过，人必知之。"[1]

在这里，孔子显然轻率地对人做了评价，从而受到知道内情的人批评，但孔子面对别人的批评，不仅虚心接受，而且现身说法，告诫学生，过则勿惮改。他的学生曾子秉承老师的这种精神，说出了"君子三省吾身"的名言，成为我们每一个人需要铭记的修身宝典。

6. 朝闻道，夕死可矣

我们看孔子的价值体系，可以知道，他绝不会为了眼前的一点利益而忘记人生的终极追求，更不会因为自己的一点私利而忘记对弘扬大道的担当。孔子一生，始终把事关人类终极命运的道义作为最高的追求，他说：朝闻道，夕死可矣，就是说在弘扬道义面前，生死都不足惜！对于知识分子的责任，他认为"士志于道，而耻恶衣恶食者，未足与议也"[2]。对于一个人如何安身立命，他的教导就是："志于道，据于德，依于仁，游于艺"[3]，对于人生的追求，他认为：君子谋道不谋食，君子忧道不忧贫。[4] 在捍卫道义的时候，孔子认为"不义富且贵，与我如浮云！"不仅名利不会动摇孔子的心志，甚至为了弘扬道义而置生死于度外！这就是"志士仁人，无求生以害仁，有杀身以成仁"[5]。

一个人、一个民族，如果只是汲汲于眼前的小利益，没有高远的价值和精神追求，永远不可能成就伟大和辉煌。在精神、信仰贫瘠的土地上，也不会建成民族复兴的伟业！我们务必要高扬中华民族将道义置于最高位置的宝贵民族精神！据《论语》记载，孔子周游列国的时候，"在陈绝粮，从

---

[1] 杨伯峻译注：《论语译注·述而》，中华书局，2012年版，第105页。
[2] 杨伯峻译注：《论语译注·里仁》，中华书局，2012年版，第51页。
[3] 杨伯峻译注：《论语译注·述而》，中华书局，2012年版，第94页。
[4] 杨伯峻译注：《论语译注·卫灵公》，中华书局，2012年版，第236页。
[5] 同上，第228页。

者病，莫能兴。子路愠见曰：'君子亦有穷乎？'子曰：'君子固穷，小人穷斯滥矣。'"①孔子推行仁义道德于天下，因为遭遇战争而被围困在"陈"这个地方，缺吃少穿，很多人病倒了。于是子路有点发脾气，去质问老师：君子也有困顿的时候吗？孔子回答：谁的人生不会遭遇坎坷？关键是真正的君子，无论遇到什么考验，都能坚持人生的价值和操守，而小人一旦遇到考验，就开始胡作非为。

无论是一个人，还是一个民族，都不要陷入纯粹名利的追逐中，一定要有超越物质利益之上的高远精神追求。孔子的伟大，在于他用自己的一生捍卫道义的价值，无论遭遇什么样的考验都矢志不移，为我们民族的精神家园树立了一座文化丰碑！回顾中国的历史，每当国家需要的时候，总是有人起来，诸如岳飞、文天祥、谭嗣同等，面对国家的需要可以将生命献给国家和人民，这无不是受到孔子精神的感召。从这个意义上说，孔子的精神是中华民族精神的重要组成部分，是中华民族生生不息的重要支撑力！正是受到孔子的教育，他的学生曾子才说："士不可以不弘毅，任重而道远。仁以为己任，不亦重乎？死而后已，不亦远乎？"②

我们常说道义两个字，但道义并不是不可捉摸的空洞词汇，更不是脱离人们生活的空话，而是具体表现为那种超越"小我"的格局而承担社会责任的精神。在《论语·微子》篇中，记载了这样两个故事：

长沮、桀溺耦而耕，孔子过之，使子路问津焉。长沮曰："夫执舆者为谁？"子路曰："为孔丘。"曰："是鲁孔丘与？"曰："是也。"曰："是知津矣。"问于桀溺。桀溺曰："子为谁？"曰："为仲由。"曰："是鲁孔丘之徒与？"对曰："然。"曰："滔滔者天下皆是也，而谁以易之？且而与其从辟人之士也，岂若从辟世之士哉？"耰而不辍。子路行以告。夫子怃然曰："鸟兽不可与同群，吾非斯人之徒与而谁与？天下有道，丘

---

① 杨伯峻译注：《论语译注·卫灵公》，中华书局，2012年版，第225页。
② 杨伯峻译注：《论语译注·泰伯》，中华书局，2012年版，第114页。

不与易也。"①

面对别人的不理解，孔子非常清楚地告诉大家，人和动物不一样，不能仅仅顾及自己的生活，而要承担对社会、对他人的责任！如果是天下国泰民安，人民安居乐业，我（孔子）就不用这么辛苦了！反过来说，春秋战国乱成这个样子，我（孔子）怎么可能只管自己的所谓小幸福？不管多少凶险，我都要出来周游列国尽可能地承担责任！简言之，为国为民的担当，就是道义的鲜明体现！

孔子的学生子路也深受老师思想的影响。《论语》记载了另一则故事：

子路从而后，遇丈人，以杖荷蓧。子路问曰："子见夫子乎？"丈人曰："四体不勤，五谷不分，孰为夫子？"植其杖而芸。子路拱而立。止子路宿，杀鸡为黍而食之，见其二子焉。明日，子路行以告。子曰："隐者也。"使子路反见之。至，则行矣。子路曰："不仕无义。长幼之节，不可废也；君臣之义，如之何其废之？欲洁其身，而乱大伦。君子之仕也，行其义也。道之不行，已知之矣。"②

针对别人对孔子的质疑，子路认为：春秋战国，礼崩乐坏，人民生灵涂炭，君子当然要出来承担责任，希望人民安居乐业，社会井然有序，这与做不做官没有关系，这是义所当然而已。至于当时的环境还不能真正理解和接受孔子所宣讲的道，孔子本人也很清楚，但一个人对社会的责任，不会因为外在的环境而放弃使命。

那么，我们继续追问，孔子所行的"道"，为什么在当时那个环境里面不被尊重和奉行呢？当时的社会环境，列国争雄，各种战争和掠夺频发，人民生灵涂炭，惶惶然不可终日，面对这种情况，究竟怎么办？这是每一个伟大的思想家需要思考的问题。打一个比方，思想家好比是医生，不过是给社会诊断的医生，面对社会的疾病，孔子的判断是整个社会的价值理念都出现了问题，其治疗的根本之处就在于"人心"。所谓孔子强调的

---

① 杨伯峻译注：《论语译注·微子》，中华书局，2012年版，第270页。
② 同上，第272页。

仁义道德，君子之教，立人伦、振纲常，等等，无不是在人的心灵深处着手，希望通过心灵的唤醒和引导，启发大家做一个堂堂正正大写的人。可是，当时诸侯王最在意的是如何称王称霸，如何杀人更多，如何拥有更多的财富和土地等等。如果放在人类文明史的长河中看，孔子所提出的校正人心的办法显然是一个根本的办法，没有正确的价值导向和道心的开启，任何社会都不会有希望！但孔子的远见卓识怎么可能得到当时急功近利和目光短浅的统治者的认可呢？所以孔子周游列国而不被重用，也是可以理解的事情。

可从整个历史上看，任何一个从心底着手、注重心灵引导、启发和教化的人，都位列人类思想史上最伟大的思想家行列。据历史记载，苏秦、张仪能挂六国的相印，他们的显赫和孔子的落寞形成鲜明的对比，可是历史做出了回答，几千年过去了，孔子成为中国文化的符号，而苏秦、张仪二人，充其量不过是讲一点谋略而已，而且那些所谓的谋略，拿到今天未必可以用。这其中的原因，就是孔子践行的是"道"，苏秦、张仪更多的是"术"。"道"，穿越时空，亘古常新；而限于特定条件的"术"，很多只能成为历史的故事。

7. 做生命的觉者

对于人类和个体的命运，孔子有着更深刻的思考，这种思考，使他成为人类文明史上的觉者，成为一个真正自己把握自己命运的人，自己实现自己、自己成就自己的人。孔子一生所作的选择及其所昭示的意义，可谓人类文明史上的标本。我们常说做一个觉悟的人，那么什么才是真正的觉悟？只有真正认识到自己的使命，能够自己把握自己的人生，自己决定自己的命运，自己实现自己、自己成全自己，这才是真正的觉悟者！我们从孔子一生的选择和努力中，可以更好地体会什么才是真正的觉悟者。

孔子在五十多岁的时候，作为鲁国的大司寇、代理国相，为什么放下优越的物质生活周游列国呢？当时诸侯国的国君最喜欢什么、想听什么、想做什么，孔子不知道吗？当然都很清楚！而且当时战乱频繁，周游列国的后果是什么？恐怕面对生死的考验，孔子也很清楚。问题的关键是，孔子在什么都很清楚的情况下，为什么还要决然放弃优越的物质生活，周游列国无怨无悔？这就是一个真正觉悟者的风采：孔子知道自己的人生使命，知道当时坚持人生使命所面临的局面和后果，但为了大写的人生，孔子自己选择自己的人生道路，自己勇于直面人生遇到的一切，无怨无悔，义无反顾！面对周游列国过程中所遭遇的一切苦难，孔子曾经说"求仁而得仁，又何怨！"[①]真正的觉悟者，不是在命运的洪流中不知不觉地承担角色，而是在面对很多选择的时候，非常清楚每一种选择的后果，而且能够自己做出选择，并无怨无悔。

孔子正因为深知人类的命运在于自己如何努力、如何把握，所以他一再强调自强不息的力量。孔子的学生在回忆老师时曾经说：子不语乱力怪神[②]。孔子自己也说：务民之义，敬鬼神而远之！[③]我们如果追问：孔子为什么不谈"乱力怪神"？为什么主张"敬鬼神而远之"？是因为孔子经过自己的人生体验和感悟，认识到一个人的命运归根结底掌握在人的手里，人民的生活如何，也全在于人们如何奋斗和努力，如果一旦强调"乱力怪神"，引导人们走向对外部力量盲目的迷信和狂热的崇拜，必然会导致人类社会走向愚昧和黑暗。这也是《易传》为什么提出"天行健，君子当自强不息"的重要原因。在人类和个体的命运问题上，中国文化在两千多年以前，就达到如此高度，可谓人类文明史上的高峰。直到今天，面对人类的命运到底是在自己手里，还是取决于外部的各种力量等问题，仍然很多人以为是外部神秘的力量决定了人类的祸福吉凶，由此更可见孔子的伟大！孔子认为"我欲仁，斯仁至矣"，主张"为仁由己，岂有人哉！"强调人类自己把握自己的命运，不赞成人们陷入对外在神秘力量的崇拜中而放弃自我的努力和奋斗。所谓人类文化的责任，就是开启心智，引导人们走向觉悟，而不是引人走向愚昧和蒙昧。

我们总结孔子的一生，可以发现孔子从一个真实的人、平凡的人，一

[①] 杨伯峻译注：《论语译注·述而》，中华书局，2012年版，第99页。

[②] 同上，第101页。

[③] 杨伯峻译注：《论语译注·雍也》，中华书局，2012年版，第86页。

步步成长为中国文化的典范。可以这样说，在所有民族的文化圣贤中，孔子是非常真实的一位，没有宗教的色彩，由一个活生生的人成长为一位伟大的思想家。面对孔子，人人可以学习，而不是拒人于千里之外。孔子所代表的是一种人生的自觉，这种自觉包含了自我成长的自觉，自我学习的自觉，自我使命的自觉，自我选择的自觉，还包括自己在历史地位上的自觉。孔子晚年在编辑《春秋》的时候，告诉学生：知我罪我，其惟春秋乎！他很清楚自己所做的事，敢于让历史评价他的功过是非。两千多年过去了，尽管对孔子的思想会有一些争议，但孔子作为人类思想史上最伟大的思想家之一，将永远被纪念和学习！

我们学习孔子，不是纠结于他特定环境下的具体话语，而是要整体上领会孔子的精神和智慧。我们学孔子，更应该学他的使命感，学他的自强不息，学他的担当，学他那种对生命领悟之上的自觉！阅读孔子，人人应该知道自己的定位，做一个造福大众、利益社会的人，知道自己该承担的责任，然后无怨无悔，做一个生命的觉者。

二、人生修为的一面镜子

1. 孔子一生修持的境界

孔子的人生到底达到了什么境界？这是大家都关心的问题。我们学习孔子，就要把孔子的修为作为检视自己的镜子。对此，孔子有很好的描述："吾十有五而志于学，三十而立，四十而不惑，五十而知天命，六十而耳顺，七十而从心所欲，不逾矩。"① 可以说，这是孔子对于自己一生修为的最精准概括，也是我们了解孔子人生境界最好的窗口。

先看，十有五而志于学，什么叫志于学？就是说孔子在十五岁的时候，这一生要做什么，都已经非常清楚。曾国藩说人生第一等事就是立志，可现实中我们多少人活到了三四十岁，甚至一生都还不知道自己要做什么，无非碌碌无为而已。我们不妨扪心自问：有多少人知道此生的使命和责任

---

① 杨伯峻译注：《论语译注·为政》，中华书局，2012年版，第16页。

的！大家看凡是做成一番事业的人，大都是清楚自己的人生使命和责任！所以，十五有志于学给我们的启发就是，一定要知道此生的使命和责任是什么，一定要有终生为之奋斗的目标。人的一生，说起来八十年、九十年的时间仿佛很长，可是白驹过隙，转瞬即逝，如果没有人生聚焦的方向，只会是虚度年华，最终遗憾终生。

三十而立，到底怎么立？经过十多年的学习，孔子达到"三十而立"，是说到了三十多岁的时候，就有了看问题、观察世界的正知正见，有了独立的正确看问题的价值立场、思维方式和观察角度。反观现实，有一些人一辈子都立不起自己正确的见解和立场，听到张三说张三有理，听了李四说李四有理。当听某一个海外归来的人说西方多好，马上就对自己的国家产生偏见。一个没有清晰立场的人，会轻易被人诱导，因为他根本没有自己的看法，也没有什么独立思考的能力。一个人如果要立起来，我们就要有独立的人格和自由的思考，要有自己判断问题的能力。比如，现实中有一些人陷入传销里面，一两天就已经完全被洗脑、征服，除了利欲熏心之外，重要的原因就是没有独立看问题的能力。当我们听到各种观点的时候，用中庸的话说，要慎思之、明辨之，之后才是笃行之。面对任何观点，不是一味赞成，更不是一味反对和批判，而是不预设立场，客观冷静地了解情况，实事求是，尽可能做出客观全面的判断。我们一定要培养辨别是非的能力、理性判断的能力。三十而立，就要我们不畏浮云遮望眼，只缘身在最高层，能够有高远的智慧看清楚社会上的很多问题。但是这需要很多的积累和思考才可，当自己对人生、社会和宇宙等很多问题有了一个基本判断之后，再听各种学说，就知道该怎么取舍，该怎么判断了。

四十而不惑，这是指一个人在道理上都很通达，看什么都很明了，知道其中的来龙去脉、前因后果。但在现实中有一些人有太多的困惑，诸如工作上的纷纷扰扰，人际关系上的是是非非，家庭生活里的疙疙瘩瘩，感情生活中的恩恩怨怨……包括自己升职的过程中、发展过程中遇到很多障碍，有很多困惑。那么，当孔子四十岁的时候，他看这些事情都已经不惑了，不惑的背后是知道了世界运行的规则。世间的运行规则都有因和果，任何事情的出现，必有其原因，任何事情一旦苗头出现了，必有其结果。理解这个道理之后，再看自己困惑的问题，很多是没有种"因"的时候就妄求结果；或者是"因"不注意改进，当结果来临的时候恐慌无助；亦或是嫉妒羡慕别人的时候，没有看到别人所经历的"因"和"果"。懂得了这个世界运行规则，你的嫉妒也好，你的不解也好，都会消解很多，物有本末，事有终始。

五十而知天命，什么是知天命？这个境界很深，如果做一个尝试性的解读，那就是一个人不仅是对外部的道理很通达，而且是对自己在宇宙中间应该怎么生活有了领悟。如果"四十而不惑"是对外部世界的一种通达，"知天命"则是指本人（孔子本人）在宇宙、社会中间，应该有什么样的使命、该做什么、不做什么，都已经非常清楚，这就是知天命。知天命的境界，就是我们这一生，该做什么，不做什么，要很清楚。人这一生，总是有所使命和担当，如果回避了自己的使命，那就会让生命失去意义；如果超出自己的实际而妄求，也会徒增人生的很多烦恼和痛苦。"知天命"，知道自己是谁，知道此生的责任和担当，心无旁骛，无怨无悔，承担好此生的使命和责任。

六十而耳顺，什么是耳顺？那就是无论听到什么，都能听得进去；赞扬的话自不必说，即便是听到批评的话，也能闻过则喜，这就是"耳顺"。我们很多人在现实中做不到：我说你好，你高兴；说你不好，你生气。表扬你优秀，你美滋滋地；说你这个人不怎么样，你就生气。为什么我们不耳顺？就是因为我们每个人都有对"小我"的执着，都带着"小我"的有色眼镜看世界。当你的话符合我的想法，我就高兴；当你的话不符合我的想法，我就生气。这就是被"小我"紧紧地包裹了。一个人的修行，就是不断地对"小我"的突破和超越，当哪一天我们能够真正超越"小我"的时候，才能"宇宙是吾心""吾心是宇宙"。只有把"小我"打开了，弱化甚至没有"小我"了，才能拥有海纳百川的胸怀，才有真正的博大和厚重！这时候你听到什么都耳顺，这就是孔子六十岁的修为。

人生的"束缚"，除了对"小我"的执着，佛学还认为有一种表现就是"法执"。所谓"法执",就是总认为自己正确、自己的见解高明,当别人和自己的说法不一致的时候,就明显地不认同和情绪化。对此,我们只有放下"法执"的时候,如孔子所说"吾空空如也",才能客观全面地看问题,而不会犯下盲人摸象的浅薄和无知。

到了七十岁的时候,从心所欲,不逾矩。这是孔子一生对晚年的总结。到了这个时候,自己想做什么就做什么,可是做什么也不违反规矩,这个境界,其实就是孔子做到了人心即是道心,做到了道心的澄明,做到了对人性弱点的超越。做到了将道德要求完全内化为自己的自觉行动。这个境界非常大,我们现实中的人,如果想做什么就做什么,得做多少违法乱纪的事?可是孔子却不会,想做什么就做什么,从心所欲还不逾矩,他的秘密就是把心中那个污点给去掉了,把很多人性的弱点给克服之后,心中留下的是孟子所言的良知,念兹在兹都是希望给人民造福,为社会服务。打一个比喻,就是心灵这颗珍珠的污点去掉了,珍珠光芒四射。当孔子按照心中的良知去做事,超越了人欲境界,从心所欲,就完全是道德的境界,这就是人与道同。人和宇宙的大道是一体的,孔子想做什么就做什么,还都不违背道。这就是孔子一生的修持。

我们把孔子一生的修为总结出来,把他成长的过程和状态视为一面镜子,在每一个年龄阶段,达到什么状态,我们应该怎样检视自己,反省自己,以此不断地提醒自己,完善自己。

2. 一心应万物

大家看《论语》,会发现"仁"是孔子思想中最核心的词,可在究竟什么是仁的问题上,孔子的说法却不一样,可以说并没有一个固定的说法。针对这种现象,西方人很是困扰。在西方的哲学家看来,人们说话要追求概念的确定性和逻辑性,可为什么孔子在论述"仁"这个字的时候,针对不同的人有不同的解释呢?这是不是如黑格尔在《哲学史讲演录》里所认为的"不够哲学"呢?实际上这是黑格尔对中国文化和更高智慧缺乏理解。"仁"作为人类所有美德的总和,是一个人达到一定境界之后呈现的状态,根本不是一个僵化的定义可以涵盖的,是一个修到一定程度的人呈现的活泼的状态。可以说，孔子的心灵状态是根本，这是"体"；面对世间万物如何应对，这是"用"。孔子正是用自己一颗智慧圆融的"心"，去应对纷繁杂芜的世间万象，这就是"一心应万物"。

人们所思考的问题中，有些需要文字表达的精确性，有些问题，是超越语言描述的东西，自然不可用语言的精确性加以判断。西方的语言分析哲学家维特根斯坦，一生专门研究语言和表达，最后他明确地告诉大家：可以说清楚的，那就说清楚，讲求逻辑和精确；可对于超出语言的东西，那就最好闭嘴！为什么要闭嘴？就是因为对于"道"和形而上的追问，任何语言的表述都会苍白无力，都不能精确地表达其内涵。"仁"某种程度上就是类似于哲学上"本体"的概念，体现的是一个人心灵净化到一定程度呈现的状态，我们不能用语言直接对"仁"做出精准的描述，但可以从"仁"这种境界，针对不同问题如何体现予以分析。

那么孔子为什么在不同的场合，对仁有不同的解释呢？我们不妨通过举例子的方式加以解读：

颜回在问什么是"仁"的时候，孔子说："克己复礼为仁。一日克己复礼，天下归仁焉。"[①]可当子贡在问"仁"的时候说："如有博施于民而能济众，何如？可谓仁乎？"孔子听了告诉他："何事于仁！必也圣乎？尧舜其犹病诸！夫仁者，己欲立而立人，己欲达而达人。能近取譬，可谓仁之方也已。"[②]为什么孔子对颜回说"克己复礼曰仁"？对子贡要说"己欲立而立人、己欲达而达人"呢？大家知道，颜回和子贡是孔子两个比较有代表性的学生，颜回个人修持得比较好，但是家境贫穷，"一箪食，一瓢饮，在陋巷，人不堪其忧，回也不改其乐"，[③]这就是形容颜回。可是子贡不是这样，他很会经商，对商品的价格非常敏感，取得了不少商业成就，用今天的话说，可谓成功企业家。因此，孔子告诉颜回，你有能力做好内圣的功夫，那就要"克己复礼"。而对子贡而言，他作为比较成功的

---

① 杨伯峻译注：《论语译注·颜渊》，中华书局，2012年版，第172页。
② 杨伯峻译注：《论语译注·雍也》，中华书局，2012年版，第90页。
③ 同上，第82页。

人，决不能只关注自己的小收入和小幸福，一定要推己及人，给大众造福，因为子贡有这个能力，所以他说：己欲立而立人，己欲达而达人！如果对于自己都过不好的人，首先要"自立"才能立人！

所以，我们要深刻理解孔子境界背后所展示的心法和心灵所达到的智慧和境界。孔子为什么对不同的学生有不同的指导、对不同的人有不同的启发，原因就在于孔子的智慧能够针对不同的人和环境做出灵活的应对。当一个人的心修到一定程度的时候，没有先入为主的偏见，没有各种附着在上面的污染，只有清净的灵性和智慧，那才是胡来胡现、汉来汉现，随缘自在！这种境界，我们可以称之为"一心应万物"，而绝不是用一个僵化的规矩到处套用！

正因为"仁"这种品格是一个人升华到一定境界才能达到的状态，故孔子说：唯仁者能好人，能恶人。[①]意思是一个真正具备"仁"这种品质和境界的人，才能有正确的价值判断，才能真正知道是非！因为如果不是"仁"人，价值观扭曲的人，根本无法做出正确的是非判断和价值判断，也就没有能力去区分善恶、明辨是非。当一个人真正能够心灵净化，达到"仁"这个境界的时候，才能断恶为善，"苟志于仁矣，无恶也。"[②]在孔子看来，"仁"作为一个人最重要的品质和价值追求，如果有人致力于追求"仁"的德行，他犯错误的可能性比较小。"君子去仁，恶乎成名？君子无终食之间违仁，造次必于是，颠沛必于是。"[③]也就是说，一个人如果道德品质有问题，但凭耍一点人生的投机取巧，没有多大价值，更不值得一提！一个人无论经历多少坎坷和考验，都不应该放弃对"仁"的坚守。

由于"仁"不是一个僵化的某一个道德范畴的概念，而是一个人修到一定程度呈现的状态，这种状态是心灵拥有高度智慧之后自然的显现。打一个比方，这种高度智慧的心灵就像一面镜子，上面干干净净，没有预设什么立场，在不同的场合、面对不同的人，镜子上自然会显现出对方的状

[①] 杨伯峻译注：《论语译注·里仁》，中华书局，2012年版，第48页。

[②] 同上，第49页。

[③] 同上，第49页。

态，以及在这种状态下如何回应和做出针对性的指导。对于开启内在智慧的"仁者"而言，每一个人都有不同的状态，自然要因材施教、对症下药，根本不可能被一套僵化的逻辑所困住。

三、孔子智慧的秘密——无可无不可

在一些人眼里，孔子给人的感觉似乎是一个刻板的人，甚至在生活中对那些不够灵活的人称之为"老夫子"，其实真实的孔子是精彩绝伦的智者，可谓圆融无碍。请大家阅读一段材料：

逸民：伯夷、叔齐、虞仲、夷逸、朱张、柳下惠、少连。子曰："不降其志，不辱其身，伯夷、叔齐与！"谓："柳下惠、少连，降志辱身矣，言中伦，行中虑，其斯而已矣。"谓："虞仲、夷逸，隐居放言，身中清，废中权。我则异于是，无可无不可。"[1]

这一段所提及的伯夷、叔齐、虞仲、夷逸、朱张、柳下惠、少连等人，在中国的历史上可谓各有精彩的故事，都值得我们好好地学习。但孔子的评价却出人意料。孔子当然赞赏、肯定这些人的行为，可是他本人却明确地表态：我和他们不一样，不一定非要怎么样、不怎么样，而是面对不同的问题、不同的人、在不同的时空，该怎么样就怎么样。那么，我们不禁要接着问孔子：我们到底应该用什么样的智慧去灵活地处理好生活中面临的各种问题呢？

1. 对境智与根本智

当我们在探讨有关智慧的问题时，首先应该对两个概念做一个区分，那就是"对境智"和"根本智"。当我们对这两个概念有了基本的认识之后，对很多问题的困惑就会迎刃而解。

所谓"对境智"，是指只有在特定环境下才有效的东西。"对境"，其实就是指只适用于特定的环境和时空。一旦离开了特定的环境，这个东西就失去效用，换一句话说就是错误的。对于这种智慧，我们称之为"对境

---

[1] 杨伯峻译注：《论语译注·微子》，中华书局，2012年版，第274页。

智"。比如，在中国革命的过程中，很多留学生如王明、博古等人，他们从欧洲和苏联留学归来，带着一堆条条框框，以为中国的革命也必须走俄国革命的道路，必须模仿苏联。当他们看到毛泽东的农村包围城市和游击战争的策略时，非常反对。实际上，王明、博古等留学生的一些看法和做法，无非是把苏联怎么搞革命的具体做法移植照搬过来，以为这样就可以解决中国的问题，无论是理论上还是实践中，这都是非常幼稚的行为。因为苏联的那一套做法，只不过是苏联自己的探索，即便是所谓的正确，也不过是适用于苏联特定的环境，这就是"对境智"。现在很多人在看了欧美的一些做法后，也以为那些东西可以照搬到中国，这和王明、博古的错误同出一辙。大家仔细研究各国的历史，正如同世界上没有完全相同的两片叶子，也绝不会有完全相同的两个国家。如果说有相通的地方，是指在抽象的理念和价值层面，也不是在具体的制度操作层面。不单单是社会科学和人文学科，即便是自然科学，很多东西也不过是人类在某种时空下的具体认识而已，不可将之绝对化。如牛顿的三大定律，大家现在已经看得非常清楚，这些定律只是适用于地球这个特定的宏观物理世界，一旦脱离地球环境、一旦到了微观的量子领域，牛顿定律毫不起作用。再比如什么是医学的标准？有些人根据西医和现代医学的一些做法总结出一套模式，并将之称为医学的标准，进而不负责任地批评中医等，这不仅有失公允，而且对医学的健康发展产生极大的损害。实际上，所谓的西医和现代医学，不过是看待医学的一种方法和视角而言，中国的传统医学也有自己对医学的独特理解，简而言之，中医有中医的标准和规则，西医有西医的一套体系；二者之间可以互通有无，可以互相借鉴，而不是拿着一套自己的所谓规则而打压不同的医学体系。无论是根据临床的实际效果，还是大量医生的治疗实践，中西医都各有可取之处。所以，近代以来那种把西医的做法当作"真理"的代名词，甚至否定和无视中医的价值和意义，除了代表认知的缺陷和浅薄之外，更是给人类医学的发展带来严重的伤害。

所以，在探讨任何道理的时候，要看清楚这个道理所适用的范围，绝不是将特定范围和视角下的东西视为真理的化身，一定限于这个适用的范围内去讨论。如果把只适用于特定环境的所谓道理，到处套用，必然带来现实的否定和重大损失。

那么，有没有超越特定环境的智慧呢？这就需要我们了解"根本智"（大智慧）这个概念了。所谓"根本智"，是指超越某些特定环境的制约而具有普遍意义的智慧，它在不同的场合、不同的时空都有指导意义。比如，我们常说的"道"，"道"是宇宙起源的原动力，是宇宙和社会运行的根本法则，它体现在宇宙的多个角落、社会的方方面面。换一句话说，"道"体现的是人类社会、宇宙的普遍规律。人们遵照"道"来行动，那就是顺道而为，掌握主动，取得成功。反之，如果背道而驰，必然会遭遇挫败。所以，我们平时的学习和实践，既要注意适用特定环境的"对境智"，更要学习超越特定环境的"根本智"（大智慧）。

通过以上分析，我们就明白为什么知识和智慧不是一回事，读书读得多也未必有智慧。所谓书本上的知识和很多的公式，无非是限定了各种条件和假设，一旦离开了这些条件和假设，这些道理也就不是道理了。比如一个人的力学课程可以考满分，不代表他就可以在现实中能修好一座桥。反之，没怎么读书的人，也未必不能修好一座桥。所以，很多高学历的人，包括读到硕士、博士，留学回来的海归们，如果真懂得了"对境智"和"根本智"这两个概念，就会变得谦卑和富有自我反省精神。西方学者根据西方社会的独特环境而产生的很多"对境智"，不过是一些只在特定环境下才有效的条条框框，我们学习这些特定条件下的所谓理论模型时，一定不可教条化！近代以来的历史一再证明：任何时候，如果我们以为移植和照搬别人的做法就可以解决我们自己的问题，无一不遭遇重大挫败，甚至会犯颠覆性的错误。什么时候我们重视自己的文化和传统，注意顺应历史的潮流，立足自己的国情，探索适合自己的道路，事业就可蒸蒸日上。这样说，并不是保守，我们固然要海纳百川，要善于学习其他民族的优点，但如何结合实际为我所用，这才是问题的关键，而绝不是模仿和照搬。

2. 近代以来中国学术的一点反思

我们懂得了"对境智"和"根本智"的概念，就能够更好地回顾中国近代以来的中国文化史和学术史。

近代以来，由于满清政府僵化保守，丢掉了中华民族一直以来生机勃勃的内在精神，不懂得海纳百川、自强不息、日新月异，导致积贫积弱，灾难深重，中华民族水深火热。这个时候，我们在文化和学术上也是进退失据，丧失了文化的自觉和自信。在内忧外患面前，我们没有冷静地认清世界的大势，没有看清世界的潮流，更没有认识和坚持中华文化中最内核的智慧和精神，导致近代以来救亡图存、振兴中华的道路跌跌撞撞，充满坎坷。

回望历史，经过多少人的探索和多少志士仁人的鲜血，我们终于认识到了中华民族的振兴和自强之路，一定是在充分吸纳本民族精粹的基础上海纳百川地前行，是接续历史、不忘本来、开辟未来的前行之路。

可是，我们的教训多多。曾几何时，我们曾经把产生在西方特定环境下的"对境智"——所谓的一些理论框架，视为放之四海而皆准的"真理"，并以此来剪裁中华民族的社会发展现实，幼稚地以西方国家的某些模式为自己的发展模板，结果带来种种挫败和苦难。

从振兴中华文化、建设文化强国的角度看，我们固然需要海纳百川，学习其他文化形态的优点，但我们也要有建构中国自身思想文化体系的自觉和意识。任何一个伟大的民族，必然要有自己的精神家园，有自己的安心之所，有自己的文化形态、理论体系、学术体系、规则体系和话语体系。心灵和精神的独立，对于一个民族的发展，至关重要，无可取代。那种不顾及某种理论框架所适用的特定环境，而妄图用之改造世界的观点，要么是理论上的糊涂，要么就是用心叵测！对此，我们必须保持高度的清醒，努力探索和创造源自中国、适应中国并不断推动中国前进的文化体系、理论体系、学术体系和规则体系，并根据变化的世界而与时俱进。

中华民族几千年的历史、极其厚重的历史底蕴、蔚为大观的文化创造，是我们无与伦比的文化优势。近代以来中国文化发展极大的教训就是我们进退失据，模糊了自己的文化自信，导致把在西方特定环境产生并只适用于特定环境的所谓理论体系，视为"真理"的化身，并对我们自己的事业指手画脚，导致产生一系列的问题。在文化和学术发展的过程中，我们建构自己的学术体系、理论体系和规则体系，这是实现不同文化和学术碰撞、交流和融汇的前提和基础，也是文化自觉和文化自信的表现。

3. 圆融无碍，才是妙境

在了解了"对境智"和"根本智"这两个概念之后，我们就要继续深挖，如何才能开启一个人的"根本智"呢？

一个人"根本智"的开启，一定要懂得一个道理：我们在学习各种特定环境下的"对境智"时，一定要注重心灵的开发，如果我们的智慧没有打开，无论学什么都容易成为蒙蔽心灵的障碍，那样的话，一个人学得越多就越刻板和僵化，这就是人们所说的"书呆子"。所谓"根本智"，首先就是一个人的心灵被开启之后，能够不被任何东西所覆盖，更不要被任何东西所污染和僵化，灵灵觉觉，空空荡荡而又非常的敏锐，就像一面镜子，里面看似空无，实则外界来什么就能清楚地照出来什么，到了这个状态，无论遇到什么，都能清楚地反映出问题的实质，针对不同的具体情况做出具体的处理，这就近似于"圆融无碍"所展示的境界。从另一个角度说，所谓的"大智慧"，代表的是反映人类社会和宇宙的普遍法则，这些东西超越地域和时空，永远发挥作用。比如有无相生、相反相成、物极必反等，这都是宇宙和社会中普遍的规则。

对于"对境智"，更多体现的是人生的加法，通过不断地学习和积累各种知识实现对某些特定道理的掌握；但"根本智"的开启，却是做好人生的减法，需要不断地减去心灵上的灰尘，让自己的心灵空灵而不被外在的东西所黏附，这个时候才有灵活处理事情的能力，才能不被特定环境的小道理所拘束。而现在很多人一味往自己脑袋里面装东西，昏昏沉沉，哪里还有什么圆融无碍的"大智慧"呢？所以，修静是一种开启"根本智"的很好做法。在修静的过程中，排除各种杂扰，把心放下来，空空灵灵，身心合一，这就是很好的修养。当然在忙碌的社会，很多人说根本没有时间静下来，其实这样说的人往往把"静下来"太形式化了。所谓静下来，不是说一定有很多的空闲时间，非要找一个安静的屋子和蒲团，然后才能安安静静坐下来。而关键在于一颗心，能够随时随地地静下来，任何生活的间隙，都可以把心静下来，安安静静地用以养心。这是随时可以做的事，而不必要一定执着于各种形式。谁如果懂能随时随地安静下来，谁就会体会其中的妙用。安静不仅是最好的休息，而且是最好的养神、养生和开智方式。

四、我们从孔子那里学什么

尽管不同的人对孔子有不同的看法，但孔子作为人类历史上伟大的思想家，永远载入史册。历史是对文化最好的沉淀，无论当时多么辉煌，在大浪淘沙之后，能够成为传世经典的文化作品寥若晨星，能够在历史的激荡中成为圣贤的人更是凤毛麟角。孔子的思想和反映孔子思想的典籍，历经几千年的风雨，始终是人类文明史上的路标，在孔子身上有太多值得我们汲取的智慧和精神，我们应该好好地学习。从根本上说，我们学习孔子的人生精神，就是要做一个有觉悟的人，知道自己的使命和责任，并且心无旁骛、无怨无悔地去承担责任。将一生的实践视为一场修行，在修行的实践中去领悟人生。除此之外，我们还要具体地学习孔子的几种精神，以让我们的人生和事业做得更好。

其一，如孔子一样"十五有志于学"，做一个真正有抱负、有清晰人生方向的人。一个人活在世界上，一定要有所承担，只有这样才能让自己的人生真正拥有意义。无论任何时代，浑浑噩噩，无所事事，没有理想和抱负，都会一事无成，虚度光阴。一个人的志向，应该超越个人的利益，应该有超越"小我"的追求，只有这样，才不会因为一点小小的成就便忘乎所以，因为一点名声和地位就失去本心。一个人一定要志气高远，才能一生不畏浮云。

其二，不怨天，不尤人，下学上达，做一个通过自己的努力改变命运的人。每一个人都有各自的命运、有不同的境遇，但无论遇到什么，都要学习孔子不怨天、不尤人，下学而上达，自强不息而改变自己的命运。很多人和我抱怨自己的家庭不好、没有社会关系等，我听了以后问他：你说这些有什么用？如果你说这些就可以改变命运，那你就到处诉说！如果说这些不过是浪费时间，毫无意义，而且影响别人的情绪，那就不要说，而是好好奋斗。很多人总是希望把自己的命运交给外部的力量,以为找一个人或者什么关系就可以改变命运,实则这是很幼稚的想法。人一生的精彩,必然是用自己的实力证明。任何外部的帮助,也只有在自己优秀的时候才有意义。孔子从小父亲去世,妈妈在他十多岁的时候也去世了,可谓孤苦伶仃,可是大家读《论语》《孔子家语》,谁能读到孔子的牢骚和抱怨?人一定要明白:踏踏实实地努力,自强不息,不断地学习、反思,这才是成长之路!面对很多人的表扬,孔子非常清醒地告诉大家:"我非生而知之者,好古,敏以求之者也。"[1]人的前程都是奋斗出来的,谁奋斗,谁有收获;谁奋斗,谁的人生改变!

其三,"朝闻道,夕死可矣",做一个将道义置于最高价值的人。一个人的最高价值是什么,决定了一个人的层次。当一个人能够把世间的一切东西看破,才能够成就出世间的圣人,包括历朝历代的那些高道、高僧等,都是把功名利禄视为浮云。孔子说"朝闻道,夕死可矣",[2]大家从中看得出孔子把道义视为人生最高的追求,在践行道义的问题上,置生死于度外,这才是圣人展现的风度。一个人如果把权力、地位、尊严、名利等看得比天大,这就是庸庸碌碌的平凡人,甚至在位高权重的时候走上违法犯罪的道路。孔子非常清楚自己一生捍卫的价值在于"为国为民",在于"为天地立心,为生民立命,为万世开太平",在这个价值面前,其他一概不足惜!所以他说:"饭疏食饮水,曲肱而枕之,乐亦在其中矣。不义而富且贵,于我如浮云。"[3]尽管今天有很多诱惑,但沧海横流方显英雄本色,岁寒,然后知松柏之后凋也。越是在各种诱惑的时候,越要坚守自己的价值,能够力所能及地为国为民做一些事,这是中华民族最宝贵的文化精神!

其四,君子求诸己,小人求诸人,做一个不断反省和提高的人。君子一旦遇到了问题就要反思自己,从自己身上去找原因!而小人恰恰相反,一

---

[1] 杨伯峻译注:《论语译注·述而》,中华书局,2012年版,第101页。
[2] 杨伯峻译注:《论语译注·里仁》,中华书局,2012年版,第51页。
[3] 杨伯峻译注:《论语译注·述而》,中华书局,2012年版,第99页。

旦遇到困难和问题,马上怨天尤人,指责国家、社会、单位、父母、领导、同事等,仿佛问题都是别人的,而自己是最无辜的。实际上一个人遇到问题,原因一定多多,如何认识问题,如何分析问题的原因,决定了解决问题的方向。大家都爱从外部找原因,可外部的情况不是一个人可以撼动的,但自己的问题是可以马上改起来的。当每一个人从自我做起,不抱怨指责他人的时候,这个社会才会越来越好。反过来,如果大家都是指责别人、发泄怨怒的情绪,而不是从自己出发做力所能及的改进,那我们生活的环境永远不会变好。所以,我们要学习孔子"君子求诸己"的精神,一生从自我做起,力所能及地影响社会,当越来越多的人这样做时,社会环境就会越来越好!

其五,君子和而不同,面对多元世界,做一个善于学习而为我所用的人。多元的时代,我们面对的是不同国家、不同民族、不同文化形态、不同价值观和文化背景的人之间的各种交流,这个时候我们应该如何相处?孔子非常清楚地告诉我们"和而不同",意思是我们不仅要尊重多元、包容多元,而且一定要善于学习别人,在学习的过程中不是去模仿和照搬,而是在自我文化根基的基础上吸纳别人的优点,为我所用,然后生成更高层次的文化,从而实现不同文化之间的良性互动。孔子的智慧启迪我们要做一个善于学习的人,放空自己,海纳百川;做一个立定自己,在学习中不断升华的人。作为中华民族,我们务必不可僵化保守,一定要敞开胸怀,把全世界的优点学到手,为我所用,不断发展。

其六,仁者爱人,做一个仁爱天下的人。我们常说"道义"伟大,"道义"不是悬空的东西,其在社会中具体的表现就是能够真正心怀天下,对社会、对他人有一份同情和责任。当前很多人受西方个人主义的影响,过于强调个人的价值,关注个人的价值当然有它的道理,但当一个社会完全由那些只关注个人幸福的人组成,后果会是什么?必然会引发不同利益个体之间的争斗和冲突。客观地说,肯定个人的价值、关心个人的生活都可以,但绝不要走上"个人至上"的道路。任何一个国家都不会鼓励自我为中心的价值观。如果人人自私,那么整个社会就会冷漠、无情、缺少道德,甚至会到处都是血腥、冲突而没有人支持正义。所以，一个美好的社会，一个让大家有安全感的社会，一个让人感到幸福的社会，一定是有"仁爱天下"的情怀，大家关心自己，但不会只关心自己。一个人的能力有大小，但只要全社会能够学习和践行孔子"仁爱天下"的精神，政治家会为官一任、造福一方，企业家乐善好施、帮助别人，普通人孝敬父母、友爱朋友，人人有仁爱精神，社会温暖正义、和平繁荣，这才是我们想要的社会。

其七，知我罪我，其惟春秋！人生一世，立意高远，要有历史的眼光。什么是历史感？无论是一个人，还是一个民族，在做任何事情的时候，想一想这件事在几百年、几千年之后能经得起检验吗？在大浪淘沙之后，我们所做的事情是为民族、国家和人类社会造福的事情吗？如果一个人、一个国家没有历史感，做什么事情只是一锤子买卖，只要自己合适就可以，不管后世子孙，那罪莫大焉！

孔子一生颠沛流离，但他是有着深远历史思考的伟大智者！他深知自己一生的作为和言行对于文化发展和社会发展的价值，不管现实中多少人不理解，但他可以自信地面对历史：知我罪我，其惟春秋！他坚信历史会给他一个评价。几千年的历史风雨过去了，孔子却一直是人类思想史上最伟大的思想家和智者之一，他所贡献的精神和价值，永远是人类文明的丰碑，这就是孔子的伟大。我们每一个人也要有很强烈的历史感，尤其是社会上的管理者，自己的任何管理行为，都要自觉地拿到历史的长河中去思考和定位，是否经得起历史的检验？不谋万世者，不足谋一世；不谋全局者，不足谋一域。我们所做的事情，是否在多年之后，还能被人民称颂？在历史面前，那些只为自己蝇营狗苟而打拼的人，真是何足道哉！

有了历史的眼光，我们可以更好地看民族的历史，更好地给自己定位。从民族的发展看，一个时代有多伟大，一个人有多伟大，就要看他能够给这个民族带来多少正面的价值和精神基因。中华民族正是在一代又一代的奋斗过程中，不断地丰富和演化中华文化。当然，这其中也有很多值得反思的地方。向前看，我们要做好对历史传统的洗涤和清理，把所有对我们这个民族长远发展具有深远意义的好东西继承下来，结合新的环境发扬光大。对那些附着在历史文化之上，影响中国发展的不好的东西，做好清理工作。在这个基础上，每一代人有每一代人的自觉，大家都争取在自己的时空里做出丰功伟绩，以滋养我们这个伟大的民族，从而让我们的文化和肌体更加健康和智慧。

五、从管子到孔子：一点反思

从管子到孔子，我们可以总结一点规律性的东西。在《管子》这本书里，其中有关于修心的很多论述，有对"道"的强调，也有很多论述如何用"术"的地方。在孔子这里，具体"术"的地方也有一些，比如子张学干禄，子曰："多闻阙疑，慎言其馀，则寡尤。多见阙殆，慎行其馀，则寡悔。言寡尤，行寡悔，禄在其中矣。"① 在这里，孔子告诉子张，在做官的时候，拿不准的东西，不知道的东西，不要说，不要做，免得被动。否则，任何言和行的莽撞，都会让自己陷于被动。还有一次，子张问于孔子曰："何如斯可以从政矣？"子曰："尊五美，屏四恶，斯可以从政矣。"子张曰："何谓五美？"子曰："君子惠而不费，劳而不怨，欲而不贪，泰而不骄，威而不猛。"子张曰："何谓惠而不费？"子曰："因民之所利而利之，斯不亦惠而不费乎？择可劳而劳之，又谁怨？欲仁而得仁，又焉贪？君子无众寡，无小大，无敢慢，斯不亦泰而不骄乎？君子正其衣冠，尊其瞻视，俨然人望而畏之，斯不亦威而不猛乎？"子张曰："何谓四恶？"子曰："不教而杀谓之虐；不戒视成谓之暴；慢令致期谓之贼；犹之与人也，出纳之吝谓之有司"。② 大家看得出来，这些都是孔子对于如何做官从政的具体指导。这些指导，对于今天我们如何做人做事，都有启发意义。但在总体上看孔子，他不太喜欢在具体的技巧上着力，不怎么喜欢给学生讲"术"的东西，比如《论语》中记载了这样一件事：卫灵公问陈于孔子。孔子对曰："俎豆之事，则尝闻之矣；军旅之事，未之学也。"明日遂行。③ 卫灵公

---

① 杨伯峻译注：《论语译注·为政》，中华书局，2012年版，第25页。
② 杨伯峻译注：《论语译注·尧曰》，中华书局，2012年版，第292页。
③ 杨伯峻译注：《论语译注·卫灵公》，中华书局，2012年版，第225页。

向孔子请教问题，孔子明确地回答：关于文化和礼仪的问题，可以讨论，而关于如何打仗之类的谋略问题，我不怎么了解。孔子主政鲁国的时候，鲁国和齐国之间的夹谷之会处理得那么好，孔子真对军事之类的事情一窍不通吗？当然不是，夹谷之会就很好地展示了孔子的军事谋略才能。但为什么孔子不愿意谈论军事的问题呢？因为对于违背道义的那些军事杀戮和权谋算计，孔子绝不会参与其中。

当我们阅读《管子》的时候，就会发现《管子》书里既有"道"的昌扬，也注重"术"的运用，而到了孔子这里，则更重视"道"，对"术"并不怎么强调。甚至在《季氏将伐颛臾》的章节里，孔子还要专门从"术"的层面上升到"道"的层面：

> 冉有、季路见于孔子曰："季氏将有事于颛臾。"孔子曰："求！无乃尔是过与？夫颛臾，昔者先王以为东蒙主，且在邦域之中矣，是社稷之臣也。何以伐为？"冉有曰："夫子欲之，吾二臣者皆不欲也。"孔子曰："求！周任有言曰：'陈力就列，不能者止。'危而不持，颠而不扶，则将焉用彼相矣？且尔言过矣。虎兕出于柙，龟玉毁于椟中，是谁之过与？"冉有曰："今夫颛臾，固而近于费。今不取，后世必为子孙忧。"孔子曰："求！君子疾夫舍曰'欲之'而必为之辞。丘也闻有国有家者，不患寡而患不均，不患贫而患不安。盖均无贫，和无寡，安无倾。夫如是，故远人不服，则修文德以来之。既来之，则安之。今由与求也，相夫子，远人不服而不能来也，邦分崩离析而不能守也，而谋动干戈于邦内。吾恐季孙之忧，不在颛臾，而在萧墙之内也。"[①]

孔子的学生本来是想和老师讨论军事和管理的具体问题，但孔子立意高远，站在是否符合道义的高度告诉学生：如果执政者不能治理好自己的国家，不能真正爱护百姓，得到人民的支持，反而把责任归结为外部因素，则在根本上就走错了道路。

那么，我们要问：从管子的"道""术"并用，到孔子对"道"的格

---

① 杨伯峻译注：《论语译注·季氏》，中华书局，2012年版，第241页。

外重视，体现了一个什么问题呢？

通过对历史的分析，我们不难发现，在管子的时期，虽然诸侯国开始出现争霸的问题，但是周王朝所宣讲的那些道义，诸侯国并不敢公然违背。即便是所谓称霸的那些诸侯国，也都要打着维护"道义"的旗号以证明自己的合法性。在那个时代，道义的旗号还有，现实的当务之急是如何真正实践道义的问题。而到了孔子时代，礼崩乐坏，很多美好的价值和规矩几乎已经荡然无存，这个时候，当务之急是要护养和激发人的"道心"，从而保护好事关中华民族长久发展的核心价值，这就是孔子所处时代的内在诉求。可见，任何一个思想体系，都是那个时代的折射，投射了那个时代的问题和诉求。

在历史的长河中，为什么孔子成为"圣人"了呢？秘密就在于孔子所提倡和捍卫的"道"，不仅是中华民族，也是人类文明永远需要高举的价值！而"道"如何落实的"术"，则是取决于时节因缘，在不同场合自然有不同的做法，根本不可能放之四海而皆准。所以，不单单是中国，在全世界，所有伟大的智者无不是在探索"道"，践行"道"；而那些运用"术"的人，有的人完成了那个时代的任务而永垂青史，也有的不免"玩火者自焚"，最终被"术"所伤。

所以，一个人到底在历史上有多大价值，有多高的地位，并非个人主观期待所决定，而是有着内在的原因。从思想层面看，一个人的历史地位要看一个人的理论到底有什么样的价值和导向，而这些价值和导向对人类社会发展到底有多深远的意义；从实践层面看，一个人的历史地位，要看他的实践到底给社会带来多深远的正面价值。二者综合起来就决定了一个人的历史地位。具体到管仲的历史地位，他所讲的具体的"术"，很多都是对境智的东西，一旦过了那个时节因缘，都已成了历史的陈迹。而他所讲的"国之四维""管理者的德行和养心"等问题，却有着永恒的价值。而孔子所讲的"道义"，在中国历史乃至人类文明史上永远是人类精神层面的引领，因而孔子永远会值得人们学习和赞叹。

这实际上给我们提供了一个如何评价历史人物的尺度和坐标系。例如，包括秦始皇在内的伟大帝王，究竟有多伟大，那就看他们的丰功伟绩对于历史发展具有多大的正面意义。秦始皇统一六国不仅有政治上的巨大意义，其统一六国过程中渗透在中国人心里的"大一统"意识，对于维护国家的统一和民族团结，对于人民安居乐业，都有着巨大的意义，所以尽管秦始皇的帝国早已经灰飞烟灭，但他统一中国所体现的精神价值，却融汇成了民族精神的一部分而永垂不朽。

一个人在历史上的站位，根本上取决于其所凝练的人类精神和价值，取决于个人的努力多大程度上推动了社会的进步！

第 8 讲

《庄子》：人生升华的不同状态

《庄子》：人生升华的不同状态

《庄子》这本书在一般人看来，汪洋恣肆，语言飘逸瑰丽，很多说法惊为天人，庄子到底在说什么？这是困扰很多人的问题。其实，如果我们能够真正沉下心来阅读《庄子》，体会壮阔语言背后真正想表达的智慧，会发现庄子不愧为人类思想史上永远闪亮的思想家。

一、从《逍遥游》看几种人生

《庄子》的第一篇就是《逍遥游》，集中表达了庄子对人生不同境界的描述，给我们总结了人生的几种典型状态，也为我们如何提升自己做出了指导。

1. 人生格局的"大"与"小"

首先，庄子认为人生的格局有"大"有"小"，格局的大小直接决定了人生的不同境界和状态。大家都知道庄子是一个特别会讲故事的人，特别善于通过故事来表达他的思想。那么，在庄子眼里，什么是"小格局"，什么又是"大格局"呢？大家先看庄子对鲲鹏气象的描述：

北冥有鱼，其名为鲲。鲲之大，不知其几千里也。化而为鸟，其名为鹏。鹏之背，不知其几千里也。怒而飞，其翼若垂天之云。是鸟也，海运则将徙于南冥。南冥者，天池也。

《齐谐》者，志怪者也。《谐》之言曰："鹏之徙于南冥也，水击三千里，抟扶摇而上者九万里，去以六月息者也。"野马也，尘埃也，生物之以息相吹也。天之苍苍，其正色邪？其远而无所至极邪？其视下也，亦若是则已矣。

且夫水之积也不厚，则其负大舟也无力。覆杯水于坳堂之上，则芥为之舟。置杯焉则胶，水浅而舟大也。风之积也不厚，则其负大翼也无力。故九万里则风斯在下矣，而后乃今培风；背负青天而莫之夭阏者，而后乃今将图南。①

这种大鹏鸟就好比是我们生活中特别有抱负的人，有大的气魄和志向，不局限于"小我"的追求，能够有大的担当。诸如，鹏之背，不知其几千里也；其翼若垂天之云；故九万里则风斯在下矣等，都让人感受到博大的气象。可是，有大的抱负，如何才能真正做成一番事业呢？对此，庄子特别指出：且夫水之积也不厚，则其负大舟也无力。风之积也不厚，则其负大翼也无力。这就意味着一个人有多大的积累，才能有飞多高的机会；你能沉潜多深，就有飞多高的动力。只有厚重的积累和艰苦的努力，才能支撑得起雄伟的理想！一句话，要让才能配得上自己的心志！空谈理想，而没有足够厚重的积累，都是空中楼阁。

有不少年轻人，急功近利，急于得到一些成就，根本没有多少本事，总是妄想一步登天，没有多少实际意义。作为一个希望担当大任的人，更要反身自问：我有多少真正的历练？我有多少人生和经验的积累？我有多厚重的底蕴？

真正做成大事的人，不仅天性聪慧，学养深厚，见识广博，而且目标远大，志趣高远，坚忍不拔，自警自行，还要经过无数的历练才能有所成就。如果没有这些，哪里会有雄才大略？

什么是人生的"小格局"呢？庄子用蜩与学鸠做了比喻：

蜩与学鸠笑之曰："我决起而飞，枪榆枋而止，时则不至，而控于地而已矣，奚以之九万里而南为？"适莽苍者，三餐而反，腹犹果然；适百里者，宿舂粮；适千里者，三月聚粮。之二虫又何知！

---

① （晋）郭象注，（唐）成玄英疏：《庄子注疏·逍遥游》，中华书局，2011年版，第2页。

斥鴳笑之曰:"彼且奚适也?我腾跃而上,不过数仞而下,翱翔蓬蒿之间,此亦飞之至也,而彼且奚适也?"此小大之辩也。①

大鹏鸟,冲天之志,一飞九万里的高空,但学鸠、斥鴳之类的小动物不仅嘲笑起来:我们在几个树枝间飞来飞去,就很快活;捉一些飞虫就可以充饥,干嘛飞那么高、那么累!在生活中,我们经常看到这种人,在意自己的小悲欢,小情调,在意自己的小生活,如果不影响别人的利益、不伤害社会的公共利益,这当然无可厚非。客观地说,任何时期,任何国家,都是芸芸众生多,真正有大气象、大格局的人少。但庄子很欣赏大鹏鸟的气度,对我们个人而言,一个人的气象和格局大一些,就不容易出现智慧的堵塞和价值观的扭曲,就能够通达周到,更好地处理人生和事业面临的问题,"会当凌绝顶",才能"一览众山小"。为什么今天有一些类似于抑郁的精神疾病?据我个人的接触经验,有一些人并非"抑郁",而是智慧的堵塞和价值观扭曲所致。比如遭遇失恋或者经商失败等,这本是人生的必修课,如果一个人的智慧不够,既不能看穿这些问题,又不会在智慧的指导下调理自己的心志,结果长期淤积,必然带来心理、情志和生理的变化。还有一些人,只是关注自己的悲欢离合,心里装不下别人,更装不下家国天下,结果自己所有的幸福和快乐来自自己强过别人,一旦别人比自己优秀,心里妒火中烧,长此以往,心理难免发生扭曲。一个人如果有大格局,能够欣赏别人的优秀,能够祝福更多的人越来越好,很多眼前的困难就都不是困难,很多人生的困难,都不构成障碍。反之,一个人如果汲汲于眼前的利益,把自己的小得失看得比天大,那不仅很难有什么大的出息,更是会增添无穷的烦恼,专注眼前的鸡毛蒜皮,家长里短、是是非非都会让自己烦心。对这些小格局的人,庄子也这样形容:朝菌不知晦朔,蟪蛄不知春秋。

2. 世间的功业与超越

人活一世,很多人希望有大的格局,创造出丰功伟绩,被人缅怀和纪念。可是,当丰功伟绩成为一个人骄傲的理由,当荣誉成为一个人前行的

---

① (晋)郭象注,(唐)成玄英疏:《庄子注疏·逍遥游》,中华书局,2011年版,第5页。

障碍时，我们该如何超越？对此，庄子提出了更高的境界，那就是放下对丰功伟业的挂碍和执着：

大家请看尧和许由的故事：

尧让天下于许由，曰："日月出矣，而爝火不息，其于光也，不亦难乎！时雨降矣，而犹浸灌，其于泽也，不亦劳乎！夫子立而天下治，而我犹尸之，吾自视缺然。请致天下。"许由曰："子治天下，天下既已治也，而我犹代子，吾将为名乎？名者，实之宾也，吾将为宾乎？鹪鹩巢于深林，不过一枝；偃鼠饮河，不过满腹。归休乎君，予无所用天下为！庖人虽不治庖，尸祝不越樽俎而代之矣。"①

尧是伟大的君王和领导人，创造了造福人民的伟大功业，但他是非常有觉悟和德行的领导人，觉得许由的德行和智慧远远高于自己，决定让贤于许由，希望给许由一个帝王的平台，让他能够实现抱负。结果许由不但没有欣喜，且平静地告诉帝尧：你已经治理得很好了，如果我再去治理国家，难道是为了名声吗？更何况一个人吃几口饭就饱、睡几尺床就够了，其他更多的欲求都是生命的负担，我对外在的名利没有什么好动心的。

那么，庄子通过尧和许由的对话给我们展示了什么境界呢？那就是既要创造伟大的功业，又不要被功业所束缚的人生状态。我们经常举范蠡和张良的例子，两个人能够功成身退，体现的就是这种人生境界。既能够创造丰功伟绩，又能够说放下就放下，不被名利所累。我们赞赏有大气象的人，有雄伟理想的人，如同大鹏鸟一样展翅高飞。但是，一个人如果特别在意自己的功业，希望世人赞赏和歌功颂德，那他的修为就远远不够了。尧和许由的对话告诉我们：人要创造伟大的功业，又不要被功业所束缚，能够在繁华过后一切海阔天空，这就是从世间功业到超越的升华。我们这一生，要向帝尧学习，自己做得很好，位高权重，天下为公，看到更有水平的人，能够让贤于人，这是让人尊敬的德行；我们要向许由学习，功成不必在我，不汲汲于个人的富贵、名利、权力，人生活得真实，不要被那些

---

① （晋）郭象注，（唐）成玄英疏：《庄子注疏·逍遥游》，中华书局，2011年版，第12页。

不必要的东西扰乱心神。不管我们处在什么位置，都能安住当下，君子务本，素其位而行，专注于做好我们最该做的事，这就是人生的定力和智慧。

3. 从世间到超越世间

一个人活在世界上，除了世间的名利、地位、财富等之外，还有没有更高的人生境界呢？庄子通过藐姑射山上的神人，告诉我们人生除了世间的意义，还有超越世间的境界：

> 肩吾问于连叔曰："吾闻言于接舆，大而无当，往而不返。吾惊怖其言犹河汉而无极也，大有径庭，不近人情焉。"连叔曰："其言谓何哉？""曰：'藐姑射之山，有神人居焉。肌肤若冰雪，淖约若处子；不食五谷，吸风饮露；乘云气，御飞龙，而游乎四海之外；其神凝，使物不疵疠而年谷熟。'吾以是狂而不信也。"连叔曰："然，瞽者无以与乎文章之观，聋者无以与乎钟鼓之声。岂唯形骸有聋盲哉？夫知亦有之。是其言也，犹时女也。之人也，之德也，将旁礴万物以为一，世蕲乎乱，孰弊弊焉以天下为事！之人也，物莫之伤，大浸稽天而不溺，大旱金石流、土山焦而不热。是其尘垢秕糠，将犹陶铸尧舜者也，孰肯以物为事！"
>
> 宋人次章甫而适越，越人断发文身，无所用之。尧治天下之民，平海内之政。往见四子藐姑射之山，汾水之阳，杳然丧其天下焉。①

庄子所描述的藐姑射山上的神人，究竟修到什么境界？皮肤润白像冰雪，体态柔美如处子，不食五谷，吸清风饮甘露，乘云气驾飞龙，遨游于四海之外。他的神情那么专注，成全世间万物而不索取，让人们年景丰收而不需要任何感恩戴德。这种状态就是没有世俗分别，更没有私心杂念，身心与宇宙为一体，心就是道，道就是心，成全万物而没有任何索取之心。在这个状态上，没有所谓人间的高下尊卑，没有世俗功名利禄之念，心灵纯净，无我利他。

神人境界，完全没有了世间人们所有的欲求，实际上是对我们这个世间的超越，所有世间人在意的东西，根本无法扰动神人的心志，心中无我

---

① （晋）郭象注，（唐）成玄英疏：《庄子注疏·逍遥游》，中华书局，2011年版，第14页。

而成全万物。

4. 心灵是什么状态，人生即是如何呈现

庄子在《逍遥游》里给我们列举的不同人生境界和状态，从学鸠、斥鴳到大鹏鸟；从帝尧、许由到神人，这种人生状态渐次递进的背后体现的是不同的心灵状态。

一个人的心灵是什么样的状态，就会有什么样的人生，就会有什么样的事业和人生局面。可以说，一个人的内心修到了什么状态，人生的外在就会呈现出相适应的状态；反之，一个人的事业和格局，也反映了一个人内在的心灵境界。更进一步，一个人为事业打拼过程中遇到的各种障碍，很大程度上是内心的修为不够在外部的显现。这就是人们常说的"心有多大，舞台就有多大"。

一个人的心是什么状态，就能开拓出什么样的局面。对此，庄子还通过一个故事做了说明。

惠子谓庄子曰："魏王贻我大瓠之种，我树之成而实五石。以盛水浆，其坚不能自举也。剖之以为瓢，则瓠落无所容。非不呺然大也，吾为其无用而掊之。"庄子曰："夫子固拙于用大矣。宋人有善为不龟手之药者，世世以洴澼絖为事。客闻之，请买其方百金。聚族而谋之曰：'我世世为洴澼絖，不过数金。今一朝而鬻技百金，请与之。'客得之，以说吴王。越有难，吴王使之将。冬，与越人水战，大败越人，裂地而封之。能不龟手一也，或以封，或不免于洴澼絖，则所用之异也。今子有五石之瓠，何不虑以为大樽而浮乎江湖，而忧其瓠落无所容？则夫子犹有蓬之心也夫！"

惠子谓庄子曰："吾有大树，人谓之樗。其大本臃肿而不中绳墨，其小枝卷曲而不中规矩。立之涂，匠者不顾。今子之言，大而无用，众所同去也。"庄子曰："子独不见狸狌乎？卑身而伏，以候敖者；东西跳梁，不避高下；中于机辟，死于罔罟。今夫斄牛，其大若垂天之云。此能为大矣，而不能执鼠。今子有大树，患其无用，何不树之于无何有之乡，广莫之野，彷徨乎无为其侧，逍遥乎寝卧其下。不夭斤斧，物无害者，无所可用，安所困

苦哉!"①

无论是针对不龟手之药、大瓠,还是乡野间的大树,究竟它们如何发挥作用,全在于人们的境界和智慧,全在于人们怎么看待和使用。一个护肤的秘方,如果仅仅想着自己用,一生都很难直接变成财富,不过是用来保护自己的皮肤罢了。但商人突破了单纯自己使用的狭隘眼界,能够想着如何让更多人用,护肤的秘方就会产生巨大的经济利益。而国君立意在整个国家的未来,可以用这样一个秘方,取得战争的胜利。一个事情的作用,全在于人的心量有多大。一个大瓠,如果思维受到局限,只是知道将其用来盛水,那自然不知道如何使用像小船一样的瓢瓜。如果思维不受局限,让大瓠做成船,不一样很好嘛。很多事情,不是自身没有用,而是人们的思维和智慧无法打开,而看不到事物的价值而已。当今人们看起来没有多大价值的东西,将来随着人们认知和新技术的开发,也许会有很大的价值和意义。

所以,当我们读了《庄子》之后,如果还在怨天尤人,是不是应该问一问:自己的智慧和格局究竟怎么样?如果心量狭小、不能容人,更没有雄心壮志,如何成就人生的壮阔?如果空有大志,夸夸其谈,没有足够的积累,没有足够的厚重,更做不到知行合一,如何成就伟大的事业?如果面临好运连连,是否能够反身自问:自己有足够的德行经受考验吗?自己有足够的智慧驾驭世间纷纭吗?大家懂得了心灵世界和外部功业的关系,就能够正确地看待内圣和外王的关系,就要在生活中不断地加强自我修炼,提升自己的定力、德行和智慧,这是做好事业的基础和前提。同时,又要注重在踏踏实实做工作的过程中修炼自己,完善自己,从而实现心灵提升与事业发展的有机统一。

5. 人生痛苦的"根源"与"无所待"

几乎每一个人都希望有一个幸福的人生,庄子把人生的洒脱和幸福,称之为"逍遥"。但在现实中,为什么那么多的人感到痛苦?这其中的根源

---

① (晋)郭象注,(唐)成玄英疏:《庄子注疏·逍遥游》,中华书局,2011年版,第19页。

在哪里？如何才能实现真正的"逍遥"？我们看看庄子如何对这个问题进行一步步的分析和回答：

> 故夫知效一官，行比一乡，德合一君，而徵一国者，其自视也，亦若此矣。而宋荣子犹然笑之。且举世而誉之而不加劝，举世而非之而不加沮，定乎内外之分，辩乎荣辱之境，斯已矣。彼其于世，未数数然也。虽然，犹有未树也。夫列子御风而行，泠然善也，旬有五日而后反。彼于致福者，未数数然也。此虽免乎行，犹有所待者也。①

在这一段文字中，庄子概括了几种人：一种是德行和能力能够治理一个地方的人，为官一任、造福一方；第二种人以宋荣子为代表，"举世而誉之而不加劝，举世而非之而不加沮"，这种人面对荣誉能够花开花落，云卷云舒；第三种人是列子，能够"御风而行，泠然善"，可以自在飞行。这三者从境界上看是逐渐升华的关系，从追求世间的功业，到宠辱不惊，再到御风而行，代表了人生修为的不断提高。但在庄子看来，列子这样"御风而行"的境界仍然不够，因为他仍然是"有所待"。

所谓"有所待"，就是人生和心灵有所依赖的状态。只要我们心里还对某些东西有依赖，离开了这个依赖就会痛苦，那终究不会得到最终的自在和"逍遥"。比如，当我们对权力"有所待"、对名利"有所待"等，那升迁不顺利、名利得不到的时候，必然痛苦！当我们对某人动心、动情，那得不到回应的时候，必然心力交瘁。简言之，所有心中的挂碍，都会让自己痛苦不堪。那么，真正的逍遥是什么呢？

> 若夫乘天地之正，而御六气之辩，以游无穷者，彼且恶乎待哉！故曰：至人无己，神人无功，圣人无名。②

答案就是"无所待"。一切的"所待"或者"依赖"，都会成为人生的障碍，都是让自己痛苦的根源。现实中正因为我们的心总是将幸福寄托

---

① （晋）郭象注，（唐）成玄英疏：《庄子注疏·逍遥游》，中华书局，2011年版，第9页。
② 同上，第11页。

在外部的依赖上，仿佛得到了权力才幸福、得到了金钱才幸福、得到了名利才幸福、得到了别人的仰慕才幸福！诸如此类，一切将幸福寄托在外部依赖上的行为，最终都不会幸福！因为所有外部的东西，都由不得自己决定！更何况，人生的欲求总是不会满足，真是苦海无边回头是岸。真正的幸福感，不是来自外部得到了什么，满足了什么，而是自我心中的那种对自身使命、责任的担当和付出，是一个人内证的境界，是一个人来自内心的喜悦和欣慰。

庄子眼里真正的至人，就是我们常说的"得道之人"，没有自己，没有小我的观念！真正修到神人的境界，无论做多大的功业，都没有功业的概念，更不会被功业所困，"神人无功"。真正的圣人，不论多高的境界，都超越了名利。这几种人生的状态，都是"无所待"，是真正对世间万物的放下，对人生各种挂碍的放下，只有这样，才能超越各种羁绊，达到真正的"逍遥游"。

二、庄子的"理想人生"——大宗师

《庄子》中有一篇文章《大宗师》，这是庄子特别赞许的境界，所谓"大宗师"，类似于《大学》所强调的"内圣外王"之人，知行合一，内在境界和外在的功业有机统一，这也是庄子所强调的人生修为的目标。如何才能成为"大宗师"，这是每一个人应该思考和探究的大问题。对此，庄子提出了一些值得我们学习和参究的方法和路径。

1. 亡身不真，非役人也

庄子在描述什么是"真人"的时候，指出"亡身不真，非役人也"。意思是一个人如果不能真正做到"无我"，如果不能真正放下对自己的"小盘算"，那就没有能力做伟大的管理者，也不可能将全部身心放在为人民服务上。真正伟大的管理者，需要把方方面面的事情处理好、各种人际关系都调动好，既能谋长远，又能准确把握现实，这种人按照庄子的话就是要做到"亡身"，即放下自己的小利益，真正能够为大众、为整体的事业着想。古往今来，任何一个伟大的管理者，都会面临各种极其复杂的关系，任何一件事情拿捏不好，都可能出现颠覆性的错误。要达到这样的境界，一定要做到"亡身"，超越自己的小利益，不可自私，这样才能通盘掌控全局。相反，在历史上和社会上所有管理者犯下的错，几乎都和公权私用有关，一旦一个人心里有了"私"，在看问题和处理问题的时候，必然难以避免地出现失误。

历史上著名的淝水之战，前秦苻坚为什么一败涂地？如果他不是因为自己的虚荣和骄傲，也不会有风声鹤唳的惨败。淝水之战以后，前秦土崩瓦解，国家毁于一旦。

历史上的大唐盛世，为什么会突然转向安史之乱？当时的唐玄宗爱屋及乌，在用人等方面出现偏私，这个时候必然会导致全局失败。还有很多企业家，在开始的时候事业发展迅速，可到了一定程度之后，纷纷出现问题。如果大家深究背后的原因，很多都是管理者自身的问题。有的是任人唯亲，有的是将自身利益看得比天大，诸如此类，都是败亡之象。所以，庄子说：

故圣人之用兵也，亡国而不失人心；利泽施乎万世，不为爱人。故乐通物，非圣人也；有亲，非仁也；天时，非贤也；利害不通，非君子也；行名失己，非士也；亡身不真，非役人也。①

真正的圣人用兵，灭亡了某个国家，但却能得到人民的拥戴，比如周武王伐纣。伟大的领导人，能够利益万代的后人，却不会因为自己的自私而偏爱某个人。那些玩物丧志甚至可以被物质利益诱惑的人，绝不是圣人。待人有所偏爱，那就不是真正的"仁人"；投机取巧的人，也不是什么真正的贤人；看不清形势、不懂是非利害的人，不能称为君子。为了求名，丧失人格，那就不是真正的士，如果一个人不能放下心中的小我和自私，就没办法成为伟大的管理者。

2. 心斋——清净才能心无旁骛

如何才能修出"大宗师"的境界呢？庄子为我们提供了可以践行的修

---

① （晋）郭象注，（唐）成玄英疏：《庄子注疏·大宗师》，中华书局，2011年版，第128页。

证方法，首先一种方法就是"心斋"。

"心斋"的修养方法和境界，出现在《庄子》的一篇《人间世》。其中庄子杜撰了颜回和孔子之间的故事，讲到颜回要去卫国以说服卫君，希望卫君能够改正自己的缺点，真正承担起一个伟大君王该有的使命。孔子听了以后，告诉颜回，就凭你现在的状态，不仅不能够说服卫君，而且还会招来杀身之祸。颜回马上请教老师其中的原因和解救之方。孔子说：一个内心不清净而喜好名声的人，一定会栽在名声上，推而广之，一个人的弱点在哪里，人生的重大障碍就在哪里，世俗所谓贪利的人，往往死在利上，贪名往往死在名上，大有道理。自己贪求什么，那往往就是自己人生的死穴。那么，颜回受教之后，就问"吾无以进矣，敢问其方"。意思是听了老师的教导之后，我没办法了，请您给我一些指点。对此，孔子做了回答：

仲尼曰："斋，吾将语若！有心而为之，其易邪？易之者，皞天不宜。"颜回曰："回之家贫，唯不饮酒不茹荤者数月矣。如此，则可以为斋乎？"曰："是祭祀之斋，非心斋也。"回曰："敢问心斋。"仲尼曰："若一志，无听之以耳而听之以心，无听之以心而听之以气！听止于耳，心止于符。气也者，虚而待物者也。唯道集虚。虚者，心斋也。"

颜回曰："回之未始得使，实自回也；得使之也，未始有回也。可谓虚乎？"夫子曰："尽矣。吾语若！若能入游其樊而无感其名，入则鸣，不入则止。无门无毒，一宅而寓于不得已，则几矣。绝迹易，无行地难。为人使易以伪，为天使难以伪。闻以有翼飞者矣，未闻以无翼飞者也；闻以有知知者矣，未闻以无知知者也。瞻彼阕者，虚室生白，吉祥止止。夫且不止，是之谓坐驰，夫徇耳目内通而外于心知，鬼神将来舍，而况人乎！是万物之化也，禹舜之所纽也，伏戏几蘧之所行终，而况散焉者乎！"①

孔子告诉颜回：你首先做到斋戒，内心清净，我再给你继续深谈。带着很多世俗的杂念去做事，很难不出现判断失误等问题。颜回告诉老师：

---

① （晋）郭象注，（唐）成玄英疏：《庄子注疏·人间世》，中华书局，2011年版，第80页。

我家庭贫困，经常吃不上肉食，斋戒对我不是很困难。孔子告诉颜回，你所谓的不吃肉，不过是用来祭祀的斋戒，我所强调的"斋"，是指的"心斋"。颜回马上问老师：究竟什么是心斋？孔子告诉他，"心斋"，就要心志专一，制心一处，不要用外在的器官和后天发育出来的思考能力，而是要用内在的能力去感知世界。一个人只有放下耳朵、眼睛、思考等后天发育的能力，以一颗空灵的心去感受世界，才能拥有智慧，做事周全。

颜回听了老师的指导，马上汇报自己的心得：在没有听老师讲"心斋"之前，我觉得还有一个真实的颜回，但听了老师的"心斋"之后，仿佛原来的颜回没有了。注意，没有听"心斋"之前，都是用眼睛、耳朵、思考等后天发育的能力认识世界，而懂得"心斋"之后，放下后天发育的能力，开启了先天的能力，所以颜回发现了新的自己。孔子听了说：你有这样的体会，说明有点真实的体会了。真做到"心斋"，不带着任何成见和欲望去见卫君，有机会就说服，没有机会就停止，随缘来去，绝不勉强，这样才能避免祸端，任何带着个人欲望的企图，就会让自己判断失误。而且庄子认为人为和后天的东西可以伪装，但是一个人到底修到什么程度而呈现出的天性，无法伪装。任何一个生命，只有拥有翅膀才可以飞翔，一个人，只有拥有智慧才能够通透地看世界。当一个人排除外在的扰动而内心虚净到一定程度，心灵会生发智慧之光，虽然不必执着于各种吉祥的景象，但是那个时候会自然呈现。据一些有实证经验的人所言，一个人心里清净到极点，会生发出光明之象！如果一个人做不到内心的净化，看似安静，实则内心纷纷扰扰，这就是"坐驰"。各种妄念纷飞，这就是很多人的现实状态。

"心斋"，就是要求我们不要局限于后天的眼睛、耳朵等认知能力，而是通过心灵的净化，开发出人内在的智慧和认知能力。这个能力才能超越后天认知带来的局限，真正智慧地关照一切，从容中道。历史上王阳明、曾国藩、胡林翼等很多人，特别注重静坐，实际上就是开发内在能力的一种方式。否则，面对各种纷扰的现实，会让人越来越躁动，越来越没有定力做成事情。

3. 坐忘——放下才可得到

第二种修养自己的方法是"坐忘"。在《大宗师》这篇文章里,庄子又借孔子和颜回的对话,告诉大家"坐忘"的修养方法,有一次颜回告诉老师:回益矣。意思是我进步了;孔子马上问:何谓也?下面颜回就描述了自己不断进步的状态:

> 颜回曰:回忘仁义矣。曰:可矣,犹未也。他日复见,曰:回益矣。曰:何谓也?曰:回忘礼乐矣!曰:可矣,犹未也。他日复见,曰:回益矣!曰:何谓也?曰:回坐忘矣。仲尼蹴然曰:何谓坐忘?颜回曰:堕肢体,黜聪明,离形去知,同于大通,此谓"坐忘"。仲尼曰:同则无好也,化则无常也。而果其贤乎!丘也请从而后也。①

颜回告诉老师:我把仁义给忘掉了。孔子说:放下刻意追求仁义的状态,这算不错,还需要进步。隔了几天,颜回见到老师说:我又取得了进步。孔子问:什么进步?颜回说:忘掉了礼乐,实际上是忘掉了后天的"教化"。孔子认为还需要更进一步。又隔了几天,颜回告诉老师,我有进步了!孔子问什么进步,颜回说我达到了"坐忘"的境界。孔子很惊讶,问:什么是"坐忘"?颜回说:要把身体、后天的认知等束缚都去掉,心和大道融为一体,这就是"坐忘"。孔子听了说:与万物为一,就没有分别偏好;与时俱化就不会拘束于特定环境下才适用的道理,你真是修到了一定的境界,我愿意向颜回学习。

"坐忘"所表达的就是一个人,摆脱任何内在智慧上的拘束与后天覆盖在心灵上的各种知识和观念,而能够开发出自己内在的智慧。对此,朱熹曾经有一首诗,表达了类似的境界:

观书有感

半亩方塘一鉴开,天光云影共徘徊。
问渠那得清如许?为有源头活水来。②

---

① (晋)郭象注,(唐)成玄英疏:《庄子注疏·大宗师》,中华书局,2011年版,第155页。
② (宋)谢枋得,(明)王相编著,陈超敏评注:《千家诗评注》,上海三联书店,2013年版,第113页。

半亩方塘一鉴开，是说一个人的心真正打开，才能开启智慧。所有的知识积累，都不代表一个人的智慧。真正的智慧开启，是开发出一个人内在的能力，能够深刻洞察世界和社会，能够圆融周到地处理好各种关系，这就是"为有源头活水来"。当前的很多学习，无非是做"加法"，增加各种僵化的知识储备；而一个人心灵内在能力的开启，恰恰需要用"减法"，颜回所讲的"忘掉仁义、礼乐"等，其实就是超越各种障碍而开启内在智慧的过程。

4. 撄宁——心包太虚，成全天下

第三种修养方法，就是"撄宁"。

《庄子·大宗师》这样形容"撄宁"：

> 杀生者不死，生生者不生。其为物无不将也，无不迎也，无不毁也，无不成也，其名为撄宁。撄宁者，撄而后成者也。[1]

所谓"杀生者不死，生生者不生"，初看起来不好理解，但这句话有着深厚的中国文化渊源。一个人的能量是有限的，一旦把自身的能量消耗干净的时候，就是死亡的大限到了。人生的消耗，不仅包括人们平时认为的"出苦力"，还有人的各种"念头妄飞"，很多时候自己都不知道自己在想什么，连一刻的清净都很难，无时无刻不在走神，无形中身体的能量都消耗掉了。所谓"杀生者不死"，是说能够打消妄念，心灵清净的人，才尽可能地保持自身的能量，才能生命长久；如果任由妄念不断地消耗自身，往往生命很快就消耗掉了。而"生生者不生"，是说如果一个人能够始终保持没有生灭之念的清净，那就会体会不生不灭的境界。那种修到"没有妄念而有灵灵觉知"的人，面对宇宙万物，能够顺应大道，而没有自己的一点主观，这就是"撄宁"。

在我们经验的世界里，做任何事情，如果不能认识规律、尊重规律，那必然遭遇现实的惩罚。可是，由于我们有很多主观的偏见，对自我利益不免有很多考量，这必然导致人们认识世界和实践行为出现偏差和挫败。所

---

[1] （晋）郭象注，（唐）成玄英疏：《庄子注疏·大宗师》，中华书局，2011年版，第140页。

以，做到"撄宁"，面对任何事物，没有自我的主观，能够客观全面地认识，在实践中能够不被所扰、不夹杂偏私，才能圆融无碍。

5. 真人才有真知

经过上面一系列的修行，一个人要达到什么状态呢？这就是庄子描述的"真人"：

> 何谓真人？古之真人不逆寡，不雄成，不谟士。若然者，过而弗悔，当而不自得也。若然者，登高不慄，入水不濡，入火不热。是知之能登假于道者也若此。古之真人，其寝不梦，其觉无忧，其食不甘，其息深深。真人之息以踵，众人之息以喉。屈服者，其嗌言若哇。其耆欲深者，其天机浅。古之真人，不知说生，不知恶死；其出不䜣，其入不距；翛然而往，翛然而来而已矣。不忘其所始，不求其所终；受而喜之，忘而复之，是之谓不以心捐道，不以人助天。是之谓真人。若然者，其心志，其容寂，其颡頯；凄然似秋，煖然似春，喜怒通四时，与物有宜而莫知其极。
>
> 古之真人，其状义而不朋，若不足而不承；与乎其觚而不坚也，张乎其虚而不华也；邴邴乎其似喜乎，崔乎其不得已乎！滀乎进我色也，与乎止我德也；厉乎其似世乎！警乎其未可制也；连乎其似好闭也，悗乎忘其言。以刑为体，以礼为翼，以知为时，以德为循。以刑为体者，绰乎其杀也；以礼为翼者，所以行于世也；以知为时者，不得已于事也；以德为循者，言其与有足者至于丘也，而人真以为勤行者也。故其好之也一，其弗好之也一。其一也一，其不一也一。其一与天为徒，其不一与人为徒。天与人不相胜也，是之谓真人。①

在道家的思想体系中，当人们去掉了后天的污染之后，才能成为"真人"。我们从庄子对"真人"的描述中抽离出对我们当下的工作和生活更有直接意义的内容，加以阐发和理解。

其一，从道德修为的层面看，真人"不逆寡，不雄成，不谟士。若然者，过而弗悔，当而不自得也"，意味着真人绝不仗势欺人，也不轻视别人，面

---

① （晋）郭象注，（唐）成玄英疏：《庄子注疏·大宗师》，中华书局，2011年版，第126页。

对人生的机会，得到与得不到，都能坦然处之。这是我们应该学习的地方，无论自己身份位置如何，都要善待别人、成全别人，把力所能及的帮助别人视为自己的人生自觉。面对各种人生机会的时候，该努力的要努力，但要懂得但行好事，莫问前程，不可勉强，更不可强求。

其二，其耆欲深者，其天机浅。一个人的欲望越大，他的智慧越浅薄，相反，一个清净简单的人，内在的智慧往往比较大。古往今来，很多大英雄都是死在自己的欲望上，成为欲望的奴隶。一个人的欲望很大，必然蒙蔽一个人的内在清醒的选择，往往会出现权令智昏、色令智昏、利令智昏等人生的悲剧。日本的企业家稻盛和夫，被称为"经营之圣"，其经常告诫下属的话就是"不为所动"。他强调认定自己该做的事，踏踏实实，兢兢业业，不要被各种诱惑所扰动。日本自20世纪80年代以来经历几次经济波动和房地产危机，但稻盛和夫都能安然无恙，其原因就是他从不被金融和房地产一时的"泡沫"所诱惑，能够坚持做实业，做真正造福社会的事情。到了晚年，他又依然选择过修行人的生活，不忘记这一生的情怀，确实是一位非常清醒和有作为的企业家。人的一生，会有无数的陷阱，如果"耆欲深"，可以说必然会身陷囹圄。只有保持心灵的宁静和清醒，才能在面临各种选择和诱惑的时候，不为所动，始终不忘初心，做正确的事。

其三，不以心捐道，不以人助天。"真人"把自己主观的东西都修掉了，不会人为地干涉大道，也不会拔苗助长地违背自然规律。现实中很多人容易犯的错误就是画蛇添足，就是人为地干涉和扰乱自然规则，结果必然是事与愿违。比如，在培养孩子的时候，有智慧的父母根据孩子的天性加以引导和培育，在这个基础上顺利地让孩子成材。当然，在这个过程中，对于孩子的德行和人格等必须加以规范和引导，但当孩子最适合做艺术家的时候，不要逼迫孩子去报考公务员！还有一些父母，在孩子已经很成熟、能够自己为自己负责的时候，还要对孩子横加干涉，结果导致家长和孩子之间的关系非常僵化，这都是不懂得道法自然的结果。做任何事，要深刻领会和把握事物自然的规律，在这个基础上顺势而为加以启发和引导，而不是主观地横加干涉，否则自寻痛苦。

其四，天与人不相胜。这就是说人们修身与做事一定要遵循规律。道家的"真人"，心清清净净，人心与道心是一体的，人心和宇宙的规律也是一体的，这就是我们常说的"天人合一"。一个人站在什么角度看问题，决定了自己的高度和人生境界。如果只是站在自己的角度，处处以自我为中心，那必然带来生活中各种各样的冲突；如果只是站在民族的立场上，必然引发不同国家和民族的冲突；如果只是站在人类的角度，必然带来人与自然的各种冲突。而有道的人，把这些障碍全都超越之后，能够将自己放在天地之间，既不泯灭人类的觉性，又能够自觉将自己和宇宙融为一体，这就是"天与人不相胜"。近代以来人类遭遇的自然环境恶化、生态危机等，都是企图以人胜天的结果。可以说"天与人不相胜"，人必须遵循宇宙的规律，是人类文明今后发展必须达到的自觉。

其五，且有真人而后有真知。一个人只有修到了"真人"的状态，才能打破各种认知障碍，才能突破各种固化和僵化，才能用心去透悟这个世界，这就是庄子所说的"且有真人而后有真知"。反之，如果我们不能超越认知的障碍，必然只是看到真相的一部分，自然无所谓绝对的"真理"，而是部分的有道理而已。如果人们不能认识到自己的局限，反而把有局限的一点"道理"加以绝对化，不仅是认知的僵化，更会给人类实践带来严重的灾难。对此，我们必须引以为戒。

三、从"混沌"之死，看中国文化的密码

人们在阅读中国文化经典的时候，不得要领，结果导致很多人说经典很好，但轮到自己阅读的时候，索然寡味，怎么也读不出其中的"味道"。究其原因，是因为很多人没有找到解读中国文化的密码。做任何事情，如果不得其门而入，就无法领略其中的风景，无法领会其中的真意，更无从对其评价了。那么，我们到底应该如何阅读中国文化的经典？在《庄子·应帝王》一篇中，讲述了"浑沌"之死的故事，给我们透露了解读中国文化的密码，不可不察。

关于"混沌"之死，庄子这样记载：

南海之帝为儵，北海之帝为忽，中央之帝为混沌。儵与忽时相与遇于浑沌之地，混沌待之甚善。儵与忽谋报混沌之德，曰："人皆有七窍，以视听食息，此独无有，尝试凿之。日凿一窍，七日而混沌死。"[1]

南海的帝王，称为"儵"，北海的帝王，称之为"忽"，中央之地的帝王，称之为"混沌"。三个人在"浑沌"这个地方相遇，中央之地的帝王"混沌"对南海之帝和北海之帝非常友好，款待有加。这两个人就想报答"混沌"，可是采用什么方式回报呢？当看到"混沌"没有正常人具备的两眼、两耳、两个鼻孔、一个嘴巴（俗称七窍），南海之帝与北海之帝觉得"混沌"非常可怜：没有七窍，如何看世界、听声音和品尝万物的味道呢？于是他们决定给"混沌"凿开"七窍"，结果好心做成了大坏事，当"七窍"被开启的时候，"混沌"死了。

按照我们一般的认知，这不符合常识。如果没有七窍，一个人如何生活？只有开凿七窍才能正常生活。可问题是为什么混沌的"七窍"开凿完的那天，也就是他死亡的那天？其实，这里面大有秘密。

所谓"七窍"代表的是什么？实际上代表的是人们坐胎之后，后天逐渐发育出来的认识世界的器官。在受精卵状态的时候，胎胞并没有什么"七窍"；即便是婴儿刚出生的时候，"七窍"也不怎么会应用，要在人们不断成长的过程中，才开发出眼、耳、鼻、舌、身、意等后天的能力。中国文化将人们与生俱来的能力，称之为"先天"能力；将后天发育出来的眼、耳、鼻、舌、身、意等能力，称之为"后天"能力。而中国文化的大智慧就在于看到了"先天"能力和"后天"能力的区别。

道家明确地把先天的能力，称为"元神"，后天的"眼、耳、鼻、舌、身、意"等能力，称为"识神"。后天的能力，有着严重的局限，眼睛再好，能看多远？耳朵再灵，能听多少声音？所以我们耳朵、眼睛等后天认识能力，没有办法认识世界的真相，只有先天的能力，与生俱来，与天地宇宙一体，才能够真正有大智慧去看到世界的实相。

---

[1]（晋）郭象注，（唐）成玄英疏：《庄子注疏·应帝王》，中华书局，2011年版，第167页。

注意，这实际上已经说出了儒、释、道各家修行的方向和要诀。各家圣贤，虽然说法不一样，但所努力的方向都是引导人们不要拘束于后天认识能力而开启先天的智慧。儒家所强调的"非礼勿视、非礼勿听、非礼勿言、非礼勿动"，孟子所强调的"不动心"——"威武不能屈、富贵不能淫、贫贱不能移"等，无不是让人避免后天认识能力的蒙蔽和沉陷，从而开启出先天的智慧。《大学》所讲的"知止而后有定，定而后能静，静而后能安，安而后有虑，虑而后有得"等，都是在讲这一个过程。道家更是明确地告诉我们复归于婴儿，道家的修行者李道纯说"用心用力妄大功，不用心力道自成"，其实就是放下后天的干扰，才能"元神"归位，开启人生的大智慧。庄子所强调的"心斋""坐忘"等一系列修养方法，其根本目的也是开启先天智慧。由此，大家再读禅宗的著作，几乎所有的大德高僧，无不是强调"看破放下"，才能得到"大自在"。

那么，放下什么？实际上就是放下后天的这些能力，从而找到内在的大智慧。佛教的偈子"人人有个灵山塔，好在灵山塔下修"，即是让人们修出自身的先天能力。在中医看来，一个人生命的消耗，很多时候都是因为"七窍"的扰动，如果一个人能够真正守住"七窍"，不要被美色、美食等各种诱惑所干扰和吸引，那身体的能量消耗就会很少，生命也可以更长一些。所以，无论是对于肉体的生命而言，还是对于一个人内在的慧命而言，都要我们超越"七窍"为代表的后天能力，否则，当我们沉溺于"七窍"带给我们的光怪陆离的世界时，先天的能力就进一步蒙蔽了，这就是"七窍开"而"混沌死"的内在原因。

对于这个问题，西方哲学家康德也有类似的困惑。康德在《纯粹理性批判》一文中指出，我们在认识世界的时候，只能认识世界的表象，而对于世界的真相（康德称之为"自在之物"），我们没有认识的能力。如果我们站在中国文化的立场，可以对康德的困惑做一个回答：所谓用后天发育的眼、耳、鼻、舌、身、意等后天能力，去认识宇宙的真相，那是从根本上走错了道路，永远没有出路。中国文化正是认识到了这一点，所以很多伟大的思想家都是引导人们超越后天的能力，不要被后天的欲望所迷惑，这样才能别有洞天，开启出一个体悟真相的世界。

我们纵观人类的思想史，只有东方的哲学有这样深刻的认识，开启了两个认识世界的维度，一个是后天能力认识的维度，一个是超越后天开启先天的维度。而且中国文化特别强调鉴于后天能力的局限性，我们只能认识到世界的一部分，如果人们限于对自己认识能力的执着，那就会犯"盲人摸象"的错误。只有开启先天，开启与宇宙一体的那个认识能力，才能看到世界和人生的真相。

遗憾的是，西方文化某种程度上更多认识到了后天能力的重要性，更多研究后天能力所开启的经验世界。对于先验、超验的东西，西方一般交给宗教。在今天，几乎所有教育系列中的学科和知识体系，无非都是后天的能力所建构。客观地说，西方文化的语境中，尽管有些人模模糊糊开始认识到了后天的局限，但对于先天的认知能力缺少清晰的描述和指向。可是由于近代以来中国社会相对落后，导致西方的认识方式成为主导性的认知方式，甚至演变成"西方中心论"的僵化模式，把西方这一套认知框架视为"真理和科学的化身"，凡是不符合西方认知习惯的东西，一概被戴上落后、迷信等帽子，这不仅是非常不负责任的行为，更是愚昧和迷信的另一种表现，也是人类文化的悲哀。中国文化不仅肯定后天的认识能力和价值，而且其所开启的先天认识能力的路径，恰恰打通了人类和宇宙沟通的道路，体现了人类文化的高度和超越。对此，我们绝不要妄自菲薄，而是有责任把中国文化的智慧惠及全人类。在发展中国教育的过程中，我们不仅要好好地培养和提升孩子的后天认识能力，还要通过定力等培养引导孩子开发先天的认识能力，二者相辅相成，果真如此，中国的教育会有别样精彩。

在我们生活的世界中，人类的先天认识能力和后天认识能力都有各自的价值。我们重视后天的能力，大力发展自然科学等，改变人类的生活，但是一定不可犯下人类中心主义的错误，一定不可狂妄自大，而是要认识到后天认识的局限性。同时，我们要把开发先天能力的重要性和有效做法阐发出来，从而造福于人类社会，提升人类文明的质量和高度。

第 9 讲

《孟子》：人生的气象与修炼

《孟子》：人生的气象与修炼

孟子是学习中国思想史绕不开的人物，其对人性的思考、对政治管理的定位等，直到今天都有很大的价值。人们常说孟子主张"人性善"，实际上这是对孟子思想的武断理解。孟子作为伟大的思想家，怎么可能对人性的复杂不了解呢？通读《孟子》，我们发现，他注意到了人性的复杂，认识到人性可以引导向善或者引导向恶，但是孟子非常清楚一个事实：只有启发人性之中积极向上的力量，人类社会才能越来越好。所以他更多的精力和论述是告诉大家，人性可以被引导走向善的方向。孟子正是奠基在人性可以引导向善的基础上，指出仁政——建立良好政治的合理性和正当性。孟子的"仁政"思想，对于我们全面理解人类的政治学有重要的意义。西方近代以来的政治学，特别强调制度的作用，强调分权制衡，防止专断和独裁，这都有重大意义。但是，我们要看到对于政治学的思考，不仅要重视制度的价值，而且决不可忽视人的作用。相比较于近代以来西方的政治学思想，孟子特别看重人性、人的教育对于良好的政治建构和运作所起的重要作用。任何一个社会，如果不能在人性的问题上着力，都不可能实现其政治理想。无论是中国文化所提倡的大同社会，还是马克思所肯定的共产主义社会，一定离不开人的因素，离不开道心的启发和护养。毫无疑问，如果人的修养跟不上，一切美好的社会理想和制度设计都是梦幻泡影，注重文化的培育和教化，是人类社会的永恒问题。从这个意义上说，中国的政治学思想，特别看重对人性的引导和教化，这对于整个人类政治的进步有着极其重要的作用。不管哪个时代，如果不全面解读人性，不注重对人的教育和引导，一切制度都是空中楼阁。

孟子的思想内容丰富，但贯穿其中的是如何培养人生的浩然正气，如何让每一个人、让整个社会都走正道，从而实现社会的井然有序、生机勃勃、人民安居乐业，这是孟子始终思考的主题。大家通读《孟子》，会在字里行间体会到积极和振奋的力量。

据我的博士后导师张岂之先生回忆，在"文革"前，他被安排参加社会主义教育，组织到渭河平原的小村庄里参加农业劳动，其中一个任务就是到渭河河堤上收花生和剥花生，而且还规定不准看书。这当然是那个时代的悲剧和无奈。先生在劳动之余，不禁心里悲凉：自己作为清华大学国学院研究生，自1952年追随侯外庐先生来西北大学工作，就是为了好好地从事中国历史和中国思想史的思考和研究。但是社教运动不让读书，如何面对自己的初心？人生的意义究竟在哪里呢？想起这些问题，心里当然免不了痛苦和迷茫。有一天，忽然心里闪过孟子的话：天将降大任于斯人也，必先苦其心志，劳其筋骨，饿其体肤，空乏其身，行拂乱其所为，所以动心忍性，曾益其所不能！① 据先生自己回忆，当心里闪现这些话语的时候，不由得升起无限的力量，一下子整个精气神都发生了变化：这一点人生的考验，算什么呢？当前的考验，不正是人生必须经历的历练吗？正是有了这样的体悟，先生说他以后整个人生的状态都发生了变化，无论遇到什么，都自觉地将其视为生命提升的考验，视为升华自我的一个台阶！2007年到2011年，我在西北大学中国思想文化研究所做中国思想史方面的博士后研究，张岂之先生的言传身教，无论是学识和德行、为学和做人，都给我很多启发，令我终生受益。尤其是先生的气象，浩然正气，望之俨然，既之则温，真是大家风范！

任何一个民族，都需要这种刚健有为的精气神。可以说孟子思想中所展现的，正是我们这个民族的博大气象，他告诉我们如何面对生命的考

---

① 杨伯峻译注：《孟子译注·告子下》，中华书局，2008年版，第231页。

验,如何做一个堂堂正正大写的人。无论时代怎么变,环境怎么变,人间正道是沧桑!所谓历史的曲折,只是暂时的乌云,也正是在曲折中才能锤炼人格和升华人性,所以,孔子才说"岁寒然后知松柏之后凋也"。

一、吾善养浩然之气——人人应该具备的大气象

我们常说一个人的气象,并不是玄虚的东西,这是一个人在捍卫内在价值时所展现的可以让人感知的外在力量。包括孔子、孟子等圣贤昭示给我们的家国天下情怀和为国为民的那种担当与使命感,必然使人的外在有一种让人肃然起敬的力量,这就是浩然之气。这是一个人内心充满了正义,并愿意为之努力的自觉生发的力量!

有一个学生曾经跟我谈了他的体会:这个学生是特警,经常处置突发危机事件。有一次,在执行紧急任务时,歹徒劫持了人质,而且持有枪支,危在旦夕!这个学生告诉我,当时他的内心确是有一些慌乱,但就在闪念之间,他想起了孟子的话"吾善养浩然之气",恐惧一下子消失了,他想:我有什么害怕的?我做的是利国利民的事!是以自己的生命捍卫人民尊严的事,即便是牺牲也是烈士!真正害怕的应该是歹徒,他们违背了起码的道义和良知!之后在执行任务的时候,果断刚毅,干净利索!由此我们可见孟子的思想能给人生发出多么强大的力量。

1. 浩然之气,至大至刚

对于浩然之气,孟子有一个说明。

学生公孙丑问老师:"敢问夫子恶乎长?"曰:"我知言,我善养吾浩然之气。""敢问何谓浩然之气?"曰:"难言也。其为气也,至大至刚,以直养而无害,则塞于天地之间。其为气也,配义与道;无是,馁也。是集义所生者,非义袭而取之也。行有不慊于心,则馁矣。我故曰,告子未尝知义,以其外之也。必有事焉而勿正,心勿忘,勿助长也。无若宋人然。宋人有闵其苗之不长而揠之者,芒芒然归。谓其人曰:'今日病矣,予助苗长矣。'其子趋而往视之,苗则槁矣。天下之不助苗长者寡矣。以为无

益而舍之者，不耘苗者也；助之长者，揠苗者也。非徒无益，而又害之。"①

注意，孟子在这里做出的回答，不仅解释了浩然之气，也涉及实际的人生修行。学生问老师有什么擅长的地方，孟子告诉学生"知言和善养浩然之气"。什么是浩然之气呢？孟子在后面的回答，涉及了关键的问题：首先是直养而无害！其次，气和道义合为一体；再次，心志和气是一体的，"夫志，气之帅也；气，体之充也。"有这三句话，我们就可以对如何培养浩然之气做一个说明。

所谓"直养而无害"，是说一个人一定要养自己的真心和道心，绝不是蝇营狗苟的自私心，一个人能够坦荡荡地超越"小我"而自然生发对家国天下的那份情怀，就是在养浩然之气，所以孔子说"君子坦荡荡"。《维摩诘经》曾经说"直心是道场"，浩然之气是人心之中自然生发的正义和良知，我们只要不让自私和贪欲蒙蔽自己的正义感和良知心，那么浩然之气也是自然而然的。

所谓"气和道义合为一体"，是说一个人的浩然之气，来自一个人符合道义的追求。一个人"置生死于度外"的力量从哪里来？当一个人在内心里能够不为己求，能够放下自己的利益，甚至放下自己的生死而为国为民打拼的时候，自然生发出浩然之气。反过来，如果把自己的利益看得很重，自然是患得患失，面临考验的时候，自然贪生怕死，也不会有浩然之气。

所谓心志和气是一体的，是说一个人的修养，其根本在心志的专一和正确。有一些练习气功的人，追求身上这里气脉波动、那里气脉流行，其实这不是根本。修行的根本在心志的正确，能够清净而不妄动，能够保持心志的专一而不是在胡思乱想中耗费精气神。所以，孟子实际上谈到了根本性的东西，那就是在心志的地方加以修炼，这和道家的人所强调的"人若常清静，天地悉皆归"具有一致性。以心志统帅气的过程，就是培养利国利民之心的过程。培养一个人的正气，一定要自然而然，浩然之气是一个人心里清净，不断护养道心之后自然生发的境界。孟子的这些话，在我

---

① 杨伯峻译注：《孟子译注·公孙丑上》，中华书局，2008年版，第46页。

们修养自我的实际操作层面，具有指导性意义。

我们学习孟子，就是要启发道心，护养道心，培养自己正确的价值判断和是非判断能力，真正做到身心合一、知行合一，在这个过程中不断增长内在的力量。这个力量就是对人民和社会的情怀，对时代和责任的担当，是面临考验时一往无前的勇气。无论遇到什么境遇，都能维持正念，这就是不动心。这是我们这个民族文化里非常宝贵的精华！希望每一个人都做有浩然正气的人，我们国家也必然是有浩然正气的国家，社会风清气正，人尽其才，人民安居乐业，心情舒畅，国家越来越强大！

2. 不动心：面临考验，不为所动

所谓"不动心"，就是我们在面对各种考验的时候，能够不为所动，不忘初心，做好自己该做的事。这说起来容易，实则非常不易，如果一个人真能够不为所动，制心一处，心无旁骛，专注做好自己的事情，那一定是一个了不起的人！明代的王阳明特别看重不动心的训练，并将不动心作为自己修炼的目标之一，由此可见孟子对他的影响。

那么，孟子如何论述他的"不动心"呢？

公孙丑问曰："夫子加齐之卿相，得行道焉，虽由此霸王不异矣。如此则动心否乎？"孟子曰："否。我四十不动心。"曰："若是，则夫子过孟贲远矣。"曰："是不难，告子先我不动心。"曰："不动心有道乎？"曰："有。北宫黝之养勇也，不肤挠，不目逃，思以一毫挫于人，若挞之于市朝。不受于褐宽博，亦不受于万乘之君。视刺万乘之君，若刺褐夫。无严诸侯，恶声至，必反之。孟施舍之所养勇也。曰：'视不胜，犹胜也。量敌而后进，虑胜而后会，是畏三军者也。舍岂能为必胜哉？能无惧而已矣。'孟施舍似曾子，北宫黝似子夏。夫二子之勇，未知其孰贤，然而孟施舍守约也。昔者曾子谓子襄曰：'子好勇乎？吾尝闻大勇于夫子矣。自反而不缩，虽褐宽博，吾不惴焉；自反而缩，虽千万人，吾往矣。'孟施舍之守气，又不如曾子之守约也。"曰："敢问夫子之不动心，与告子之不动心，可得闻与？""告子曰：'不得于言，勿求于心，不得于心，勿求于气。'不得于心，勿求于气，可；不得于言，勿求于心，不可。夫志，气之帅也；气，

体之充也。夫志至焉，气次焉。故曰持其志，无暴其气。""既曰志至焉，气次焉，又曰持其志，无暴其气者，何也？"曰："志壹则动气，气壹则动志也。今夫蹶者趋者，是气也，而反动其心。"《公孙丑上》①

在这一段中，孟子不仅讲了不动心的表现，而且对怎么才能做到不动心也做了论述。在对不动心的培养上，孟子举了几个例子：北宫黝、孟施舍、曾子等，通过对这几个人如何培养不动心的分析，孟子认为曾子的做法更为可取。为什么孟子格外赞赏曾子呢？因为曾子曾经在孔子那里听到了什么是真正的大勇，绝不是在匹夫之冲突、暴力中显示自己的所谓勇敢。真正的勇敢，是勇敢地正视自己，真诚地反省自己，是对自我的净化和超越，绝不在普通的群众面前耍什么威风。如果自己的坚持是正确的，做的事利国利民，责无旁贷，无论是多少压力和多少人的反对，都要一往无前！这就是人们常引用的"虽千万人，吾往矣"。由此可见，孟子所嘉许的不动心，是自己心中升起的正气和道心，当面对多少压力的时候，都能坚持和捍卫。

随后，学生公孙丑继续问孟子：您的不动心和告子的不动心有哪些区别？您可以说说吗？对此，孟子做了说明。告子说：不得于言，勿求于心，不得于心，勿求于气。孟子认为告子说"不得于心，勿求于气"是可以的；但是，如果说"不得于言，勿求于心"，则是不可。孟子为什么这样评价告子呢？因为在心、理、气这三者的关系上，孟子认为根本在心、在于心念的正，心中的正念就是道心的显现；而道心的启发就在于明理，如果稀里糊涂，不能秉持正念，那么就无法开启道心；在心和气的问题上，孟子认为虽然是心和气互相影响，但心具有根本作用，应该以正念的心——道心来统帅气的运行。所以孟子认可告子所说的"不得于心，勿求于气"。简单地说，就是心如果没有正念，就不要在气上追求末节。

而当告子说语言上搞不明白的时候，也不用往心里去探究真理，孟子并不赞成，即"不得于言，勿求于心，不可"。很简单的道理，在孟子看来，一

---

① 杨伯峻译注：《孟子译注·公孙丑上》，中华书局，2008年版，第46页。

切东西，都要建立在心要明理、心要正念、心要开启道心之上，这是根本。

随后，孟子更明确地说明了自己对不动心的看法：夫志，气之帅也；气，体之充也。夫志至焉，气次焉。故曰持其志，无暴其气。正确的心志、正念的力量是身体气机的统帅，所以，在修养身心的时候，一定要养心，让心保持正念，清净，这样身体的气机自然运行，不可因为妄念纷飞而导致气机紊乱。公孙丑听了有些疑问，马上问："既曰志至焉，气次焉，又曰持其志，无暴其气者，何也？"意思是既然老师那么强调心志的重要性，为什么还要告诉我们不要妄动自己的气机呢？对此，孟子回答："志壹则动气，气壹则动志也。今夫蹶者趋者，是气也，而反动其心。"孟子说心志和气机是相互影响的关系，心志集中，就能影响气机，如心志保持正念，就养浩然正气。反之，气机的扰动，也会影响心志，比如一个人勃然大怒的时候，气机乱了，心志也会受到重大影响。比如一个人不小心感冒了，这就是身体的气机出现了问题，那也必然影响到人的心志和精神。

通过这些对话，我们可以总结出有操作性的一些自我修养方法。平时一定注意正念的护持，这是根本的修养方法。我们每个人都是妄念翻飞，有好的念头，也有不好的念头，好与不好，就看是不是符合社会伦理、是不是能够利益别人。当然，有人说，念头管他干嘛！这其实就是很轻薄的话，念头才是人生修养的根本处，所有人的行动，都是从起心动念开始，只不过有的表现为行动，有的还没有表现为行动而已。但无论是表现为行动，还是没有外化为行动，起心动念都关系到个人的感受，这是非常真实的事情，不可自欺欺人。一个人，内心之中多是邪念，即便未必表现为行为，对自己对别人都不好。有了正念，就是道心的开启，人生的气象就会从内而外生发出来。这种人就是我们所说的表里如一、身心合一，是古往今来所谓大众赞许的人！更何况，一个人，一旦有了起心动念，行动就会随之而来，从这个意义上说，注意观察自己的念头，注意在起心动念的地方净化自己，尤为重要。

一个有正念的人，一个做到了心志开启了道心并敢于捍卫正确价值的人，是什么状态呢？那即是：居天下之广居，立天下之正位，行天下之大道。得志，与民由之；不得志，独行其道。富贵不能淫，贫贱不能移，威武不能屈，此之谓大丈夫。[①]孟子所赞许的大丈夫，从佛家看是"不着相"的人，是面对各种考验不为所扰的人，也是我们平时所说的有正确价值观的人、时时秉持正念的人、善养浩然之气的人。这样的人应该成为社会的坐标，成为社会发展的中坚力量，绝不会因为外在的考验而迷失自己最该坚持的东西。

大家看历史，为什么有好的时期也有坏的时期？为什么政治清明一段时间之后，社会又要走向堕落和衰败？我们往往归结为经济的因素、政治的因素等，但人心的因素决不可忽视，当一个国家的人心坏了，一切东西都无从谈起。所以孔子非常感慨：他本人很赞赏西周的制度和礼乐，虽然那些制度当时还存在，可是人心变了，必然是礼崩乐坏。这也是孔子不断教化人心的重要原因。我们在孟子这里，要学真正的大丈夫精神，真正秉持社会的正义，永远做社会进步的中流砥柱，如果管理者真能够做到正确价值的代表者、践行者，那真是一个民族的福气！

二、人生处处是道场

任何人的一生都要经过无数的历练，才能成长起来。每一个人生的考验，都是自己成长的阶梯。只有跨过这个阶梯，人生才能上一个层次，否则，在任何一个考验面前垮下来，人生的进步就停止了，这个考验就成了人生的重大障碍。大家如果明白了这个道理，就要面对任何考验、任何困难，只有一个想法，那就是走过去！当跨过这个障碍的时候，人生就上了一个台阶，以后所有生命中类似的考验都不在话下。面对障碍，必须走过去。除此之外，别无他路！只有这样，我们的人生才越来越升华，我们的境界才越来越提高。任何退缩和在困难面前哀怜都没有任何意义，只有想办法向前走，把每一个考验视为人生的修炼，才是人生唯一的道路。对此，孟子有深刻的人生体验。

[①] 杨伯峻译注：《孟子译注·滕文公下》，中华书局，2008年版，第105页。

1. 生于忧患，死于安乐

孟子在总结历史的时候，发现了一个人成长的秘密：

> 舜发于畎亩之中，傅说举于版筑之间，胶鬲举于鱼盐之中，管夷吾举于士，孙叔敖举于海，百里奚举于市。故天将降大任于斯人也，必先苦其心志，劳其筋骨，饿其体肤，空乏其身，行拂乱其所为，所以动心忍性，曾益其所不能。人恒过，然后能改；困于心，衡于虑，而后作；征于色，发于声，而后喻。入则无法家拂士，出则无敌国外患者，国恒亡。然后知生于忧患而死于安乐也。[①]

对于孟子的这段话，我们不必要逐字翻译，而要总结其中的意蕴，那就是任何一个历史上留下痕迹的伟人，都需要经过许多历练，正是在这些历练的过程中，他的心志、能力、胸怀、德行等各方面才能成长起来，这可以说是人类社会的共性法则。

2. 人生的几个大考

一个人经过多少历练，就会有多少成长。我们这一生有很多人生的必修课，是我们必须面对的人生大考。

其一，要正视人性的弱点。我们每一个人都有各种缺点，追逐功名利禄、好色、虚荣、嫉妒、狭隘等，如果不承认人性的弱点只能说是自欺欺人。一个人发展的高度，取决于能在多大程度上克服和超越自己人性的弱点，多大程度上激发人性的闪光点，即人性之中积极向上的力量。对于人性的弱点，我们一方面要建构好的制度，尽可能把人性的弱点防范住，尽可能不给人犯错的机会；但是从个人修养和根本的解决之道看，还需要我们有正视人性弱点的勇气，点亮一盏心灯，不断地自我反省，勇敢地自我革新、自我超越，升华自己的人生。闻过则喜，过则勿惮改，海纳百川，和而不同，不断地净化自己。

在人性的弱点面前，任何掩耳盗铃，任何自我美化，任何回避，都只能自欺欺人。务必正视人性的弱点，从而更好地创造人类的文明。

[①] 杨伯峻译注：《孟子译注·告子下》，中华书局，2008年版，第231页。

其二，正确地面对苦难、挫折、失败和失意。苦难、挫折、失败，是人生的必修课。挫折人人无可避免，只不过不同的人，有不同的苦难和挫折罢了。一个人，经历多大苦难的考验，就能够生发出多大的力量。我们常说机会的重要性，可为什么很多人即便有了机会也会当面错过？如果我们把机会比作一担货物，货物越重，就是机会越大，但这个机会到底是谁的？那要看谁的肩膀能担得起这个货物。如果自己的小肩膀只能承担一百斤，那面对一万斤的货物，不仅不会是机会，更会是要命的事。所以，每一个希望拥有更大机会，希望做出更大成就的人，请扪心自问：自己是否有足够结实的肩膀，能够承担历史给予的责任。苦难、失败、挫折、失意……其实就是对自己肩膀的历练。失败和挫折是发现自己问题的最好方式，从这个意义上说，我们都要感恩失败，正是在失败中我们才能更好地发现自己的不足并改进。如果我们能够冷静地分析失败、挫折、失意的原因，就能让自己不断地自我完善，进而让自己变得更强大，这是唯一正确的面对苦难和挫折的态度。千锤百炼之后，才是自己的肩膀可以扛起更多重物的时候，才能真正把握机会。

其三，如何面对春风得意的顺境。很多人面对苦难的时候，还可以自强不息，愈挫愈奋，但面对鲜花和掌声的时候，往往败下阵来。历史上太多的大英雄，在艰难困苦的时候，一往无前，团结更多的人一起奋斗，完成一番事业。可是真到了功成名就的时候，面对山呼万岁的声音，面对温侬软语、红袖添香，却败下阵来，开始骄奢淫逸、狂妄自大、刚愎自用，听不得建议和批评，最终其兴也勃焉，其亡也忽焉。所以，我们要深刻地理解祸福相依的道理，居安思危，永不懈怠，永远清醒，永不飘飘然，永远以革新的精神保持青春活力。

其四，如何避免急功近利，懂得水到渠成。急功近利和躁动不安，是青年成长的大忌。很多人只付出一点努力，就希望得到天大的回报。一旦不符合自己的期待，马上怨天尤人，怨怼指责。其实，任何事情的出现，都是众缘和合，都需要各种条件具备，天时地利人和缺一则事无可成。因此，我们永远不可急功近利，而是要创造成功所需要的各种条件。有人说，我很勤奋，我很善良，我很优秀，这不过是取得成功的必要条件，但还不够，还需要其他的条件。因此，我们要懂得水到渠成，踏踏实实地努力，等各种条件具备的时候，水到自然渠成。

其五，如何面对平凡。很多人都希望做一个不平凡的人，做一个被人前呼后拥的人，做一个被鲜花和掌声围绕的人。这也是每年高考时表演专业报名特别多的一个原因，有太多的家长和孩子崇拜明星的光环。可是，我们要很清醒地认识到，人这一生，无论做多少英雄的梦、明星的梦，但最大的概率是做一个平凡的人，在平凡的岗位上做平凡的事，过平凡的生活，你是否为此做好了准备？我个人的理解，其实这个世界上没有平凡，任何一个岗位，只要自己用心做到了极致，都是社会和人生的典范，都会熠熠生辉而不平凡。战士是一个平凡的身份，但雷锋把他做到了极致，成为我们学习的模范；石油工人，是平凡的岗位，但王进喜把他做到极致，我们都缅怀他。我曾经和一个老师谈话，他对老师这个岗位不满意，认为太平凡而没有意义。我问他：你上大学的时候，听过校长书记的课吗？他说没有。我问，你们大学是不是有这样的一位老师，他不是教授，不是院长，没有那么多的光环，但是当你选他的课时，却让你终生受用？他说这样的老师不止一位。我说，这个老师对你的影响比校长书记大多了。所以，岗位没你想的那么重要，有机会了就好好珍惜，没有机会就安住当下，任何一个岗位，只要用心，做到极致，都特别有意义！只要我们兢兢业业地工作，真诚地帮助人、成全人，就是非常有意义的。

我们一生也许有丰功伟绩，可是在丰功伟绩面前，不忘初心、倾听批评、海纳百川、造福人民，也是巨大的考验，否则会有身陷囹圄的危险。如果没有成为大英雄的机会，那就安住在平凡的岗位上，踏踏实实地做好本分，待人诚恳，用心工作，提高自己，一样非常有意义。如果在平凡的岗位上做到极致，那就会成为社会的典范，这个时候早已经超越了平凡。

其六，如何面对欲望的考验。我们都是有各种欲望的人，但要明白一个道理，我们无法回避欲望，但绝不做欲望的奴隶。所谓的欲望，看穿了也没有什么，无非是满足身心的需要罢了。尤其是身体的需要，这并不复杂，但是一旦超出了一定的界限，就会严重伤害我们的健康，甚至会出现重大病变。就拿身体的基本需要而言，饭吃饱了就好，粗茶淡饭有利于身体，口腹之欲会带来一系列脏器的病变；生活用品够用就好，再昂贵的手机和手表也不会让自己长寿；房子够用就可，房子多了，如何打理也还是负担，没有多大意义。所以，如果真看穿了这些，就切切不要做欲望的奴隶，要懂得自己的身心健康才最重要，不要因为自己的欲望而导致自己的身心出现重大病变，更不能因为满足欲望而贪赃枉法，甚至家破人亡，这更是糊涂之极。我们需要各种制度防范人的欲望，但我们也要提高人的觉悟以超越欲望，做自己生命的主人。

其七，如何面对不理解。现实中不乏有些人生活在别人的世界里，做什么事都希望得到别人的赞赏，特别看重别人的看法，在意别人的眼光，一生心累，而且患得患失。其实，人要给自己清晰地定位，做好自己最该做的事，做正确的事，做值得自己一辈子坚守的事。

一个人一旦做出了正确的选择，要懂得无论是自己多努力、多么照顾别人的看法，都不会得到全部的理解和支持。所以，但行好事，莫问前程，与人为善，做好自己该做的事、利国利民的事，其他随他而去。自己的人生，自己做主，切不要因为太在意别人的想法而迷失自己。禅宗也说忍辱是波罗蜜，就是说面对不理解，能够超脱和放下，那是大智慧。

其八，如何面对死亡。死亡是人生的终点，在这里人人平等，无论什么身份，都要接受这个终点。孔子说：未知生，焉知死。为我们如何看待死亡提供了智慧。人这一生，面对不可把握、不可捉摸的事情，不要浪费心力，因为没有意义。我们把生命过好，把责任尽到，等到了人生的晚年，回望一生，对得起自己，做了这一生该做的事，无怨无悔；面对家庭，懂得感恩，报答了父母的养育之恩；面对国家，力所能及地做了利国利民的事，留下了自己的痕迹。有这样的人生体验，可以很欣慰地面对人生，至于其他，都可坦然处之。所以，我们珍惜人生，尽好自己的责任，自利利他，觉悟人生，奉献社会。

当然，人生经历的考验不计其数，但上面列举的几条，可谓人生必须经历的大考，希望我们都能正确地看待，从而让我们的人生更加高远。

三、孟子为什么批评墨子

大家如果阅读《墨子》这本书，会发现这是一本百科全书式的文化经典。不仅包含了极其丰富的人文科学，而且还有非常丰富的自然科学和逻辑学等。墨子对光学的研究，某种程度上代表了那个时代的高度。但是，为什么《墨子》在历史的演进中逐渐被淹没了呢？这其中有非常值得我们思考的东西。

在战国时期，墨子的思想可谓"显学"，被当时的人所熟知，孟子曾经说：天下之言，不归于杨，即归墨。[①]但是孟子并不怎么认同墨子的思想，他曾这样评价墨子：

圣王不作，诸侯放恣，处士横议，杨朱、墨翟之言盈天下。

杨氏为我，是无君也；墨氏兼爱，是无父也。无父无君，是禽兽也。

杨墨之道不息，孔子之道不著，是邪说诬民，充塞仁义也。吾为此惧，闲先圣之道，距杨墨，放淫辞，邪说不得作。作于其心，害于其事；作于其事，害于其政。圣人复起，不易吾言矣。

昔者禹抑洪水而天下平，周公兼夷狄驱猛兽而百姓宁，孔子成《春秋》而乱臣贼子惧。我亦欲正人心，息邪说，距诐行，放淫辞，以承三圣者，岂好辩哉？予不得已也！能言距杨墨者，圣人之徒也。[②]

在孟子看来，由于当时的环境缺少雄才大略的帝王，导致各种学说盛行，有一些思想并不利于社会的稳定和进步，所以他要起来承担批评的责任。如果深究孟子批评墨子的原因，不难发现杨朱的学说，容易引导人走向过于强调自我的方面，对于墨子的学说，缺少对中国宗法环境的顾及，孟子称其为"无父无君，禽兽也"。基于这个判断，孟子决心起来"正人心，息邪说，距诐行，放淫辞，以承三圣者"。客观地说，孟子的评论并不圆融，而

[①] 杨伯峻译注：《孟子译注·告子下》，中华书局，2008年版，第116页。
[②] 杨伯峻译注：《孟子译注·滕文公下》，中华书局，2008年版，第116页。

且对多元文化的价值认知也不够全面，但是我们结合历史上墨家思想逐渐淡化的现实，会发现孟子的评论有值得我们深思的地方。

如果单从内容来看，墨子为君王"立法"，指出伟大的君王，应该实现人人皆得到爱护的"大同社会"，"饥者得食，寒者得衣，劳者得息"。（《非命下》）[1]对于社会上的一系列冲突，墨子主张"非攻"，主张"兼爱"，主张天下的人无差别地互相爱护，这在精神境界上非常值得尊敬和赞扬，但是我们要看到任何伟大的思想必须扎根在现实的土壤里，必须顾及现实的人伦环境，必须顾及到现实的人性才可。儒家的思想在这一方面得到了较好的体现：对于"人溺己溺、人饥己饥"的美好社会，孟子也非常赞同，但孟子主张"老吾老以及人之老，幼吾幼以及人之幼"。孟子主张首先从自己的小家庭做起，扩展到对整个社会的情怀和责任。这就有了一个从现实人性到不断超越的阶梯。

从现实的角度看，人类道德的升华应该有一个逐渐扩展的过程。从自我做起，开始不断地超越自我，这样才是符合人性和中国当时宗法制的具体国情。事实上，哪一个人可以把自己的孩子与别人的孩子一样看待？哪一个人可以把自己的父母和别人的父母一样看待？绝大多数的人无法做到。只是，我们一方面要承认一个人更爱自己的孩子和父母，但不能局限于只爱自己的孩子和父母，还要能够力所能及地爱天下的孩子和父母。在这个基础上，不断地做到仁爱天下，一律平等。可以说，儒家的思想比较尊重人性和社会的现实，所以能够得到历史的认可。而墨子的思想之所以在历史上隐没不彰，与他不能够充分地顾及人性和社会现实有关。

所以，任何一个思想体系都要接受历史的检验和选择，都要顾及现实人性的特点和社会的现实状态。墨子直接提出了一个伟大的理想，但没有给人提供可以不断提高的台阶，结果与人的现实生活越来越疏远。但是，我们也要看到墨子的价值和伟大。历史上，中国农业文明的环境，人们不怎么迁徙，必然促生宗法制的社会环境。在这种环境中，人们往往只局限于

---

[1] 张永祥，肖霞译注：《墨子译注》，上海古籍出版社，2015年版，第266页。

自己的家族，只是在意自己的悲欢和得失，这对于社会建设非常不利。所以，墨子提出无差别的"兼爱"，某种程度上也是对宗法制环境的一种提醒和反制，对于打破中国思想深处根深蒂固的宗法传统也有特别的价值。不超脱小我，不超脱家族的利益，永远不会有真正的社会和谐和进步。

至于墨子思想中注重自然科学的内容，这在中国的思想史上也是需要我们反思的地方。中国在古代社会创造了伟大的科学技术，这是公认的事实。但是，中国文化更多看重的是人的内心，看重的是心灵的力量。尽管中国文化强调内圣外王，但在实践中很多人只是注重心灵的内求，一定程度上忽视了自然科学的推进，这也是不可回避的现实。当前，人类的进步，更多体现在科技的进步和推动，创新的作用日益凸显，我们务必要把心灵建设和自然科学的发展有机统一起来，用人文滋养伟大的心灵，确保自然科学造福人类。

第 10 讲

《中庸》：把握中道，社会治理的枢纽

《中庸》：把握中道，社会治理的枢纽

《中庸》是中华民族的一张名片，全世界很多国家都知道中国是讲"中庸之道"的国家，以致几乎每一个中国人都知道"中庸之道"这个词。可是，当我们真正去追问什么是"中庸之道"的时候，又没有多少人能够说得上来。实际上，"中道"既是《中庸》智慧的重要表现，也是中华民族独有的思维方式与观察世界的智慧，"中道"的智慧对于全球治理，有非常重大的意义，值得好好参究。《中庸》这本书的智慧，无论对于我们做人或做事，都大有裨益，可以说是人类文明的精粹。

一、《中庸》的两个层次

1. 千年误传是《中庸》

由于中国文化近代以来被忽视，在相当多的人看来，把那种不得罪人、老好人、没是非、没原则、圆滑世故等，视为"中庸之道"。这当然是对中庸的误解，某种程度上是不负责任的胡说八道而已。《中庸》是中国两千多年的历史中少有的文化精品，怎么可能提倡做所谓不辨是非的老好人呢？很多人在没有认真阅读和体悟《中庸》的前提下，就胡乱议论，实际上是文化上的愚昧和浅薄。这启示我们：对于任何问题，在不了解的时候，不要轻率地评价，这是基本的态度。我们怎么看待《中庸》的价值，首先建立在准确理解"中庸"的智慧之上。

2. 不偏不倚与何以不偏不倚

对于《中庸》到底表达了什么智慧？南宋朱熹说："中者，不偏不倚，无过无不及之名。庸，平常也。"①朱熹的这个说法，不过是从表象上来谈"中庸"的意蕴，是对中庸智慧的浅层表述。从内在有机的体系看，"中庸"的智慧主要包括两个层面：从表象上看，《中庸》要求我们做到"中道圆融"，就是不偏不倚；但从实质上看是我们怎么样才能做到"中道圆融"？为什么现实中我们偏离"中道圆融"呢？再具体说来，就是这两个问题：一个是操作层面的"不偏不倚"的"中道"方法；另一个是何以做到"不偏不倚"的"中道"境界。这是我们理解中庸智慧的重点。

二、执其两端，用中于民

我们先看第一个层面，那就是"不偏不倚"的"中道"是怎么体现的，换句话说我们如何在现实中做到"不偏不倚"。孔子在评价大舜的时候，曾经说："舜其大知也与！舜好问而好察迩言。隐恶而扬善。执其两端，用其中于民。其斯以为舜乎！"②这句话的意思是说：大舜真是有大智慧的人。他位置很高，但是非常善于倾听不同的意见，而且对别人的话有很强的辨别能力，不会被阿谀奉承所欺骗。他在做社会管理的时候，鼓励良善的行为，激发社会的正气，人们做得不好的地方不加以扩散。大舜在做事情的时候，总是在各种力量的冲突中寻求动态的平衡点，以做好对人民有益的事。"执其两端，用中于民"，就是我们把握"不偏不倚"的关键。

那么如何理解"执其两端，用中于民"呢？

1. 把握不同力量的平衡点

"不偏不倚"，就是要把握好各种力量之间的动态平衡点。因为在现实中，各种力量随时发生变化，不同力量之间的平衡也不是僵化的平衡，而是随着各种力量的变化而保持动态的均衡。无论是社会治理还是企业管理，亦或是我们的个人生活，都面临各种事情、各种力量的冲突，如何把握好这些冲突和力量，至关重要。《中庸》就是提供了非常好的有操作性

---

① （宋）朱熹撰：《四书章句集注·中庸章句》，中华书局，2011年版，第21页。
② 同上，第22页。

的智慧——掌握各种力量之间的动态平衡。

比如，在治国的问题上，我们面临经济发展与环境保护、物质繁荣与文化信仰建设、东部发展与西部发展、效率与公平、城市发展与农村发展、经济进步与政治建设、自力更生与对外开放、以我为主与海纳百川等关系上的处理。我们如何才能把各种力量处理好呢？那就是"中道"的智慧：我们要好好地发展经济，同时要注重环境保护，实现经济发展与环境保护的动态平衡。在物质繁荣和文化信仰建设上，我们促进物质层面的进步，但绝不能忽视文化建设和信仰建设，当文化建设、信仰建设与经济发展不同步时，会引发大的问题。

我们重视东部的发展、城市的发展，同时一定要重视西部的发展和农村的发展，推进乡村振兴，否则不均衡的发展会无以为继。在重视速度和效率的时候，一定重视公平，让弱势群体和贫困地区得到照顾和帮扶。在自力更生主要依靠自己的力量时，一定要打开国门，海纳百川，善于学习其他民族的一切优点。我们在发展经济的时候，也要不断地推进政治建设，从而实现社会不同层面的良性互动。只有把握了"中道"，社会建设才能稳步前进，社会繁荣有序。

伟大的领导者，实际上就是维系这个动态的平衡，哪个地方是弱点，就要补一补；哪个地方过于亢奋，就要冷一冷、紧一紧，目标就是"中道平衡"。比如，改革开放以来的几十年，我们多次强调以经济建设为中心、强调发展就是硬道理，这当然是出于时代环境的需要。但经过几十年的经济发展，实现了高楼林立，但是如何实现文化建设和社会建设的同步和协调，就成为当前重要的问题。所以自党的十八大以来，我们国家多次强调传承和弘扬中华文化，建设文化强国，坚定文化自信，这也是时代所必需。当前，我们又提出了乡村振兴战略，这个战略提出的本身就是为了实现城市和乡村的协调统一，其实就是城乡发展的"不偏不倚"。而且在推动乡村振兴的过程中，一定要注意经济发展和文化建设的协调，否则，一旦文化建设不能跟上乡村建设的发展需要，就会给乡村振兴带来严重的冲击。现实中，乡村邪教、赌博等不良风气在一定程度存在，也都与文化建设的滞后有关。所以，大力发展乡村文化建设，弘扬中华优秀文化，这是实现乡村长久发展和繁荣的动力支撑。

"中道"的智慧，体现在人类生活的方方面面，一旦背离"中道"，事物的发展就会出现严重的问题和挑战。比如，在企业管理的问题上，利益刺激与文化、价值观建设，产品研发与市场销售，自我努力与外部支持等，都需要掌握"中道"的智慧。有些企业，特别重视物质利益的刺激，谁干得好，就给谁物质激励，这当然很重要，但如果只重视金钱的刺激，如孔子所说：放于利，多怨。意思是只注重物质利益的刺激，必然引发怨声载道，因为金钱刺激的欲望没有满足的时候。所以，我们要注重物质利益的奖励，但也一定要重视企业文化和正确价值观的塑造。企业某种程度上也是小社会，如何形成企业团队的向心力和凝聚力，文化和价值观建设起着不可替代的作用。再比如在企业如何立足的问题上，引进外部的生产线和技术等固然必要，但是从长远看，一定要有自己的核心竞争力，二者要结合起来。在产品研发和销售渠道的问题上，很多企业特别看重销售，花大把的钱用于广告费用和市场开拓，可是用于研发的费用很少，从终极的意义上说，产品质量和服务是王道。没有掌握核心技术，在关键的技术上受制于人，是非常危险的事。仅仅有好的销售渠道可以有一时的繁荣，但长久发展需要用质量和服务说话。当然，如果销售出了问题，再好的产品也不行，二者要符合中道。在提拔干部问题上，重用机关的干部，同时也要看到基层的干部，让每一个人都能人尽其才，心情舒畅，这格外重要。

比如在个人成长的问题上，学历重要，真本事一样重要；能力重要，德行也绝不能忽视；身体健康重要，心灵建设也必须重视；在上大学的时候，学习重要，适当的社会历练也重要；孩子们学习一些知识重要，但提升智慧也不可或缺。如此等等，都要保持动态均衡。

当然，这个动态平衡在不同的时期有不同的表现，有不同的侧重，比如改革开放初期，重点发展经济；到了一定程度，必须重视中华文化的建设与发展；但总的目标就是维系各种力量的动态平衡。一旦这个动态平衡不能维系，就会出现重大问题，后果极其严重。

在中国的历史上，我们主张自强不息，依靠自己的力量发展，但是中华民族同时历来强调海纳百川，善于学习，张骞出使西域、唐宋的丝绸之路等，都是明证。可是到了满清的时候，闭关锁国，搞文字狱，结果就失去了自我为主和海纳百川的动态平衡，造成严重的狂妄自大和封闭僵化。其惨痛的教训就是一百多年的苦难近代史，中华民族可谓积贫积弱、灾难深重，人民水深火热、生灵涂炭。如果我们能够永远保持海纳百川、日新月异的精神，不断地学习，打开国门，以中华民族的学习能力，即便是暂时的落后，也绝不至于有近代史上如此的苦难。

就治国而言，只有我们真正理解把握"中道"的智慧，国家才能减少不必要的折腾和苦难，才能更好地实现国家的长治久安和人民的安居乐业。

2. "中道"是社会治理的北斗

"中道"在某种程度上就是我们从事社会管理的北斗星！面对各种力量的冲突，我们要自觉地以"中道"作为北斗来矫正我们的管理，从而减少我们的失误。比如在经济管理中，政府的力量和市场的力量，各有作用。我们曾经只看重政府的力量，事事计划，结果导致短缺经济，老百姓吃饭都困难，这是必须铭记的教训。可是，也决不可只看重市场的力量。否则，市场的逐利行为，会引发社会的严重不公，甚至会冲击社会稳定，必须将二者有机地结合起来，这就是"中道"。所以，"中道"，类似于我们走夜路时的北斗星，我们要在北斗星的指导下矫正我们的方向。什么时候，我们的社会治理基本上做到了"中道"，社会就会欣欣向荣；什么时候，我们背离了"中道"，社会就出现重大偏差，必须引以为戒。《中庸》也说："致中和，天地位焉，万物育焉。"[1] 这句话的意思是，当我们真正做到了"中道"，社会才能欣欣向荣，才能够正确处理人与万物的关系。

在个人生活中，处处需要"中道"，需要把方方面面的事处理好。家长赚钱养家，但一定不要忽视了孩子教育；关注孩子的同时，一定好好地赡养父母；作为妻子，对自己的父母好，也一定对自己的公公婆婆好；

---

[1] （宋）朱熹撰：《四书章句集注·中庸章句》，中华书局，2011年版，第20页。

对于孩子,学习好,做人和身体、德行也要好。如此等等,都需要"中道"。做到了"中道",身心安泰,吉祥顺利。

3. 为何会偏离"中道"

为什么很多人不能做到"中道"呢?"中道"是我们能够全面客观地认识世界,能够把各种因素都照顾到,拿捏好处理事情的分寸。可是,当人们一旦内心有了偏见的时候,对世界的认识自然会发生偏差,更无从做到"中道"。简言之,一个在各方面都能做到"中道"的人,需要内心里非常清净,能够超越"小我"的偏见和自私,只有这样才能全面地看问题,做事很周到。当一个人有私心杂念,智慧不够,看问题不全面不深刻时,必然无法做到"中道"。

试想,如果一个人很自私,有偏见,总是按照自己的好恶来看问题、做事情,总是希望照顾和自己亲近的人,是一定做不到"中道"的。所以,"中道"的背后是一个人的修为,是"内圣"的境界,只有这样才能真正做到"中道"。所以孔子说:"君子中庸,小人反中庸。君子之中庸也,君子而时中;小人之反中庸也,小人而无忌惮也。"[1]君子就是那种看问题全面、内心清净有德行的人,而小人则是有偏见、自私的人,只有真正的君子才能做到"中道",这就是我们前面一再强调的内圣才能外王。

对此,孔子也是非常感慨,没有人能够"好德如好色者"。因为现实中的真君子还是不多,很多人不注意提升个人的修为,甚至有人不把缺点当缺点,把占别人的便宜、以权谋私当作有本事,更是荒谬可笑。孔子不无感慨地说:"道之不行也,我知之矣。知者过之,愚者不及也。道之不明也,我知之矣。贤者过之,不肖者不及也。人莫不饮食也,鲜能知味也。"[2]很少人真正理解中庸的伟大,更没有自觉地在实践中践行中庸。我们有必要恢复中庸的本来面目,把其中所蕴含的大智慧说清楚,以作为我们生活的指导。

---

[1] (宋)朱熹撰:《四书章句集注·中庸章句》,中华书局,2011年版,第21页。
[2] 同上。

4. 宇宙万物相处之道

自近代以来，随着生产力的不断发展，各个国家、民族、文化的融合和交流成为不可阻挡的趋势。那么，在多元世界不断深化融合的今天，不同国家、民族、文化之间，究竟如何相处？这成了困扰人类文明的大问题。

从历史上看，随着工业革命的开启，西方的发展开始走到了世界的前面，客观地说，西方主导下的世界各国相处的法则就是"丛林法则"和"弱肉强食"，这是必须面对的客观现实。在近代以来世界全球化的过程中，亚非拉等发展中国家遭遇的苦难和血腥掠夺，都与西方列强所奉行的"弱肉强食"有关。近代西方奉行的国际交往准则，弱肉强食，赢者通吃，丛林法则，被称作"社会达尔文主义"，对人类的文明带来了太多的伤害。第一次世界大战结束之后，西方召开了巴黎和会，处理战胜国和战败国之间的问题。正是在这个会议上，西方列强赤裸裸地把德国侵占的中国山东半岛强行让渡给日本，这是弱肉强食和"丛林法则"的典型体现。正是西方奉行的恃强凌弱，激发了中国的"五四运动"，这是众所周知的历史事实。

21世纪以来，中国的发展已经成为不得不面对的现实，由于西方主导的近代格局没有能够很好地解决多元世界的相处问题，那么，随着中国的发展，我们能够为人类的文明进步和多元世界的相处提供更好的答案吗？可以说这一次中国的崛起，不仅关系中华民族自身的复兴，而且要为经济全球化时代人类不同文化和民族如何相处提供中国智慧和中国方案。对此，我们中华民族一定要有全球的视野，力争为人类更加和平和繁荣的未来提供智慧的应对之策。对于这个历史课题，答案是很清晰的：中国文化能够做出很好地回答，以促进人类文明的共生共荣！《中庸》所强调的"万物并育而不相害，道并行而不相悖"[1]，就给我们做出很好的回答。

世界万物之间到底是什么关系？在"丛林法则"看来，那就是互相争斗和掠夺关系，西方称之为"零和游戏"，即社会资源就这么多，别人得到了，我就得不到；我得到了，别人就得不到；所以，争抢和掠夺就成了

---

[1] （宋）朱熹撰：《四书章句集注·中庸章句》，中华书局，2011年版，第38页。

近代人类社会的常态。甚至有一些人认为不能让每一个国家都像美国和欧洲那样过富裕的生活，因为地球的资源非常有限，这是极其自私的想法，是骨子深处的自我中心和自我高人一等的思维。中国文化当然不这样认为。在中国文化看来，世界万物之间，是互相成全和滋生的关系，是互相依赖和共生共荣的关系，是大家好才是真正好的关系。对于不同的文化，中国文化也不赞成摧毁别人以推广自己的文化，而是主张不同的文化形态可以互相学习、互相尊重、互相包容，从而实现人类不同思想的良性互动，即"和而不同"。

中国文化的主张并非是缺少现实支撑的主观理想，而是中国先人基于对整个人类生存状态的智慧总结。我们先抛开理论的框架，客观地看宇宙和社会的现实：人类糟蹋自然，必得到自然的报复；人类爱护自然，必受益于自然的恩赐。中国发展好了，给世界带来机会；世界和平，中国才能发展更好。如果不是这样，如同日本发动侵略战争，结果必然是损人不利己，必然是伤害其他国家，也葬送本国发展的成就。所以，"万物并育而不相害，道并行而不相悖"，并不是中国人主观的美好想象，而是对社会现实的理性观察。人类的思想怎么才能不断地升华？历史早已经证明，只有互相学习和交流，才能实现不同文化的良性互动。任何自以为是的霸道和侵略，都会带来不同文明的内耗与双输。

所以，中国文化所强调的"和而不同""万物并育而不相害，道并行而不相悖"等理念和认知，实际上指出了人类未来的相处之道。不同国家友好相处，互通有无，才能促进各国的发展；不同文化之间互相学习，海纳百川，才能带动人类文明的提升。人与人之间也是一样，互相成全、互相帮扶，才有美好的未来。反之如果互相掣肘、互相嫉妒和打压，只能带来咎由自取的痛苦。

中国政府正是基于中国文化的智慧，才能提出"人类命运共同体"的理念，才能提出"一带一路"的合作倡议，才能提出"和平共处五项原则"，因为中国文化的智慧告诉我们，只有全世界都好了，世界和平了，中国才好，其他国家才好。回顾历史，人类社会在"丛林法则"的影响下，已经爆发了两次世界大战，带来亿万人的死伤和无数财富的毁灭，这是必须引以为戒的血的教训。面向未来，希望中华文化的智慧更好地惠及人类社会，为实现人类文明的和谐发展贡献力量。对此，我们必须有文化的自觉和自信，更要有对人类的责任和担当。

5. 隐恶扬善与扶正固本

"隐恶扬善"是孔子在《中庸》中对大舜施政的评价，对于今天我们的文化宣传和社会管理有重要意义。据记载，在大舜做首领的时候，发现有一些年轻力壮的小伙子占据捕鱼的有利位置，把年弱体衰的老人排挤到那些水流湍急的地方。也有一些年轻人，主动到险恶的水源去捕鱼，而把有利的位置让给部落的老人。大舜都看在眼里，他不露声色，大力地宣传那些敬老谦让的典范，把那些优秀的年轻人奉为部落学习的榜样，大力宣扬他们谦让敬老的事迹。而且，大舜亲自捕鱼，把最好的位置让给老弱，自己到水流湍急的地方捕鱼。通过大舜这种率先垂范的表率和隐恶扬善的努力，几年之后社会风气大为改善，互相谦让、尊老爱幼、帮助弱者成了社会普遍的现象。在这个过程中，那些自私霸道的人，很多也改变了自己的做派，起到了潜移默化的教化作用。

大舜"隐恶扬善"的社会治理方法，对于我们今天的文化宣传和社会治理具有重要的现实意义。社会治理和文化宣传的核心，在于如何启发道心和防范人心，大舜的"扬善"，就是对人心之中积极向上部分的开启和护养，所谓"隐恶"，是尽可能避免负面事件对于社会的不良示范。只有将"隐恶"和"扬善"有机结合起来，才能更好地引导社会风气，塑造积极向上的社会氛围，更加有力地推动社会的进步和助益人民的幸福。反之，如果新闻媒体多爆料所谓的花边新闻，不把更多的精力放在对积极向上事件的报道上，反而一味报道丑恶现象，会对社会产生非常不好的影响，甚至会导致人们产生对社会的误解，也会失去对社会的信心。

大舜的这个做法，与《黄帝内经》所强调的"扶正固本，正气存内，邪不可干"有着共同之处。社会治理和文化宣传与人的身体如何维系健康有相通之处。一个人如果正气很足，有一点受凉、吃一点凉东西也不是大事；

如果正气不足，抵抗力和免疫力很差，那么轻微的受凉就可能引发严重的问题。因此，无论是人的肌体还是社会的肌体，一定要多扶持正气，多弘扬积极上进的优秀文化，这样才能促进肌体的健康。

反观今天的社会治理和文化建设，我们有许多需要反思的地方。有的时候，困惑于所谓"自由"的口号而不敢大胆地管理和引导，这是理论上的糊涂。任何时候，人类真正的"自由"都是建立在有利于社会进步和发扬人性积极面基础上的。当代西方的很多思想家也都强调自由的边界和主体的责任，对那些危害社会的言行，必须予以限制。在有利于社会进步和人民幸福的基础上，大家各抒己见，各种积极向上的创造力量竞相迸发，这对于社会的发展进步有重要意义。反之，如果在"自由"的旗号下，默许或者纵容破坏社会力量的言行，那会从根本上腐蚀社会健康发展的根基。

再比如在基层文化建设的问题上，只有把"本"固好，也就是大力弘扬中华优秀传统文化、大力引导和挖掘农耕文明的精粹，才有抵御各种极端思想的基础。否则，再好的土地，如果不种下好的庄稼，必然是杂草丛生。从这个意义上说，我们要自觉地利用一切媒体的力量弘扬正气，弘扬中华优秀文化，以此来凝聚人心，引导社会风气，从而优化我们的生活环境，让社会有越来越多积极向上的力量，越来越好。

另外，需要说明的是媒体多宣传正气，绝不代表纵容和掩饰社会问题。针对社会上的问题，我们要未雨绸缪，及时解决，回应人民关切，但不必要夸大宣传。因为这不利于我们引导优良的社会风气。所以，文化宣传部门要"隐恶扬善"，而政法部门则要"惩恶护善"，二者结合起来才能让风气越来越好，人民心情舒畅，社会公平正义。

第 11 讲

禅宗经典:卓越人生的必修课

禅宗经典：卓越人生的必修课

佛教从东汉初年传入中国，经历千年的演化和融入，到了唐朝的时候，已经基本和中国文化融为一体，佛学也成为中华文化的内在部分，禅宗的出现就是很好的证明。

究其原因，在于佛学的主旨和中国儒家、道家的主旨是一致的，都主张人人皆有良知良能，主张人人心中皆有佛性，只要我们按照圣贤的启迪和指导去修证，人人皆可以成就人生。所以，儒、释、道内在的修证思路上具有一致性，是佛学能够内化成中国文化的重要原因。禅宗就是佛学中国文化的重要表现，在某种意义上说，不懂禅宗，就无法理解中国的历史和文化，无论是文学、艺术，还是政治、社会生活，禅宗的影响都随处可见。著名的党史专家逄先知曾经专门研究毛泽东的读书生活，据他考证，毛主席在出差的时候，一般都要随身带的几部佛经：一部是《六祖坛经》，另一部就是《金刚经》。此外，《华严经》也是毛主席常读的书。而这些佛经，都是禅宗修习的重要经典。

一、正确解读禅宗经典的真精神和大智慧

学术界对于禅宗的理解，有各种观点。对任何思想和事情的正确评价，都是建立在正确全面的了解之上，我们先力求找到理解禅宗的钥匙，并以此窥见禅宗的智慧和风采。

1. 不懂禅宗经典，无法阅读中国的历史和文化

根据梁漱溟、任继愈、方立天等很多学者的看法，佛教思想极为深刻，在整个人类的文化史上都堪称思想的高峰，我本人在学习中国哲学的时候，就有深刻体会。我的博士学业是在北京师范大学哲学与社会学学院学习，方向是马克思主义哲学。在阅读的书目中，更多的是阅读西方哲学的有关书籍，从米利都学派的泰勒斯开始，一直到20世纪的福柯、德里达、罗蒂等两千多年的西方哲学史，是我主要阅读的内容。但在阅读的过程中，会发现很多难点：比如康德在说什么？什么是康德所说的"此岸"和"彼岸"？黑格尔的"精神现象学"到底想表达什么东西？创立"现象学"的胡塞尔想表达什么？胡塞尔所说的"现象还原""现象建构"等，究竟在说什么？诸如此类的问题，多少有点模模糊糊。我在博士毕业之后去西北大学中国思想文化研究所做中国思想史的博士后研究，有一次阅读到《楞严经》，让我有豁然贯通之感！《楞严经》是佛陀给他的学生阿难阐述心法的重要经典。我在阅读的时候，很少感受到这部经书的宗教气息，而是体会到书中有铁一样的逻辑，一步一步地引导我们如何领会什么才是人的"常住真心"。在这个阅读的过程中，我被强烈地震撼到，感受到佛学并不是简单地让人信仰，而是有严密的逻辑和极其深刻的分析。经过这一次阅读和思考的洗礼，我再阅读西方哲学史的时候，很多问题一下子就有了"会当凌绝顶"的感受。甚至很多西方哲学家含糊其辞的问题，都可以一目了然。由此，我也产生一个读书的体验：人一生一定要多读经典。尤其是阅读经得起历史检验的传世经典。这些经典对社会问题的思考，对人类命运的追问，可以说在人类的历史上都有永恒的意义。

某种意义上说，读书也如同登山，当你能够登越喜马拉雅山的时候，其他一般的小山就根本不在话下。所以，在有限的时间内，多阅读经典。一个人的思维和智慧有多高远、多深刻，某种程度上决定了一个人的未来。

佛教在传入中国以后，在逐渐中国化的过程中出现了诸如禅宗、天台宗、华严宗、净土宗、律宗等宗派，其中禅宗最能代表佛学中国化的成就，对

中国社会影响深远。因此，我们很有必要认真地阅读禅宗的经典，以此来提升我们的智慧和境界。中国史学界的范文澜先生，在晚年曾经反思自己的历史研究，认为如果不懂佛学和禅宗，就无法理解中国的历史和文化，这是比较客观的说法。

我们以文学为例，看一看禅宗对中国历史文化的影响。著名诗人王维，字摩诘，他的名字就是来自一部佛经《维摩诘经》。维摩诘是释迦牟尼在世时的大居士，智慧极其博大，在这部佛经中，提出佛法的智慧不执着在两边，是"不二法门"。大家读王维的诗词，浓浓的禅意，内心空灵，超脱自然，如《山居秋暝》：

> 空山新雨后，天气晚来秋。
> 明月松间照，清泉石上流。
> 竹喧归浣女，莲动下渔舟。
> 随意春芳歇，王孙自可留。①

虽然王维的诗词未能全面反映禅宗的智慧和境界，偏执于自我的清净而未体现禅宗的济世情怀，但这首诗所表现的清净和洒脱，很好地反映了禅宗对他的影响。

白居易是对佛学有深刻理解的诗人。有一则公案，这样记述：

白居易在做杭州太守时，有一天拜见鸟巢禅师，问道：禅师住在树上的草棚里，太危险了。鸟巢禅师回答：太守生活在乱世之中，不知道通过修行自我净化和超越，才是真危险！白居易听了很奇怪，问：我是当朝的官员，何险之有？鸟巢禅师告诉他：你现在面临各种诱惑，而且自己的妄念翻飞，如果不懂得护持自己的心念，不仅会有违法乱纪的危险，而且心念越来越乱，更会让人生走向堕落！白居易听了立刻身心受教，又问：什么是佛法的大智慧？鸟巢禅师回答：诸恶莫作，众善奉行。白居易听了觉得太简单了：师父，这样的话三岁孩儿都知道。鸟巢禅师回答：三岁孩儿

---

① 陈伯海主编：《唐诗汇评》增订本一，上海古籍出版社，2015年版，第480页。

虽道得，八十老人行不得。白作礼而退。①

鸟巢禅师为什么觉得白居易身临危险呢？在佛学看来，一个人生命的升华，志在通过不断的心灵净化而超越世间，不为纷纷扰扰所困扰。可是白居易作为当地比较有权势的地方官员，面对世间的各种考验、诱惑等，在护持自己的心念不被污染等方面，缺少足够的警惕和自觉，这就如同身在火宅里而不觉察，当然危险。任何一个人，如果不能保持内心的清净，如果不能在面临各种扰动或者诱惑的时候护持好心念和行为，都不可能做成一番事业。禅师所强调的"诸恶莫作，众善奉行"，从表现上看是做善事的过程，实质上是心地的功夫，意在净化心灵，澄明道心。佛学特别强调信、解、行、证，如果没有真正的身体力行，再好的理论也没有实际的意义，所以禅师告诉白居易"三岁孩儿虽道得，八十老人行不得"。这给白居易很深刻的震撼。

白居易一生行持佛学，某种程度上也是一位佛学学者，大家可以看白居易的一首诗：

读禅经

须知诸相皆非相，若住无余却有余。
言下忘言一时了，梦中说梦两重虚。
空花哪得兼求果，阳焰如何更觅鱼。
摄动是禅禅是动，不禅不动即如如。②

白居易的这一首诗，实际上讲了自己禅坐的体会和心得，"诸相皆非相"，说的是《金刚经》的话：凡有所相，皆是虚妄；"若住无余却有余"，讲的是一个人要彻底解脱，任何心念的执着都会让人心有挂碍。简言之，如果不懂佛学的智慧和精神，则无法解读这首诗。

当然，在深受佛学思想影响的文化大家中，苏轼也是很典型的一位。他既是儒家知识分子的代表，又对佛学有深刻的体会，我们尝试分析一下他

---

① （宋）普济著，苏渊雷点校：《五灯会元》卷二，中华书局，1984年版，第71页。
② （唐）白居易著，顾学颉点校：《白居易集》卷三十二，中华书局，1979年版，第716页。

的几首诗词：

西江月·平山堂

三过平山堂下，半生弹指声中。
十年不见老仙翁，壁上龙蛇飞动。
欲吊文章太守，仍歌杨柳春风。
休言万事转头空，未转头时是梦。①

这是苏轼撰写的一首纪念欧阳修的词，词中所谓"转头空"，那是需要一个人看穿世间的乱象，能够有超越世间的追求，才能放下所谓的纷纷扰扰——"转头空"。在出世间的角度看来，那些转瞬即逝的成就，在历史的长河中有什么意义呢？所以，我们才要不被名利所困，做真正经得起历史检验的事情，做真正永垂不朽的事情。可是这话说起来容易，而真正能够达到这个高度的有几人呢？大多数人，还是搅进是非，在意名利，一生都不得解脱。这就是"休言万事转头空，未转头时是梦"。到头来，面对人生的终点——死亡的时候，回想这一生，哪一点经得起历史的检验呢？

苏轼对佛学的理解，不仅是字面的游戏，而且也在亲身践行，他创作的很多诗词都描述了他学佛修证的状态，请看一首《题西林壁》：

横看成岭侧成峰，远近高低各不同。
不识庐山真面目，只缘身在此山中。②

当一个人身处红尘之中的时候，不能看到红尘的面目，入戏很深，悲欢离合，永远只能"横看成岭侧成峰"，因为"只缘身在此山中"。高度决定视野，没有会当凌绝顶的高远，也不会有一览众山小的壮阔。

大家再看四大名著，任何一本书都和佛学有关系。比如，电视剧《三国演义》的主题曲《临江仙·滚滚长江东逝水》（作者杨慎）：

滚滚长江东逝水，浪花淘尽英雄。

---

① （宋）苏轼著，刘石导读：《苏轼词集》，上海古籍出版社，2014年版，第67页。
② （宋）苏轼著：《东坡集》，凤凰出版社，2013年版，第64页。

禅宗经典：卓越人生的必修课

是非成败转头空。

青山依旧在，几度夕阳红。

白发渔樵江渚上，惯看秋月春风。

一壶浊酒喜相逢。

古今多少事，都付笑谈中！①

大家不妨都想一想：我们这一生的奋斗，辛苦来辛苦去，在浪花淘尽之后，有多少真东西能够留下来？时光飞逝，人生易老，我们人生几十年的奋斗光阴，是不是要真正留一点让后世子孙受益的东西？只有这样，才不辜负人生的意义。

《西游记》本身就是讲述师徒四人怎么修证佛法和人生觉悟的故事。师徒四人，可以说是对人性的描述：人的心性不定，那就是心猿意马——白龙马，骑上它西行去求法，实则代表我们只有降服其心，去妄才能存真。孙悟空的急躁、猪八戒的贪心等都代表了人性的弱点，只有经过无数的考验，才能升华人性，实现最终的觉悟。

《红楼梦》，很多专家一生研究，提出了不少这样那样的观点。我个人的解读，《红楼梦》某种程度上是一部禅学书，虽然有复杂的故事，但归根结蒂是引导人们走向对世间名利的超越。大家看《红楼梦》，开始一段：青埂峰下的小石头动了凡心，空空道长给他开示道理，可小石头凡心一动，哪里听得进去？大家再看贾宝玉出生时嘴巴就含着一块玉，所以这一部书通篇就是要证明空空道人所说的道理。《红楼梦》这本书，无论是设定多少环节和人物，无非是证明《金刚经》的一个偈子"一切有为法，如梦幻泡影，如露亦如电，应作如是观"。最终，贾宝玉在大雪纷飞的时候走向出家的道路，这是这本书内在逻辑的必然。人生不要被"红楼"所困，走向人性的净化和升华，这是《红楼梦》的主旨。很多人在阅读《红楼梦》的时候，不注意"梦"这个字，而是追究谁爱上了谁、谁对谁有意思、贾府吃了什么饭菜、喝了什么养生汤之类等，这无非是为了表达主题的细节

---

① 郑铁生：《三国演义诗词鉴赏》，新华出版社，2013年版，第1页。

而已。

整个《水浒传》也是如此，从每个人的结局和他的人生经历来看，就是证明了佛学所强调的"因果"。鲁智深这个人，虽然也杀人放火，但是秉性正直，一团正气，没有滥杀无辜，所以后来六和寺能够"坐化"，也是他修为的体现。而且鲁智深最后的偈子，也是颇含禅意：

　　平生不修善果，只爱杀人放火。
　　忽地顿开金枷，这里扯断玉琐。
　　咦！钱塘江上潮信来，今日方知我是我。[①]

所以，大家应该多读一些禅宗的书，不仅能让我们更好地理解中国文化史，也可以让我们看到人生更多的维度。

禅宗书籍中，六祖惠能大师的《六祖坛经》是经典的文本，集中体现了中国禅宗的智慧，值得认真参阅。

2. 开启内在的智慧——禅宗经典的核心主旨

我们常谈智慧，很多人都想做一个智慧的人，那么人的智慧到底从哪里来？这是一个古往今来都在探讨的问题，对此，禅宗有着非常精彩和清楚的说明。我们以《六祖坛经》为文本，来说明禅宗的智慧。

《六祖坛经》的作者，是禅宗的六代祖师惠能大师。据他本人记述：惠能严父，本贯范阳，左降流于岭南，作新州百姓。[②] 由于家庭贫困，没有条件读书，但惠能对禅法、佛学的理解之深刻，使其成为了一位划时代的祖师。

自他以后，禅风大为兴盛，几乎成为中国佛学的代名词。《六祖坛经》实际上就是对六祖惠能大师禅法的追述，集中代表了他对佛学的理解。

在整个佛教的历史上，只有释迦牟尼的说法，才是《佛经》，除此之外，一般都被称作"论"。只有惠能这个不怎么认字的祖师，他的教法竟然称为"经"，可见惠能的深刻和伟大。那么，禅宗认为人的智慧在哪里呢？

[①] 施耐庵，罗贯中著：《水浒传》，人民文学出版社，1990年版，第749页。

[②] 陈秋平，尚荣：《金刚经·心经·坛经》，中华书局，2016年版，第162页。

根据五祖弘忍的看法,智慧(梵文称为"般若")就在人的内心。在准备传法找接班人的时候,弘忍告诉大家:

吾向汝说:世人生死事大,汝等终日只求福田,不求出离生死苦海。自性若迷,福何可救?汝等各去自看智慧,取自本心般若之性,各作一偈,来呈吾看。若悟大意,付汝衣法,为第六代祖。火急速去,不得迟滞,思量即不中用。见性之人,言下须见。若如此者,轮刀上阵,亦得见之(喻利根者)众得处分。退。①

五祖弘忍大师告诉大家,人的智慧(般若之性),就在人的内心,谁如果找到了,就要写一首偈子表达出来,谁的偈子最深刻,谁就是六祖。在呈现的偈子中,惠能所反映的境界和修为深得五祖的器重,于是五祖弘忍亲自辅导惠能,引导他实现真正的觉悟,也就是如何获得人生的大智慧:

三鼓入室。祖以袈裟遮围,不令人见,为说《金刚经》。至应无所住而生其心,惠能言下大悟,一切万法不离自性。遂启祖言:何期自性,本自清净;何期自性,本不生灭;何期自性,本自具足;何期自性,本无动摇;何期自性,能生万法。祖知悟本性,谓惠能曰:不识本心,学法无益。若识自本心,见自本性,即名丈夫、天人师、佛。三更受法,人尽不知。便传顿教及衣钵云:汝为第六代祖,善自护念,广度有情,流布将来,无令断绝。②

当五祖弘忍大师给惠能大师讲授《金刚经》的时候,其中读到"应无所住而生其心",惠能大师忽然大悟,心中开解,这个时候,惠能说出了自己的感受和体会,这是我们理解禅宗智慧的重要窗口:何期自性,本自清净;何期自性,本不生灭;何期自性,本自具足;何期自性,本无动摇;何期自性,能生万法。在惠能大师看来,人生的大智慧就在我们的内心,所以惠能称之为"自性"——即人心本有,不假外求,就看自己能不能找到

---

① 陈秋平,尚荣:《金刚经·心经·坛经》,中华书局,2016年版,第170页。
② 同上,第182页。

和证悟。而且人心中本具的智慧是什么状态呢？那就是本自清净、本不生灭、本自具足、本无动摇、能生万法。

那么我们要继续问，是什么东西蒙蔽了这个人心之中本具的智慧呢？其实就是人性的弱点。当我们有很多欲望表现为诸如虚荣、攀比、自私、狭隘等的时候，无从谈起人生的大智慧。所以，学佛的过程，与儒家、道家的说法根本一致，都是走净化心灵、开启道心的旅程。弘忍大师听了惠能的心得，知道惠能已经证悟佛法智慧，于是告诉他：不识本心，学法无益。若识自本心，见自本性，即名丈夫、天人师、佛。所谓佛学的智慧，就在人的心里，人人本具，学佛的过程，就是开启道心点亮自身智慧的过程，而不是向外膜拜和追求。否则，不反求诸己，永无出期！为了加深对此的理解，我们看几则禅宗公案：

唐朝无尽藏比丘尼，在对佛法有所觉悟的时候，写了一首诗：

> 终日寻春不见春，芒鞋踏破岭头云。
> 归来偶把梅花嗅，春在枝头已十分。[1]

"终日寻春"与"芒鞋踏破"是指为了寻求自身的开悟，东奔西走，在云游各大寺院禅林的过程中，把草鞋都踏破了多少双。可是"道"究竟在哪里？在东奔西走的路上？还是各地的大德高僧身上？都不是！追来追去，等到一天，"归来偶把梅花嗅，春在枝头已十分"，禅法和"道"不在别处，就在自己的心性里，反求诸己，光耀大千！

我们再举一个临济宗的开山祖师临济祖师悟道的公案，记载于《五灯会元》：

镇州临济义玄禅师，曹州南华邢氏子。幼负出尘之志，及落发进具，便慕禅宗。初在黄檗会中，行业纯一。（这段说明临济祖师开始的时候，非常仰慕禅宗，追随黄檗禅师学习，非常精进。）

时睦州为第一座，乃问：上座在此多少时？（临济的师兄睦州是黄檗

---

[1] 廖养正编著，释一诚审定：《中国历代名僧诗选》下册，中国书籍出版社，2015年版，第438页。

祖师的首座，看到临济很精进，于是就问：修了几年了？）

师曰：三年。

州曰：曾参问否？（睦州师兄问：跟随老师修行三年，是否亲自去向老师请教呢？）

师曰：不曾参问，不知问个甚么？（临济回答：没有，也不知道问个什么？）

州曰：何不问堂头和尚，如何是佛法的大意？师便去。问声未绝，檗便打。（睦州启发他：你就问佛法真正的秘密是什么？其实就是问如何才能成佛？结果临济祖师去问黄檗祖师的时候，一张口就被打。）

师下来，州曰：问话作么生？师曰：某甲问声未绝，和尚便打，某甲不会。（临济回来后，睦州师兄问是否请教老师？临济说已经请教了老师，但张口就被老师打。）

州曰：但更去问。师又问，檗又打。如是三度问，三度被打。（睦州师兄告诉临济，求法不要顾及被打，只管去问。结果问了三次，三次挨打。）

师白州曰：早承激劝问法，累蒙和尚赐棒，自恨障缘，不领深旨。今且辞去。（临济很伤感，告诉睦州师兄：谢谢你特别帮助我，劝我去请教老师。结果三次被打，是我障碍太重，智慧浅薄，没有能力跟着老师学习，我想我要走了。由此可见临济确实伤心了。）

州曰：汝若去，须辞和尚了去。师礼拜退。州先到黄檗处曰：问话上座，虽是后生，却甚奇特。若来辞，方便接伊。已后为一株大树，覆荫天下人去在。师来日辞黄檗，檗曰：不须他去，只往高安滩头参大愚，必为汝说。（睦州师兄听临济说要辞去，告诉他即便是辞去，也要跟老师亲自告别，这是做人的本分。随后，睦州师兄到黄檗祖师那里，说临济是一个求法的大器，将来会教化很多人，请老师慈悲多帮助他。由此可见睦州的用心良苦。后来，临济向黄檗祖师辞行，黄檗祖师告诉他：你不要去其他地方，就到大愚禅师那里请教就可，大愚会对你有所启发。）

师到大愚，愚曰：甚处来？（临济到了大愚禅师那里。大愚禅师问：哪里来的？）

师曰：黄檗来。

愚曰：黄檗有何言句？

师曰：某甲三度问佛法的大意，三度被打。不知某甲有过无过？（临济祖师就把在黄檗那里三次问道三次挨打的事情说了一遍。）

愚曰：黄檗与么老婆心切，为汝得彻困，更来这里问有过无过？（大愚禅师听了，非常感慨：黄檗祖师真是像老妈妈一样爱孩子，多想让你彻悟，可是你被死死地困住……）

师于言下大悟。乃曰：元来黄檗佛法无多子。（当听到大愚禅师这样说的时候，临济忽然大悟：哦！原来黄檗的禅法如此简单！）

愚搊住曰：这尿床鬼子，适来道有过无过，如今却道黄檗佛法无多子。你见个甚么道理？速道！速道！（大愚一听，一把抓住临济：你敢说黄檗的禅法就这么简单，赶紧说：悟了个什么东西？）

师于大愚肋下筑三拳，愚拓开曰：汝师黄檗，非干我事。（临济听了却在大愚肋下打了三拳，大愚推开临济说：你的老师是黄檗，不干我事！由此可见大愚禅师的人品高洁。）

师辞大愚，却回黄檗。檗见便问：这汉来来去去，有甚了期？（临济告别大愚，又回到了黄檗祖师的地方。黄檗祖师看到就问：你这个人在我面前来来去去，有个头吗？）

师曰：只为老婆心切，便人事了。（临济祖师回答：面对老妈妈一样对我的厚爱，我已经解决问题啦。【注意，从这一句话，黄檗祖师就知道临济祖师已经解决问题。后面就要验证学得怎么样。】）

侍立，檗问：甚处去来？师曰：昨蒙和尚慈旨，令参大愚去来。（黄檗祖师就问：从哪里来？临济回答：我感恩老师的指导，从大愚禅师那里来。）

檗曰：大愚有何言句？师举前话。（黄檗祖师问：大愚怎么教的你？临济祖师就把上面的经过说了一遍。）

檗曰：大愚老汉饶舌，待来痛与一顿。师曰：说甚待来，即今便打，随后便掌。（黄檗祖师听了，说：大愚真是啰嗦！如果哪一天见到他，我也打他！临济祖师听了说：等将来干什么，现在就打！说完就要给黄檗祖师一掌！）

檗曰：这风颠汉来这里捋虎须。（黄檗一看哈哈大笑，说：你这个家伙，竟然敢在老虎面前捋虎须！）

师便喝。檗唤侍者曰：引这风颠汉参堂去。（黄檗祖师看临济祖师已经大事已毕，告诉身边的侍者，带着临济去禅堂。【言外之意，认可了临济所悟。】）①

通过以上引用和翻译，我们分析临济为什么三次问法三次挨打？因为大智慧不在别处，就在个人的心里，当一个人不断地擦亮心中的镜子，不断地超越人心，道心自然呈现。不反求诸己，问东问西，离道万里，在明眼的祖师那里，不是找打嘛。后来，为什么到了大愚那里就恍然大悟呢？因为大愚说黄檗祖师像老妈妈对孩子那样，多么希望临济开悟。可是临济被如何求道的问题和挨打的事情紧紧困住身心，不得解脱！一旦听到大愚的感叹，恍然知道黄檗祖师打的就是这颗外求的妄心，所以不自觉地说出：黄檗的佛法这么简单！可是，这是经过多少年的参究和磨难得来的话，有他个人深刻的体验，不是我们读到的文字游戏那么简单。

临济开悟之后，追随老师多年，在黄檗祖师的接引造就下，成为立宗开山的祖师爷，他所创立的临济宗，影响深远，远播海外。临济禅师圆寂于咸通八年（公元867年），后被谥慧照禅师。在临济祖师入寂的时候，曾说传法偈云：

沿流不止问如何，真照无边说似他。
离相离名人不禀，吹毛用了急须磨。②

这一首诗，告诉我们一个人能够开启道心，是一件不容易的事。吹毛，用来比喻极锋利的宝剑。不是说一旦开启道心（吹毛），就万事大吉。而是还要面临很多干扰，需要不断地在生活中磨练，懂得保护自己的道心，从

---

① （宋）普济著，苏渊雷点校：《五灯会元》卷十一，中华书局，1984年版，第642页。
② 同上。

而不断地净化，并最终彻底地灵光独耀。这就是"吹毛用了急须磨"。

曹洞宗的开山祖师洞山良价也有一首著名的开悟偈，这样说：

> 切忌从他觅，迢迢与我疏。
> 我今独自往，处处得逢渠。
> 渠今正是我，我今不是渠。
> 应须恁么会，方得契如如。①

"切忌从他觅"，就是明确地告诉我们成佛得道，根本不在别处，不在东求西求，越是外求、越是各种折腾，离道越远，"迢迢与我疏"。"道"在哪里？就在你我的心性里。当我们把后天的障碍去掉、把人心上的各种弱点去掉，我就是"道"，"道"就是我。一个人的智慧真正打开之后，"我今独自往，处处得逢渠"，慧眼观潮，处处都是明月清风。

经过以上分析，可以帮助我们更好地理解《六祖坛经》的智慧，惠能开门见山，直接告诉大家：若最上乘人，闻说金刚经心开悟解。故知本性自有般若之智，自用智慧，常观照故，不假文字。②那种最上等的智慧人，直接绕过各种杂七杂八，直奔主题，马上领悟自己心中本来就有的"般若之智"，能够从文字中领会其背后的智慧。而且这个智慧没有大小，佛陀和众生都是平等的，即："般若之智亦无大小"，但"为一切众生自心迷悟不同"，导致"迷心外见"。对于那些修行人，如果"修行觅佛"，"未悟自性"，"即是小根"。若开悟顿教，不能外修，但于自心常起正见，烦恼尘劳，常不能染，即是见性。③

可以说，《六祖坛经》是一部非常直截了当的文化经典，告诉我们所谓的智慧，不过是人本来具有的能力。但是由于这个能力被后天的各种欲望和外部的诱惑所遮蔽和牵引，导致智慧的太阳蒙上乌云，不得拨云见日。

明白了这个宗旨，我们就可以更好地理解禅宗所强调的"看破"和"放

---

① （宋）普济著，苏渊雷点校：《五灯会元》卷十三，中华书局，1984年版，第777页。
② 陈秋平，尚荣译注：《金刚经·心经·坛经》，中华书局，2016年版，第212页。
③ 同上。

下"。看破，是告诉我们不要被外在的各种诱惑所迷惑；放下，是让我们消除人性之中的弱点和对外部扰动的执着，放下自己的各种贪求和执着。当一个人可以把人性的弱点去掉，可以不被任何外在的东西所扰动，那不就是万里晴空的自在吗？

3. 做真正的生命觉者

经过以上分析，我们要深刻理解中国文化的一大特点，那就是所有的努力，无不是为了开启人心中的智慧，无不是引导我们做一个堂堂正正的觉悟者。从中国文化的视角看来，人人心中都有大智慧，儒家称之为"良知"，道家称之为"元神"，佛家称之为"佛性"，三家名相不同，实则一样，无不是强调人人都有走向觉悟的能力。儒、释、道等大家，无不是在启发我们如何能够摆脱各种心性上的蒙蔽，走向真正的自我觉悟，从而顶天立地于天地之间，独与天地精神相往来。可以这样说，中国文化是人类文明史上最具有启蒙精神和自我觉悟的文化，中国文化也是最尊重人的尊严、相信每一个人乃至众生都可以成为觉悟者的文化。正因为如此，中国几千年的历史，没有经历类似西方一千多年的中世纪黑暗时代，因为在中国文化的智慧和启蒙之光照耀下，没有走向中世纪愚昧的文化环境。如果我们站在人类文明的历史进程中，就不难发现，人类的历史，本就是一部摆脱愚昧、走向文明的历史，是人类开启自身智慧的历史。一句话，人类的未来，是一条开启自身力量，摆脱蒙蔽，走向觉悟和自由之路。

下面把《六祖坛经》中如何开启道心智慧的话引用下来，并加以分析，开门见山，直接把秘密说清楚，有助于自身实际的修心启智。

首先，在惠能大师看来，人间的一切经书和文化，都是由人创造的，也是为了解决人面临的各种问题，人的困惑有多少，所谓的"法门"就有多少。

善知识，一切修多罗及诸文字，大小二乘，十二部经，皆因人置。因智慧性，方能建立。若无世人，一切万法本自不有。故知万法本自人兴，一切经书，因人说有。①

尽管人的素质有差别，但是只要是开启了内在的大智慧，那就一律平等：

缘其人中有愚有智，愚为小人，智为大人。愚者问于智人，智者与愚人说法。愚人忽然悟解心开，即与智人无别。②

在佛法看来，众生和佛的区别，就在于是否找到了心中本具的大智慧：

善知识，不悟即佛是众生。一念悟时，众生是佛。③

在如何开启内在智慧的问题上，惠能直截了当：

故知万法尽在自心，何不从自心中顿见真如本性？《菩萨戒经》云：我本元自性清净，若识自心见性，皆成佛道。《净名经》云：即时豁然，还得本心。善知识。我于忍和尚处，一闻言下便悟，顿见真如本性。是以将此教法流行，令学道者顿悟菩提，各自观心，自见本性。④

可是，现实中的很多人由于各种障碍，很难直截了当开启心中的大智慧，对此，惠能指示：

若自不悟，须觅大善知识，解最上乘法者，直示正路。是善知识有大因缘，所谓化导令得见性。一切善法，因善知识能发起故。三世诸佛，十二部经，在人性中本自具有，不能自悟，须求善知识，指示方见。⑤

在大善知识的帮助下，如果能彻悟心性，开启自身宝藏和大智慧，那就是顶天立地的人，是真正的自觉者，而彻底摆脱任何对外在的迷信和崇拜。当然，一个内心开解的人，一定是对祖师、对他人非常感恩和彬彬有礼的人。须记：堂堂正正的大写的人，与做人狂妄毫无关联。反之，如果

---

① 陈秋平，尚荣译注：《金刚经·心经·坛经》，中华书局，2016年版，第212页。
② 同上。
③ 同上，第215页。
④ 同上。
⑤ 同上。

一个人心中迷痴，那大善知识也很难帮助：

> 若自悟者，不假外求，若一向执谓须他善知识方得解脱者，无有是处。何以故？自心内有知识自悟，若起邪迷，妄念颠倒，外善知识虽有教授，救不可得。①

最根本的办法，一定是反观自心，超脱后天的人性弱点，用道心观照世界：

> 若起正真般若观照，一刹那间，妄念俱灭。若识自性，一悟即至佛地。善知识，智慧观照，内外明彻，识自本心，若识本心，即本解脱。若得解脱，即是般若三昧，即是无念。②

对于佛法强调的破除妄念，即"无念"，很多人存在误解。"无念"是不是像无情的草石一样没有任何念头？惠能又做了指导：

> 何名无念？若见一切法，心不染着，是为无念。用即遍一切处，亦不着一切处，但净本心，使六识出六门。于六尘中无染无杂，来去自由，通用无滞，即是般若三昧，自在解脱，名无念行。若百物不思，当令念绝，即是法缚，即名边见。③

一个人灵灵觉觉，怎么可能没有念头？所谓的"无念"，是说内心清净的人，升起的不是什么贪嗔痴的欲望，而是清净的没有执着的善念，而且眼、耳、鼻、舌、身、意等器官在和外界打交道的时候，既能清清楚楚地观照世界，又绝不被外界所拘束，心无挂碍，这种自由洒脱，才是"无念"。其实就是心灵清净之后，清净的念头升起，决不被任何外在的东西所黏附。比如，平常的人，看到美色，念念不忘，甚至内心波涛翻涌，这就是俗人。觉者眼里，非常清净，不起美色、丑色的分别，更不会有什么单相思。惠能大师专门强调，正确地理解"无念"非常重要，既不要妄念

---

① 陈秋平，尚荣译注：《金刚经·心经·坛经》，中华书局，2016年版，第215页。

② 同上，第216页。

③ 同上，第215页。

纷飞、到处挂碍和执着，也不要如草木顽石，心如死灰，当妄念歇处，净念流行，灵灵觉觉，关照大千，随缘来去，自在洒脱：

> 善知识，悟无念法者，万法尽通。悟无念法者，见诸佛境界。悟无念法者，至佛地位。善知识，后代得吾法者，将此顿教法门，于同见同行，发愿受持，如事佛故，终身而不退者，定入圣位。[①]

以上分析，是为了让大家更好地开启自身的智慧，直指人心，不仅为了学习中国经典，也是为大家有更好的状态。

4. 禅宗经典的智慧与破除认知的天花板

禅宗认为，所谓的大智慧，人人本具，不假外求。可为什么很多人没有大智慧呢？原因就在于各种污染蒙蔽了人本来具有的智慧能力，所以各大禅师各施手法，解缚去粘，无非是引导人们摆脱各种对智慧的束缚和蒙蔽，从而开启内在活泼的智慧，运用自然，随缘应对，面对不同的事和环境都能做出最恰当的认知和处理。禅宗的这个认识，对于我们如何破除认知的天花板、如何不断提高智慧有重要启发。我们要警惕任何困住我们认知的僵化模式和固化思维，做到圆融无碍。比如，有的法学方面的专家，往往不自觉地被法学思维方式所束缚，一旦遇到问题，马上就是从法律、体制等角度思考，仿佛天下的问题都是法律的问题、体制的问题。其实，社会非常复杂，有些问题反映的是法律问题、体制问题，但也有很多问题是道德问题、文化问题等。但当一个人被自身的学科所束缚，就会陷入认知的天花板，难以正确全面地看清问题的全貌。也有一些经济学背景的人，一遇到社会问题，马上做结论就是经济的问题，市场的问题等，其实很多社会问题与历史传统、人文修养有关，绝不是说经济可以包打天下。社会之复杂，是各种问题的综合体，我们不可因为自我视野的限制而使之简单化。

禅宗开启智慧方式，启发我们一定要警惕各种外在僵化的束缚，能够全面准确地认识世界并能正确决策。需要提醒的是，人们在读书或者工作的过程中，容易将所学和所经历沉淀成固化的思维方式，结果形成所谓的

[①] 陈秋平，尚荣译注：《金刚经·心经·坛经》，中华书局，2016年版，第219页。

思维定式，这就形成了蒙蔽我们全面思考和正确决策的天花板，必须加以反省和克服。

由此，对于理工科的人，做事严谨富有逻辑固然重要，但务必重视人文学科，注重价值和心灵层面的引导和建设。对于法学研究的人，重视制度和法律当然合理，但很多问题是道德建设和文化建设缺失所致，绝不可忽视文化和道德的作用。对于学文史哲的人，重视文化和心灵家园是这些学科的长处，但也要培养细致的逻辑和踏实做事的能力，不可因为玄远而不务实。经过以上分析，我们就能更好地理解《金刚经》为什么强调"法无定法"，面对时时变化、千差万别的世界，我们要有警惕和破除认知的天花板的自觉和自省，这样才能永远前行，在追求真理的过程中不断进步。

二、定力、文字与智慧

在如何拥有智慧的问题上，禅宗提出了戒定慧三学；为了防止人们陷于文字的泥潭而背离佛学的智慧，禅宗特别区分了文字和智慧的关系。

1. 有定力才有智慧

在《六祖坛经》里，特别强调了定与慧的关系：

善知识，我此法门，以定慧为本。大众，勿迷。言定慧别，定慧一体，不是二。定是慧体，慧是定用。即慧之时定在慧，即定之时慧在定。若识此义，即是定慧等学。

善知识，定慧犹如何等，犹如灯光，有灯即光，无灯即闇。灯是光之体，光是灯之用。名虽有二，体本同一，此定慧法，亦复如是。[1]

对于"定"和"慧"的关系，惠能大师已经说得非常清楚。就我们个人的体验，越是安静，心不被外在扰动的时候，往往比较有智慧，看问题全面、深刻，做事情长远、周到，处理各种关系能够比较圆融。一旦人心被摇动了，智慧自然被蒙蔽，就会说错话、办错事，甚至犯不可挽回的错误。可以说，所有让我们后悔的事，都是在内心激烈动荡的状态

---

[1] 陈秋平，尚荣译注：《金刚经·心经·坛经》，中华书局，2016年版，第237页。

下做出的。

20世纪90年代，中国出了一个著名的厦门远华走私案，案件的主犯是一个小学都没有毕业的人，但是他把很多高官、很多接受过高等教育的政府官员拉下水，成为走私案的共犯。其实，这没有什么秘密可言，不过是被主犯的诱惑动摇了定力而已。这个主犯曾经建一个七层的小楼，被称作"红楼"，里面条件奢华，从各地聘请了一批千挑万选的漂亮姑娘做服务员，然后把官员请来，其他不做具体说明，大家也明白其中不可告人的目的，就是利用人的弱点，让人心神动摇，做欲望的俘虏。谁不知道贪赃枉法不对？谁不知道权钱交易不对？谁不知道被人利用是可耻的事情？但是，一旦成了欲望的奴隶，一旦定力丧失，起码正确的判断都会失去，最终一起走上了人生的不归路！尤其是很多官员，不仅多年的成长毁于一旦，而且有的甚至家破人亡。所以，定和慧是一体的关系，有定力的人，自然会生发智慧；有智慧的人，也会有定力。我们做各种培训的时候，定力的培养是不可忽视的课程，更是人生的必修课。大家看各行各业特别有成就的人，都是深具定力的人，否则一个轻飘的人，不会有大的成就。

但是如果继续追问：如何才能拥有定力呢？这是今天这个时代务必要重视的问题。客观地说，每个时代都有很多诱惑，但今天的诱惑尤其多，各种视频、影视节目等扰乱眼睛和心志，各种刺激的音乐扰乱耳朵和心性，各种食品刺激人的口味，现在很多人在没有强烈味觉刺激的时候，就觉得食品不好吃，其实就是在各种欲望的刺激下，心灵被污染得越来越厉害。当一个人越来越远离大智慧，心灵被蒙蔽的时候，那肯定是越来越躁动、会轻易发脾气，这也是今天社会戾气严重的原因之一。

大家看身边，究竟有多少人能够沉下心来读书？更不要说阅读深刻的圣贤书，就连安安静静地听一场讲座都会觉得躁动不安。而有些商业和媒体对此也推波助澜，利用当前一些人的躁动状态谋利，推出一些快餐性质的产品，说是为了适应今天的视听习惯，其实就是迎合今天一颗颗躁动的心。为什么很多短视频受欢迎？因为今天的很多人，不想深刻思考，也不想通过全面的阅读提升自己的智慧，只想吃所谓文化的快餐，只想直接给我答案就好了，这样更加造成了社会的急功近利和躁动不安。大家想：仅凭看一个几分钟的视频，能得到什么？各种断章取义的碎片，对我们的成长有哪些意义呢？真正负责任的社会管理者，不是单纯地迎合社会，而是还有改造社会和引导社会的责任和使命。

正因为各种诱惑的存在，我们就知道了"戒"的重要性。佛学为什么把"戒定慧"放在一起？很显然如果没有戒律，大家想干什么就干什么，想去哪里就去哪里，结果整个心被污染得厉害，被各种欲望诱惑得厉害，这个时候哪还有什么智慧可言呢？孔子针对这种情况，就明确指出：非礼勿视，非礼勿听，非礼勿言，非礼勿动。① 孔子的目的就是让大家有所戒守，对于扰动自己心志、惑乱自己心性的东西，尽可能不要沾染，否则，就凭普通人那一点点定力，一旦看到、听到、经历巨大的诱惑，早就身不由己了。很多人喜欢拿济公禅师的例子做说明。道济禅师（济公）是南宋时期的大禅师，修为极高，他针对当时文化的僵化环境，故意表现得洒脱痴狂，其实是为了矫正当时的修学习惯和社会风气，避免走向保守和死气沉沉。其实，他是一个戒律森严的人，尤其是"心戒"，在面对各种境遇的时候而不为所动，如同前面惠能大师所讲的"无念"，那是极高的境界。看他的两首诗：

其一

酒肉穿肠过，佛祖心中留。世人若学我，如同进魔道。②

其二

六十年来狼藉，东壁打倒西壁；如今收拾归来，依旧水连天碧。③

道济禅师能够做到心空一切空，万法不滞，如果一般的人心里有各种欲望、各种执着、各种杂念，把济公禅师的行为当作自己破戒的借口，那就是"世人若学我，如同进魔道"。很简单，自己在什么状

---

① 杨伯峻译注：《论语译注·颜渊》，中华书局，2009年版，第138页。
② （清）聂先编撰，心善整理：《续指月录》卷一，巴蜀书社，2005年版，第41页。
③ 同上，第26页。

态上，就做符合自己状态的事。没有那么大的定力，就不要模仿济公禅师的酒肉穿肠过，更不要以此为自己放纵欲望找借口。第二首是道济禅师圆寂的时候写的一首诗，对自己的一生作了总结，万丈红尘走一遭，该结的缘、该度化的人，所作已办，落花流水，内心清清净净，这才是觉悟者的潇洒和解脱。

我们应该有所为，有所不为，这就是"戒"，尽量避免对自己心性的扰动；在这个基础上培养定力，遇到什么能够反观自心，而不是被外在的东西带跑，这个时候智慧涌现，做什么都能从容中道，不正是我们所追求的吗？

2. 文字为指月的手

现代社会，人们都追求高学历，家庭之间也在比拼看谁的孩子学习好、谁的孩子考的学校好等，这都是正常现象，但是读书多不等于有智慧，这是需要澄清的问题。关于文字和智慧的关系，惠能大师有一个经典的说明：在《机缘品》中，惠能大师记述了这样一件事：

> 师自黄梅得法，回至韶州曹侯村，人无知者。有儒士刘志略，礼遇甚厚。志略有姑为尼，名无尽藏，常诵大涅槃经。师暂听，即知妙义，遂为解说。尼乃执卷问字，师曰：字即不识，义即请问。尼曰：字尚不识，焉能会义？师曰：诸佛妙理，非关文字，尼惊异之。遍告里中耆德云：此是有道之士，宜请供养。[①]

有一位女出家众法名无尽藏，听说惠能很有水平，就拿着《涅槃经》前去求问。惠能大师就让无尽藏读给他听，然后给她解释。无尽藏很奇怪：师父连字都不认识，怎么可能给我讲佛经呢？惠能告诉他：真正佛的智慧，超出文字之外。你读给我听，我能懂佛在说什么就可，何必困于文字呢？

我们一般人的看法，智慧不是要通过文字表达吗？读书多不就是有智慧吗？惠能大师非常清楚地告诉我们：智慧需要通过文字表达，但文字本身和智慧不是一回事。如果把文字比喻成指向月亮的手，当有人问月亮在

[①] 陈秋平，尚荣：《金刚经·心经·坛经》，中华书局，2016年版，第265页。

哪里，当然用手指给他看，可是一旦看到月亮，就不要一直盯着手。文字也如同过河的船，过河固然需要船载，可是一旦过了河，就不要呆在船上。对此，庄子有一个比喻，得鱼忘筌，"筌"是用来捉鱼的工具，一旦捉到鱼，就要把"筌"放到水里，把鱼取回家就可。我们通过这些道理，要明白文字作为工具非常重要，但文字所承载的智慧尤其重要，而绝不要做文字的奴隶，也不可做无所依据的狂徒。针对今天的教育，我们引导孩子多读书，多思考，但也要读懂无字之书，提高阅读生活的能力，从书中去领会智慧，树立正确的价值观，而不是做一个书呆子。

三、心生万法：养好一颗心

六祖惠能曾经说：一切福田，不离方寸。我们通过对《六祖坛经》的阅读，会发现无论是人生的秘密，还是人类文化的秘密，某种程度上都在于人心。人心的状态，相当程度上决定了国家的状态，只要人心中有浩然正气，人心中有正义善良，物质的繁荣、良性的制度等都可以在人心的指导下建立起来。由此，对个人而言，我们要懂得养心，开启和护养自己的道心，做堂堂正正大写的人；对于国家而言，我们一定要坚持物质建设与精神建设的协调统一，启发人们的良知，不可顾此失彼。

不单单是文化，人类的一切都是人创造的，归根结底都是在人心的指导下创造的。人的心灵是什么状态，社会就呈现出什么状态。心净，则国土净；心安，则国土安。这并非虚言。人类社会上所有的罪恶、阴暗、杀戮、血腥等，很大程度上都与人性的弱点有关；而美好、善良、正义、光明等，都和人性的积极一面有关。一个人也是如此，自己的心是一个什么状态，人生就会呈现出什么状态。心里很多龌龊，恐怕做不成君子；心里正大光明，也不会是小人。很多人希望国家好，希望个人的命运好，那就要在根本的"心地"上下功夫，引导人心中积极向上的力量，净化自己的心灵，净化社会的心灵。除此之外，还要用制度防范好人性的消极力量，限制住人性的"恶"，只有这样，个人才会越来越好，社会也才会越来越好！

四、修心的不同层次

在如何养好一颗心的问题上，没有僵化的模式，我们通过一则禅宗的公案加以说明。在五祖弘忍传法的时候，要求大家各写一首偈子，看看谁的境界更高，在这个过程中，首座弟子神秀和得衣钵传承的惠能各自写了一首偈子，实际上代表了两种不同人生状态的修持状态。

1. 身是菩提树，心是明镜台

我们先看首座神秀对禅法的体悟：

> 身是菩提树，心如明镜台。
> 时时勤拂拭，勿使惹尘埃。[①]

这首偈子体现了什么样的修行状态呢？就是道心已经升起来，在道心的照耀下不断地融化人心，一旦有了不好的念头就可以马上清醒并加以克服。曾子曾说：吾日三省吾身。那么我们问：什么样的人才能三省吾身呢？什么样的人才能做到"时时勤拂拭"呢？就是点亮一盏心灯，在心灯的照耀下能够看清楚自己的弱点并加以克服的状态。现实中，很多人没有是非，贪一点小便宜不仅不自责，还以为别人傻；自己做了违法乱纪的事，不仅不痛加反省，而且洋洋自得，以为自己有小聪明，这就非常可悲了。

用现在的话语体系，我们一定要有正确的价值观和是非观念，在这个基础上管好行为和心。从管好行为的角度看，不要违法乱纪，不要践踏社会底线，不要伤害他人的正当权益和社会的公共利益，这是我们立在社会上的底线。在此基础上，尽可能造福大众，利益社会。一个人在社会上的价值大小，在于我们多大程度上做了利益社会的事。从管好自己的心而言，一定注意自己的起心动念，那些不清净的念头、自私的念头、声色犬马的念头、骄奢淫逸的念头甚至坑蒙拐骗的念头等，我们都要注意立刻发现，"时时勤拂拭"，并加以自省。《楞严经》曾经说：不怕念起，就怕觉迟，我们任何人都会有各种各样的缺点，但是我们一定要有不断自我提

[①] 陈秋平，尚荣：《金刚经·心经·坛经》，中华书局，2016年版，第176页。

高的意识,有不断自我提升和完善自己的自觉,过则勿惮改,点点滴滴,净化心灵,升华人格。

2. 菩提本无树,明镜亦非台

惠能知道弘忍大师传法的安排后,也写了一首偈子:

> 菩提本无树,明镜亦非台。
> 本来无一物,何处惹尘埃。①

这个境界和上面神秀首座偈子相比,对禅法的理解更加深刻,也说明惠能修证到更深高的境界。有这样一则故事,比较能说明二者的区别:

某一天,日本明治时代的坦山和尚和道友外出化缘,晚上回来时经过一条河流,由于刚下大雨,河水湍急。

二人刚想过河,忽然看见有一个姑娘在河边哭泣,坦山二人去问怎么回事,姑娘说是给母亲外出拿药,白天一场大雨,河水上涨而不能过河,心里着急。

坦山一听,说:"姑娘,过来。"于是背着姑娘,趟过了眼前的河水。

同去的道友,心里狐疑。回到寺院的寮房之后,忍不住问坦山:"平日里你经常警示修学者警惕美色,为什么你却背女人过河?"

坦山听了哈哈大笑,道:"我背上的女人早已经放下了,而你心里的女人念念不忘!"②

坦山和尚在这里昭示的境界,超越了一切"相"上的区别,帮助人过河是分内的事,没有男人、女人、美女不美女等杂七杂八。这正如同惠能这首偈子的境界,"菩提本无树,明镜亦非台。本来无一物,何处惹尘埃。"如果是一个人心里喜欢贪财、贪色,但是觉得这样不好,可能提醒自己,那就需要时时勤拂拭了。

如果从佛法修证的境界看,惠能大师和神秀首座相比较,惠能大师的

---

① 陈秋平,尚荣:《金刚经·心经·坛经》,中华书局,2016年版,第182页。
② 刘彬主编:《菜根谭》,内蒙古人民出版社,2006年版,第231页。

境界更要超脱、更加究竟。但如果从大众的实际情况看，我们更应该时时勤拂拭，莫使惹尘埃。当然，时时勤拂拭、莫使惹尘埃，能够提醒自己、不断完善，这是值得赞叹的地方，但是心里的欲念妄动，让自己烦恼不已，这就是很多人面临的现实困境。就好比对一件错误的事，明明知道不对，心里就是蠢蠢欲动，即便是管好自己，也要面对心灵的煎熬。可是，如果真的冲破道德束缚，大胆妄为，必然招致道德和法律的双重制裁。所以，要想真正快乐和幸福，还是要从"时时勤拂拭"，走向"本来无一物"。

五、修学在世间，不离世间觉

古往今来，都有对佛法的各种误解，其中最典型的就是认为佛学消极，仿佛是在逃避责任。其实，这是重大的误解，应该阐明佛学的真精神，以正视听。

1. 为大众服务，才可成就

如何才能真正修成"正果"呢？惠能如是说：

> 佛法在世间，不离世间觉；
> 离世觅菩提，恰如求兔角。（般若品）[①]

注意，学佛的人，要到哪里修学和成佛呢？惠能大师明确地指出，佛法就在世间，就在给众生服务的过程中，实现自身的升华和净化。如果离开世间，离开给大众服务，那任何一个人，都无法成就。所以，如果离开社会的责任，离开诚恳地给大众服务，永远不会成就。因为"离世觅菩提，犹如觅兔角"。所以，从禅宗身上，我们一定要学习全心全意为大众服务的精神，一定要懂得只有在给众生服务的过程中，才能实现人生的提升。这个过程，其实也是内圣外王的过程。

惠能大师的这种体悟，也是对佛学本来精神的继承与弘扬，大家请看《普贤菩萨行愿品》中，关于众生和佛菩萨的关系：

> 复次善男子，言恒顺众生者。谓尽法界虚空界，十方刹海，所有众生，

[①] 陈秋平，尚荣：《金刚经·心经·坛经》，中华书局，2016年版，第220页。

种种差别。所谓卵生,胎生,湿生,化生。或有依于地、水、火、风而生住者。或有依空,及诸卉木,而生住者。种种生类。种种色身。种种形状。种种相貌。种种寿量。种种族类。种种名号。种种心性。种种知见。种种欲乐。种种意行。种种威仪。种种衣服。种种饮食。处于种种村营聚落,城邑宫殿。乃至一切天龙八部,人非人等。无足二足、四足多足。有色无色。有想无想。非有想非无想。如是等类,我皆于彼随顺而转。种种承事,种种供养。如敬父母,如奉师长,及阿罗汉,乃至如来,等无有异。于诸病苦,为作良医。于失道者,示其正路。于闇夜中,为作光明。于贫穷者,令得伏藏。菩萨如是平等饶益一切众生。何以故。菩萨若能随顺众生,则为随顺供养诸佛。若于众生尊重承事,则为尊重承事如来。若令众生生欢喜者,则令一切如来欢喜。何以故。诸佛如来,以大悲心而为体故。因于众生而起大悲,因于大悲生菩提心,因菩提心成等正觉。譬如旷野沙碛之中,有大树王,若根得水,枝叶华果,悉皆繁茂。生死旷野菩提树王,亦复如是。一切众生而为树根,诸佛菩萨而为华果。以大悲水饶益众生,则能成就诸佛菩萨智慧华果。何以故。若诸菩萨以大悲水饶益众生,则能成就阿耨多罗三藐三菩提故。是故菩提属于众生。若无众生,一切菩萨,终不能成无上正觉。善男子,汝于此义,应如是解。以于众生心平等故,则能成就圆满大悲。以大悲心随众生故,则能成就供养如来。菩萨如是随顺众生,虚空界尽,众生界尽,众生业尽,众生烦恼尽,我此随顺无有穷尽。念念相续,无有间断。身语意业,无有疲厌。①

  这一章节,普贤菩萨强调,在修学的过程中一定要做到"恒顺众生"。注意,这个恒顺众生需要很大的智慧。比如你想帮助一个人,如果没有智慧,缺少善巧方便,结果是事与愿违,不仅没有帮到别人,而且引发怨言。那么怎么才能真正帮到别人呢?普贤菩萨说到了一个智慧,就是"恒顺众生"。所谓的"恒顺",绝不是说别人想做什么我都成全,而是初心一定要希望别人走正道,希望别人越来越好。可是在帮助的时候,如果直截了当地说别

---

① 闲度法师著:《华严学讲义》,宗教文化出版社,2006年版,第188页。

人如何不对、如何不好，结果可能对方根本不接受，导致最后不欢而散，这就是好心没有办成好事。"恒顺众生"，是要求我们懂得如何得到别人信任，如何能够真正做朋友，在这个基础上，一点点地渗透和影响，从而引导别人走正大光明的道路。而且普贤菩萨非常清楚地告诉我们：众生和佛菩萨的关系，就是根叶和花果的关系。众生是根叶，佛菩萨是花果，那么，我们不禁要问：众生的根叶如何结出佛菩萨的花果呢？那就要我们以大悲水浇灌根叶，其实就是带着慈悲的心，全心全意地为众生服务，在这个过程中，众生的根叶自然结出佛菩萨的花果。所以，普贤菩萨肯定地告诉大家：谁如果不能全身心地为大众服务，就不可能最终成就。或者说，为众生服务，是大成就者的必由之路。

禅宗的著名禅师药山惟俨也说，真正的觉悟者高高山顶立，深深海底行！高高山顶立，这是从境界的角度说，觉悟者看穿一切，随缘自在，但正因为什么都看破了，所以才能放下自己的"小我"，才能够设身处地地为众生着想，才能肝脑涂地地为大众造福，这就是深深海底行。

2. 全心全意为人民服务，是中国精神的传家宝

基于以上分析，我们可以清楚地得到这样的结论：不论哪个领域，任何一个行业的伟人和真正的领袖，无一不是在给大众服务的过程中成就自己。一个人有多大的成就，取决于自己能够为多少人服务。一个人有多大为众生服务的愿力，在现实中做了多少造福大众的事，他就会有多大的成就。这是值得所有追求卓越人生的朋友和创业者重视的人生成长铁律。

推而广之，为大众服务不仅是中国精神和智慧的传家宝，世界上很多国家的精英也都是这样。大家试看：哪一个伟大的企业家，不是在兢兢业业地给客户、社会服务？有多少客户支持、社会认可，企业就会有多大的市场容量。一个知识分子，归根结底要看你给大众做了多少实实在在的服务。这也是孔子为什么敢说：知我罪我，其惟春秋！因为他做的事，对民族的长久发展有多重要，他本人是很自信的。所以，这个世界上各行各业的大成就者，都是具有大乘的精神，绝不是为个人谋幸福，而是希望大家都好。反观今天，很多人根本没有仔细总结精英取得巨大成就的真正原因。尤其是有一些年轻的朋友，急功近利，只想着自己一夜暴富，过什么奢华的生活，而从来都不想怎么为社会服务、为大众谋利益。大家想：任何一个人，一个政党，如果不能为大众服务，不为人民做事，谁会拥有未来？全心全意为人民服务，这是千古不易的真理！

　　禅宗修持的六度波罗蜜，即六种修养自身的方法：布施、持戒、忍辱、精进、禅定、般若，这也是为大众服务的方式，也正是在为大众服务的过程中，净化自己的心灵，完善自己的人格。

第 12 讲

《传习录》：如何在生活中历练

《传习录》：如何在生活中历练

王阳明先生的"心学"在这几年得到社会的提倡，很多人也在推广"心学"，这有着内在的原因。从改革开放到现在几十年的时间，社会发生了巨大的变化。从物质层面看，国力上升，人民生活有了巨大的改善，这都是有目共睹的事实。但是，社会的变革和进步，是全面的进步，越是在物质财富增加的时候，人们对文化和心灵层面的需求也就越强烈。而且，随着一些社会问题的凸显，人们越发体会到"心灵建设"的重要性，在这种背景下，包括"心学"在内的中华优秀文化的价值就越被全社会认可和推崇。在中华民族复兴的大背景下，我们有必要全方位了解王阳明心学的背景、内涵及其现实意义。

一、王阳明一生

1. 虎豹生来自不群——志在圣贤

任何一个人的成长，都和家风、家教有重要关系。有什么样的家风，就会有什么样的家教，有什么样的家教，就会有什么样的孩子。家风和家教就像一个酵母池，任何在这个环境长大的人，都会浸染其中的味道。

追溯王阳明先生的家谱，王阳明的曾祖王杰，自号槐里子，人称"槐里先生"。有一次，王杰去京城参加科举考试，看到不少人为了追求功名利禄整个身心发生畸变，"披发袒衣，形容枯槁"，内心非常排斥，觉得耻与之为伍，决定归乡退隐，不再参加以后的科举考试。他的祖父王伦，世称"竹轩先生",生活清苦,与人为善,善待乡里,得到大家的尊重。他的父亲王华,非常聪慧,刻苦读书,为人正直,曾高中状元,是当时的政府高官。

《易传》说积善之家,必有余庆,王阳明的家族正好印证了这句话。王阳明祖上乐善好施、内心高洁,对王阳明的成长产生了很大的影响。推而广之,德行和善良是每一个家族兴旺发达的法宝。

今天,很多人把教育的全部责任推给学校,并不合适。客观地说,学校固然承担一部分的责任,但家庭作为人生的第一所学校和道德人格养成的关键,绝不可推卸责任,某种程度上说,家风家教是人生第一重要的教育。

一个人的人生和气象,从他的立志就可看得出。据王阳明年谱记载,在他十多岁的时候,一次与私塾先生讨论何为人生最要紧之事,他的老师认为是考科举做官,而阳明不以为然,认为"科举并非第一等要紧事",天下最要紧的是读书"成圣成贤"。他老师关于"科举做官"的理想,无非是很多大众的想法,读书不就是做官而光宗耀祖吗?直到今天,仍然有一些人视上学读书的目的为升官发财,如果一个人将"升官"和"发财"结合起来,必然贪赃枉法!这种错误想法的背后更多的是为了自己的所谓荣耀和脸面、为了自己和家族的生活。在这些人心里,利国利民的情怀,并没有多少地位。正因为很多人的初心就有问题,所以日后难免走上违法乱纪的道路。

从王阳明的一生看,他的立志不同凡俗,可谓志趣高远。以"成圣成贤"作为理想,可见王阳明一谈立志就放眼千里,志在千秋万代。而在"志在圣贤"的人看来,什么升官发财的俗人之念乃至徇私枉法等蝇营狗苟之事,根本不放在眼里。

"立志"就是自己给自己的人生做一个"局",一个人有多大的志向,就给人生开启了什么局面;志向也是人生前进的马达和动力,志向的高度代表了一个人看世界的高度。可以这样说,一个人立什么样的志向,就好比是确定了火箭起飞的角度和方向,志向不一样,在开始的时候就注定了不同的人有不同的人生道路和格局。我们通过王阳明和同时代的一个人——唐伯虎作比较，就能够给我们很多思考。

唐伯虎生于1470年，王阳明生于1472年。看唐伯虎的传记，他多少有点恃才傲物。他16岁参加秀才考试，得第一名，轰动了整个苏州城。29岁的时候，他到南京参加乡试，又获第一名，当时的人称其"唐解元"。可是在参加会试的时候，因为"泄题案"，被押解入狱，遭遇人生的断崖。从世人追捧，到遭遇人生的污点，唐伯虎的人生可谓天翻地覆。一个人如何看待人生的考验，与他的心志和理想有重要的关系。谁能说唐伯虎不聪明呢？但他并没有成圣成贤的志向，没有放眼千秋万代的格局。唐伯虎心理状态产生了偏差，并由此开始了玩世不恭的人生。

事实上，一个人的智慧、德行和境界，恰恰在遭遇苦难的时候才能显现出来，这就是我们常说的"沧海横流，方显英雄本色"。

我们再看王阳明。弘治五年，21岁的王阳明第一次参加乡试，与胡世宁、孙燧同榜中举，其后学业大有长进，然而，一年后在考取进士时却未中。4年后，王阳明再考科举，再次落第。同去参加科举的人在发榜现场未见到自己的名字嚎啕大哭，王阳明却表现得淡定从容。大家以为他是伤心过度，于是都来安慰他，王阳明说：你们都以落第为耻，我却以落第动心为耻。[①] 这是何等的洒脱和自信！为什么王阳明有如此气象？因为他有"圣贤之志"。在"圣贤之志"面前，考试失败算得了什么呢？

做官之后，他更是苦难连连，上折子弹劾宦官刘瑾令他招致非常残酷的打击。刘瑾假传圣旨，要置王阳明于死地，后来由于父亲的保护，他被杖四十，贬到当时非常偏远的荒蛮之地——贵州修文龙场做驿丞。在去任职的路上，被仇人截杀，险些丢命。而驿丞的级别是从九品——负责古代驿道上来往官员的接待，这是很苦的差事。

可以说，王阳明和唐伯虎都经历了人生的大苦难。王阳明能够把每一次苦难都视为人生的考验，能够在每一次应对苦难的过程中，凤凰涅槃，视其为人生的历练和升华，最终所有的人生困苦都成了王阳明成圣成贤的淬

[①] 度阴山著：《知行合一王阳明2》，北京联合出版社，2015年版，第93页。

砺。他将生命的苦水酿成甘露，将人生的苦难育成莲花，可谓人生壮丽。而唐伯虎一生骄傲，心里并没有什么"圣贤之志"，有的是文人的"小聪明"，以及骨子里所谓的傲气。"泄题案"判决后，他被削去仕籍，安排到浙江某县衙做小吏。这个安排应该说比王阳明的处境要好得多。可是他玩世不恭，与世事对抗。

  王阳明在总结自己的人生和当时很多知识分子的人生时，曾说"人生大病，只是一傲字"。① 因为当时读书的人比较少，能够读书的人，和当时大多数没有文化的人比，会自然产生一些骄傲和轻狂。王阳明有非常清醒的自我反省精神，他深知人生的修为，就是要警惕任何加在自己道心上的蒙蔽，作为知识分子之一员，其中"傲气"是毁掉自己的大毛病。王阳明一生坎坷，母亲在他十多岁的时候去世，科举考试也不顺利，为官更是几经波折，但是他把人生视为一场修行，把每一个经历都当作成圣成贤的历练！在去贵州路上，王阳明曾写诗表达自己面对人生困境的心境：

    险夷原不滞胸中，何异浮云过太空。
    夜静海涛三万里，月明飞锡下天风。②

  这首诗今天读来，依旧大气磅礴。在王阳明看来，一生以成圣成贤为志向，任何世间的考验，在自己无边广大的心胸面前，都不过是浮云尔！

  唐伯虎也曾经写一首诗，表达自己的小"觉悟"：

    不炼金丹不坐禅，不为商贾不耕田。
    闲来写幅丹青卖，不使人间造孽钱。③

  上面两首诗，尽管各人有各人的解读，但我的体会是：这两人一个超拔达观，处处练心，不断超越，成就圣贤之气象；一个带着怨气，故作潇洒，最终浪荡一生。

  人生差别在哪里？除了天资外，最重要的是勤奋和心力。有圣贤之志

---

① （明）王阳明撰，邓艾民注：《传习录注疏》，上海古籍出版社，2015年版，第281页。
② （明）王守仁撰，吴光，钱明等编校：《王阳明全集》中，上海古籍出版社，2015年版，第574页。
③ （明）抱翁老人：《今古奇观》，新世界出版社，2011年版，第318页。

的人，点一盏心灯，就有了不断自我超越的内在力量和不被物奴役的格局与境界。若无此志，则不免困于个人的得失与悲喜，不得解脱。

2. 内圣外王，立功立德立言三不朽

王阳明不仅立圣贤之志，而且践行所学。据年谱记载，结婚一年的王阳明带妻子从南昌回老家余姚，途经广信（上饶）时，他去拜访当地的理学家娄谅，问：怎样才能成为圣贤呢？娄谅答：朱圣人（朱熹）的书中有答案。这句话刻在了王阳明心里。根据年谱记载，在他21岁的时候，为了验证朱熹所说"格物致知""一草一木皆具至理"，面对院子里的竹子凝思七天七夜，期望通过"格竹"找到圣贤的真理，结果大病一场，也未能真正有所悟。这给了王阳明很大的打击，他十分困惑：到底如何才能证悟圣贤之理？由此可见，王阳明在这个时候还没有找到自己治学的路径。

人生的觉悟都有一个过程，但王阳明这种将学问视为生命之学，而且能够切身实践的精神，才是成就者的气象。现在很多人，觉得读书、做学问与自己的人生没有关系，把它们当作一种所谓的"技术"——写论文的"技术"，发表"论文"、评"职称"的技术。从某种程度上说，这是对真正学术精神的背离。归根结底，所有人类的文化源自人类心灵的创造，其作用也在于庄严人的心灵，修养人的身心，助益人的境界。如果和人类的生活生命失去了关联，也就失去了文化本来的含义。

后来，王阳明贬谪贵州龙场驿，终于领悟人生大智慧皆在于"内求"，在于"发明本心"！如果没有先前的"格竹"失败，也不会有后来的领悟。

一个人的智慧和境界，如何才能得到证明？不在于嘴上空说，而在于实践中的印证。王阳明反对空谈，主张真学问一定体现在社会实践中，用王阳明的话说就是"知行合一"。

平息宁王叛乱是中国历史上的一件大事，更是王阳明人生的大事。我们就从这件事中来看他的知行合一。

1519年，宁王朱宸濠发动叛乱，当时的明武宗和朝中大臣非常惊恐，但兵部尚书王琼却胸有成竹，他说：王伯安（王阳明字伯安）在江西，肯定

会擒获叛贼。因为在此之前，王琼曾经和王阳明有一次长谈，他看到的王阳明，心静如大海，谈吐之间，沉稳智慧，心中已经有所判断。朱宸濠叛乱时，王阳明正好被任命为督察院副院长，职责是巡抚赣南等地，并解决当地的匪患。

不出兵部尚书所料，经过几次激战，王阳明活捉朱宸濠，历时四十余天左右的叛乱宣告结束。从道理上说，这样大的功劳，应该得到举国公认，可由于皇帝身边的太监和朱宸濠有各种关联，心态很复杂，也唯恐受到追究，所以不希望王阳明深究此事。面对复杂的形势，志在圣贤的王阳明没有在意自己的所谓旷世奇功，而是选择急流勇退，以避免卷入更多的政治事端中。否则是是非非纷纷扰扰，对自己的修行没有任何意义。

平叛之后，曾经有学生问王阳明：您是不是特别会打仗？是不是学过军事？王阳明清楚地告诉他：一生不过是读圣贤书而已。自己既没有专门研究兵书，打仗也没什么特别技巧，而只是努力按照圣贤的要求去做，面对任何考验，力求此心不动而已。而且大家的聪明相差无几，"胜负之决，只在心动与不动之间。"[①] 为此，王阳明还专门举例子说明不同的人面对战争的不同状态。

与宁王对战时，王阳明的部队处于劣势，王阳明向身边的一个随从发布准备火攻的命令，那人惊吓得缓不过神来，王阳明说了四次，他才从茫然中听到王阳明的话。这种人就是平时学问不到家，一临事，就慌乱失措。那些急中生智者的智慧可不是天外飞来的，而是平时学问纯笃的功劳。

大家不免疑问：难道"此心不动"就这么灵验吗？其实这背后道理很大。"此心不动"，实则意味着一个人非常冷静，无论遇到任何险境，都能不被所扰，避免自己犯错误，全面分析情况，抓住机会，果断出击。一个人的定力，可以让自己不犯或者少犯错误，而对别人的错误洞若观火，清清楚楚，取胜的概率就很大了。否则，一遇到困难或者凶险，就慌里慌张、不知所措，那恐怕一败涂地的结局就在前面。

---

① （明）王守仁撰，吴光，钱明等编校：《王阳明全集》上，上海古籍出版社，2015年版，第188页。

一介书生,谈笑间能够让一场蓄谋已久的叛乱灰飞烟灭,不得不说这是王阳明智慧和境界的生动例证。所以,每一个夸夸其谈的人,都要反省,自己能否在干脆利索的工作中证明自己?

在平息叛乱的时候,王阳明并没有被表面上所谓的成功迷惑,而是对于社会治理和人心进行了更深刻的思考。

王阳明在进剿袭击俐头的暴动山贼之前,曾写信给弟子薛侃说:"即日已抵龙南,明日入巢,四路兵皆已如期并进,贼有必破之势。某向在横水,尝寄书(杨)仕德(即杨骥)云:'破山中贼易,破心中贼难。'区区剪除鼠窃,何足为异。若诸贤扫荡心腹之寇,以收廓清之功,此诚大丈夫不世之伟绩。"[①]

"破心中贼难",不仅是说抓住匪徒容易,真正教化匪徒成为堂堂正正的人比较难,更进一步指出了我们在提升个人修养时须注意的问题,如果内心深处没有做好清理——没有破心中贼,一旦有空子,人就不免犯错。很多人看起来彬彬有礼,但是心地究竟如何,欺骗不了自己,长时间更欺骗不了别人。所以人生的修养永无止境,可谓"止于至善",要做到"心地光明",那是很不容易的事。

我们总结王阳明的一生,正如同《左传》所言:人生有三不朽:立功、立德、立言。所谓立功,如大禹治水,都江堰水利工程,惠泽万民,利益万世;所谓立德,如周公吐哺天下归心、诸葛亮"鞠躬尽瘁,死而后已"等,都是德耀千秋,为世人典范;所谓"立言",老庄孔孟等历代圣贤、大思想家,无不是以自己的修证和体会为世人留下千古名篇。无论是"立功、立德、立言",都是人类历史的丰碑,永远值得我们学习和尊敬。

王阳明先生的一生无愧于人生三不朽。他一生严谨地修持自己,为国为民,不计个人利益,可谓"立德";他一生平叛无数,保境安民,可谓"立功";他注重言传身教,留下非常丰富的文史资料,以启发后人,可谓"立言"。直到今天,记载王阳明思想的《传习录》也是中国文化

---

① (明)王守仁撰,吴光,钱明等编校:《王阳明全集》上,上海古籍出版社,2015年版,第144页。

史上熠熠生辉的精品。

王阳明晚年时,被皇帝派去广西、广东平定叛乱,由于身体衰弱,战斗结束后回家路上,见他的学生王大用,问:你曾听说过孔明托付姜维的事吗?学生一听,眼泪下来了,知道老师在安排后事。后又见学生周积,说了人生的最后一句话:此心光明,亦复何言。①

功德圆满,知行合一,求仁得仁,位列圣贤。这可谓对王阳明一生的概括。

二、致良知为王阳明的"心法"

王阳明的思想非常丰富,内容庞杂,而且不同的时期,也有不同的发展脉络,那么我们如果用一句话概括王阳明思想的精粹,那就是"致良知"。王阳明所有的教育,都是引导人"致良知",王阳明所赞扬的高境界,都是"致良知"之后才能呈现的状态。可以说,"致良知"是王阳明思想的努力方向,是理解王阳明思想的关键和基础。没有"致良知",就没有王阳明的思想大厦。

1. 龙场悟道与反求诸己

王阳明思想的发展有一个逐渐深化的过程,而"龙场悟道"则是他整个思想的转折点。

明武宗正德三年,即1508年,王阳明因为上疏皇帝,弹劾太监刘瑾擅权,结果被打击报复,廷杖四十,随后被贬到贵州修文龙场去做驿丞。当地群山环绕,交通极其不便,本来是很多罪犯流放的地方。王阳明刚到龙场的时候,根本没有住处,只能住在附近的山洞里。而且当地多是少数民族,教育很不发达,很多老百姓还有比较野蛮的习惯,语言也不通。在这样的环境下,可想王阳明的孤苦和郁闷。

王阳明和他的两个随从在山缝里开荒种地,解决吃饭问题。读王阳明这期间的一些作品,如《始得东洞遂改为阳明小洞天三首》《谪居绝粮请

---

① (明)王守仁撰,吴光、钱明等编校:《王阳明全集》下,上海古籍出版社,2015年版,第1279页。

学于农将田南山永言寄怀》等，都可以看出他的孤独、痛苦甚至绝望。这期间，他曾经常读《周易》，把自己经常打坐禅修的小山洞称为"玩易窝"。

大家设身处地想一想：在这般孤苦之中，王阳明自身的很多困惑如何解决？为国为民的抱负向谁诉说？在这荒野之地，连一个交流的人都难以遇到，如何面对曾经的家国天下的担当？据王阳明自己回忆，他曾反复问这样的问题："圣人处此，更有何道？"[1]假如孔子、孟子遭遇这样的境遇，该怎么办呢？任何一个人真正的学问，不是嘴皮上的学问，一定是自身经历之后的痛彻领悟，是发自内心体验到的东西。当王阳明万般孤苦，叫天天不应、叫地地不灵之时，忽然有一天，他"忽中夜大悟"，明白：圣人之道，吾性自足，向之求理于事物者误也。[2] 这就是历史上著名的"龙场悟道"，我们不禁要追问：王阳明到底悟到了什么呢？

这个"悟道"，更多的是王阳明知道了一生修学的方向——反求诸己。从早年"格竹"失败之后，王阳明就一直思考如何治学和修身的问题。和今天的一些知识分子不一样，王阳明不把读书视为知识，而是将修身和治学结合起来。治学是为了修身以验证真理，修身是为了更好地治学。从早年的"格竹"，看得出王阳明走的是"外求"的路线，以为所谓修身和治学的真理在外部的世界或者圣贤书里，可在龙场贬谪期间，任何外求的路向都切断了，渺无人烟，这个时候内心的生机开启，才知道无论是圣贤书还是格物，都不过是一座桥，一座通向自身心灵的桥，所谓的真学问都是从自己的心性中证悟出来的。所以他说：天下之物本无可格者，其格物之功只在身心上做。[3] 用今天通俗的话来说，就是人人皆有圣人之心，通过自我修炼，每个人都可以向圣人的方向去完善自己。（也就是佛教所说的"人人皆有佛性"。）

通过王阳明的"龙场悟道"，给我们的人生很多思考。王阳明作为一代大儒，他肯定读过孔子的"君子求诸己"，读过孟子的"反求诸己""万

---

[1] （明）王守仁撰，吴光，钱明等编校：《王阳明全集》下，上海古籍出版社，2015年版，第1279页。
[2] 同上，第1007页。
[3] （明）王守仁撰，吴光，钱明等编校：《王阳明全集》上，上海古籍出版社，2015年版，第113页。

物皆备于我，反身而诚，乐莫大焉"，但为什么到了龙场才真正体悟到"圣人之道，吾性自足"呢？所以人生的道理，有的时候读过也是空过，只有身心到了一定程度，体验到那个境界，才能真正体会。所以我们此生不仅要读书，还要亲身实践，在读书的时候去实践，在实践中验证所学。

龙场悟道之后，王阳明信心满满，开始公开招生授课，因为以前他只是咀嚼别人的东西，而从那之后，他可以谈自己的体会。后来，贵州提学副使席书（相当于今天贵州省教育厅的副厅长）邀请王阳明来到贵阳文明书院讲学，王阳明首次明确提出"知行合一"说，阳明心学开始登上历史舞台。

王阳明来贵州修文之后，和当地苗民打交道，很多苗民没有文化，生活方式野蛮，但很多人都被王阳明感化，这也证明了人人皆有良知。

2. 百死千难"致良知"

从龙场悟道之后，一直到五十岁提出"致良知"，中间有十多年的时间，对此王阳明说：某于良知之说，从百死千难中得来，实千古圣圣相传一点滴骨血也。[①]

从思想发展的逻辑看，王阳明龙场悟道只是切身知道了治学和修身的方向，"圣人之心，吾性自足"，但是"圣人之心"到底是一个什么心？王阳明并未能进行精妙的提炼和概括。后来经过一系列的考验和修证，行走在各种政治利益的纠缠之中，经过无数的正心和省察克治的功夫，王阳明体验到了所有的修行都是为了"致良知"，而圣人的境界则是"良知"闪现，天理自然流行。

"致良知"是王阳明最核心的理念和最高的价值取向，也是他毕生追求，是王阳明对自身思想最精炼的总结。如果从思想史的角度考察，"良知"一词源自《孟子》："人之所不学而能者，其良能也，所不虑而知者，其良知也。"[②]如恻隐之心、是非之心、礼让之心、羞恶之心等，本心具有。王

---

① （明）王守仁撰，吴光，钱明等编校：《王阳明全集》下，上海古籍出版社，2015年版，第971页。
② 杨伯峻译注：《孟子译注·尽心上》，中华书局，2008年版，第238页。

阳明虽然很早就读过孟子的话，但这个从书本上得到的东西，不是自己的东西。只有经过深刻的人生体验和修证之后，才有真正的感悟。

我们常说要修成"圣人"，这大概是中国传统读书人的最高追求。可是圣人的境界究竟是什么？王阳明经过自己的修证，非常清楚地告诉我们：圣人就是把附着在良知上的污染全去掉了的状态，就是《尚书》所强调的"道心"，佛家称之为"佛性"。但是，现实中人们的良知总是夹杂着太多的人性弱点，这就需要我们修行，修行的过程就是"致良知"。王阳明说："知是心之本体，心自然会知。见父自然知孝，见兄自然知弟，见孺子入井自然知恻隐。此便是良知，不假外求。"[1] 所谓良知，就是"道心"，就是人心中积极的力量，致良知，就是不断地擦掉心灵上的灰尘以澄现道心的过程。

我们看王阳明对此的说明：

> 夫人者，天地之心。天地万物，本吾一体者也，生民之困苦荼毒，孰非疾痛之切于吾身者乎？不知吾身之疾痛，无是非之心者也。是非之心，不虑而知，不学而能，所谓良知也。良知之在人心，无间于圣愚，天下古今之所同也。世之君子惟务致其良知，则自能公是非，同好恶，视人犹己，视国犹家，而以天地万物为一体，求天下无治，不可得矣。古之人所以能见善不啻若己出，见恶不啻若己入，视民之饥溺犹己之饥溺，而一夫不获，若己推而纳诸沟中者，非故为是而以蕲天下之信己也，务致其良知，求自慊而已矣。尧、舜、三王之圣，言而民莫不信者，致其良知而言之也；行而民莫不说者，致其良知而行之也。是以其民熙熙皞皞，杀之不怨，利之不庸，施及蛮貊，而凡有血气者莫不尊亲，为其良知之同也。呜呼！圣人之治天下，何其简且易哉！[2]

如果我们扩展到对其他思想体系的解读，如《道德经》的"为道日损，损

---

[1] （明）王守仁撰，吴光，钱明等编校：《王阳明全集》上，上海古籍出版社，2015年版，第36页。
[2] 同上，第66页。

之又损，以至于无为；无为之处，无所不为！"① 就是对如何超越人性的欲望而致良知的描述，损之又损，在于如何擦亮道心；无为之处，道心呈现。神秀大师的偈子：身是菩提树，心如明镜台。时时勤拂拭，勿使惹尘埃；这其实就是在护养良知；惠能大师的偈子：菩提本无树，明镜亦非台。本来无一物，何处惹尘埃；这是良知呈现之后的状态。这个良知，儒家称之为"本心"，道家称之为"真心"，佛家称之为"佛性"。

今天，我们一直在强调道德教育的重要性，说到底，道德教育的根本就是开启和护养一个人的良知。其外在的表现，就是一个人有正确的价值判断和是非判断，并在这个基础上做出正确的行为。所以，"致良知"在人类文明史上具有永恒的意义和价值。

3. 心外无物

"心外无物"，是王阳明思想的核心命题，引起多少人的误解和谬传。我们先看关于"心外无物"的记载：

先生（王阳明）游南镇，一友指岩中花树问曰："天下无心外之物；如此花树，在深山中自开自落，于我心亦何相关？"先生曰："你未看此花时，此花与汝心同归于寂；你来看此花时，则此花颜色一时明白起来。便知此花不在你的心外。"②

究竟什么才是"心外无物"？这是中国思想史一直争论的问题。很多人用"唯心主义""唯物主义"等框架来研究王阳明的思想，将其称之为"唯心主义"，实际上这种简单化的结论无助于人类思想史的研究，也违背了王阳明思想的本意。我们人类面临的问题，有这几大类：一类是世界是什么。这是研究世界的本来状态问题，物理、化学、生物等自然科学，都是对世界本来状态的研究。一类是人是什么。古希腊达尔斐神庙上镌刻着一句话："认识你自己"，如何认识人类自己，这是永恒的问题，引起无数思想家的思索。一类是人类和宇宙的关系。人生活在宇宙之中，如何正

---

① （魏）王弼注，楼宇烈校释：《老子道德经注》，中华书局，2011年版，第132页。
② （明）王守仁撰，吴光，钱明等编校：《王阳明全集》上，上海古籍出版社，2015年版，第112页。

确地认识和建立人和宇宙的关联,这是人类文明的永恒问题。人类社会所面临的三大问题,总结起来就是世界是什么、人是什么、人和世界的关系是什么。王阳明先生的"心外无物",所关注的问题不是世界是什么,也不是纯粹关注对人的研究,而是思考和探索人自身及其人和世界的关系。人和世界的关系,通过价值和意义的问题联系起来,任何一个事物,客观上存在不存在,不是王阳明关心的问题,这个事情或者现象对人有没有意义和价值、是否对人的生活和心灵造成扰动,这是王阳明关心的问题。那么,请问:外部的一个事物、或者一件事情,到底对人有没有意义和价值?到底是不是干扰到人们的心灵?其关键不在外部的事物,而在于我们的认知和价值观,从这个意义上说"心外无物"。为了更好地说明问题,我们举一个例子:

> (惠能)遂出至广州法性寺,值印宗法师讲涅槃经。时有风吹幡动,一僧曰风动,一僧曰幡动,议论不已。惠能进曰:不是风动,不是幡动,仁者心动。一众骇然。[①]

大家都在听方丈师父讲授佛经,这个时候按说都应该聚精会神,什么风吹草动等,与自己何干!好好听老师上课才对。可是,有两个小和尚根本没有好好听课,心猿意马,开始争论是风动还是幡动的问题!初看起来,好像是风动幡动的问题,而问题的实质是两个小和尚没有好好听课,走神导致。如果两个小和尚能够专心致志,什么风动幡动,与他何干?当时很多人被问题的表象所迷惑,而惠能大师一下子说在问题的实处,指出这不是风动幡动的问题,实质是二者的心在动,所以震惊全场。所谓"心外无物",其实就是一个事情能不能干扰到自己、是否引起自己的注意、是否对自己造成影响等,根本在于自己的心。所以,王阳明指出,世界有没有意义,在于人心的赋予:"心虽主乎一身,而实管天下之理;理虽散在万事,而实不外乎一人之心。是其一分一合之间,而未免已启学者心、理

---

① 陈秋平,尚荣:《金刚经·心经·坛经》,中华书局,2016年版,第192页。

为二之弊。"①（《答顾东桥书》）推而广之，整个宇宙的价值和意义问题，也在人心：人者，天地万物之心也；心者，天地万物之主也。心即天，言心则天地万物皆举之矣。②（《答季明德》）

如果我们有了这个认识，会发现人生的很多烦恼和痛苦，都不简单是因为外物所引起，而是自己的心绪扰动在外部的投射而已。自己过于贪恋女色导致大祸临头，反而说女人红颜祸水；自己的贪财枉法，反而说官场害人不浅；自己管不住自己好玩的心，反而要怨怒酒吧开在自己附近，如此等等。很多人生的纠结、烦恼、痛苦，都是自己修为不够的一种折射，切不可转移焦点。如同王阳明和朋友的对话：一个人喜欢上花、贪恋赏花，离开之后念念不忘，问题的实质是自己的心。心不附物，物岂爱人？所以，大家读《心经》，其中有一句话：心无挂碍，无有恐怖，远离颠倒梦想，究竟涅槃。③

一个真正快乐的人，一定是"心无挂碍"，没有什么可以扰动自己的心，这个时候才能没有恐怖，远离颠倒梦想。可以说，当自己对什么产生挂碍的时候，什么时候就会痛苦。比如，自己对级别特别在意，那当级别升不上去的时候，就会痛苦；自己对金钱特别在乎，当别人给的报酬不满意的时候，就会特别痛苦。所以，庄子告诉我们，人生的修行，就是超越一切的挂碍：神人无功，至人无己，圣人无名，达到无所待的状态。

"心外无物"，我们要不断地修好自己的心，有出世的高远，心无挂碍，又能积极做事，踏踏实实！修行，说到底不是谈玄说妙，而是修一颗心。

三、知行合一

知和行的问题，是中国哲学的重要问题，也是人类文明史的重要问题。王阳明的时代，朱熹的思想影响甚大，代表的是当时国家的官方思想。朱熹虽在理论上认为："知行常相须，如目无足不行，足无目不见。论

---

① （明）王守仁撰，吴光，钱明等编校：《王阳明全集》上，上海古籍出版社，2015年版，第36页。
② 同上，第181页。
③ 陈秋平，尚荣：《金刚经·心经·坛经》，中华书局，2016年版，第142页。

先后,知为先;论轻重,行为重。"① 但在具体的实践中,朱熹则认为知先行后:今就其一事之中而论之,则先知后行,固各有其序矣。② 朱熹"知先行后"的认识深刻地影响了当时的思想界,这就导致当时的很多人空谈理论,而不是到真正的实践中去修炼自己,最终夸夸其谈,不免空谈误国。对此,王阳明这样评价当时的思想状况:

今人却就将知行分作两件事去做,以为必先知了,然后能行。我如今且去讲习讨论做的工夫,待知得真了,方去做行的工夫。故遂终身不行,亦遂终身不知。此不是小病痛,其来已非一日矣。某今说个知行合一,正是对病的药,又不是某凿空杜撰。知行本体原是如此。今若知得宗旨时,即说两个亦不妨,亦只是一个。若不会宗旨,便说一个,亦济得甚事?只是说闲话。③

任何时代,在行中才有知,将知落实在行中才能验证,那种不真正努力工作、不在实践中改变命运,而是夸夸其谈、一番不负责任地情绪性宣泄和所谓的批评,都对现实的生活无益,是值得警惕和引导的社会现象。

那么,王阳明怎么看待知和行的关系?我们能够从中学到什么?

1. 真知必真行,真行才有真知

王阳明在知行问题上,非常鲜明地提出了自己的观点"知行合一"。在给弟子讲授知行合一的时候,他经常强调,要在"事上磨练",在实践中求知。当有人问及什么是知行合一的时候,王阳明回答:知是行的主意,行是知的功夫。知是行之始,行是知之成。

一个人的行动和认知,是内在统一的关系;任何实践,都以一定的认识为指导;任何发自内心真诚的愿望,某种程度上都会带来行动。一个人的认识到底怎么样,是不是正确,都要在实践中加以证明。只有真正落实了,才能代表一个人有真知。集中起来就是:在王阳明看来,我们强调的

---

① (宋)黎靖德:《朱子语类》卷一,中华书局,1986年版,第148页。
② 郭齐,尹波点校:《朱熹集》卷四,四川教育出版社,1996年版,第1970页。
③ (明)王守仁撰,吴光,钱明等编校:《王阳明全集》上,上海古籍出版社,2015年版,第2页。

"知"，不是耍嘴皮子，不是空说，而是要踏踏实实地行动；反过来，只有真正落实在行动中，才能验证我们的"知"，才能更好地发展、完善和提升我们的"知"。有一种现象，仅仅是嘴上头头是道，而不是发自内心地认识到了，更没有落实在实际的行动中，结果就是"听了很多的道理，也过不好这一生"。如果只是空谈，不会产生任何的实际意义。所以，真正有"知"的人，一定是在灵魂深处知道了，而且发自内心地认同，也一定会落实在实际的行动中，从而改变我们的命运，不断地升华自己的认知和觉悟。

学习王阳明的知行合一，一生铭记永不可只耍嘴皮子、永不可做一个空谈的看客，而是真正到社会进步和自我修炼的实践中落实、践行，在这个过程中将"知"和"行"统一起来，从而让我们的社会越来越好，每个人的命运越来越好。

2. "知行合一"才是真修行

王阳明不仅强调了真知一定体现在行上，真行才能出真知，而且更深刻地指出，正是在"知行合一"的过程中，人生的修行才能落在实处。

我们常说"修行"，到底如何才是"修行"？其实，"修"是指"修心"，是在起心动念的地方加以着手，从而不断地减少贪心、自私、好色、虚荣、攀比等不好的念头，一句话——减少"妄心"，在这个过程中不断地升起正念。升起正念的过程中，心越来越清净，每一个念头都是利益他人，这个过程就是"修"的过程。我们平时看一个人如何如何，大都是看到一个人外在的成就。实际上一个人外在的功业如何，不过是他个人心量的显现。胸怀大志的人，自然有不同于凡夫的功业，这是很自然的事。可是，我们要问一个人到底修得怎么样？是不是坐在空屋子里，或者到深山老林里去证明自己的境界呢？近代的虚云老和尚非常清楚地告诉我们：那种离开人世间的修行、离开给大众造福的修行，一旦遇到考验，所谓的"定力"烟消云散。对于"修"得如何，最大的考验，就是在"行"中得到证明。比如一个人自诩有多大能力，最好的验证就是实践，做一番功业，在这个过程中去验证。所以，我们常说的"修行"，其实就是在"修"中行，在"行"

中"修",二者是一个有机统一的关系。

对此,王阳明有深刻的理解。他认为一个人最好的修行就是"知行合一","知"的落脚点就是"修心","行"的落脚点就是践行。有一次学生问他什么是知行合一,王阳明说:

"此须识我立言宗旨。今人学问只因知行分作两件,故有一念发动,虽有不善,然却未曾行,便不去禁止。我今说个知行合一,正是要人晓得一念发动处,便即是行了。发动处有不善,就将这不善的念克倒了。须要彻根彻底,不使那一念不善潜伏在胸中。此便是我立言宗旨。"①

注意,王阳明强调要在心念一发动的地方修,在起心动念的地方不可有一丝的妄念,这是了不起的境界,也是净化心灵的好方法。如果人们只是约束不良的行为,那就会导致内心的贪欲和行为的管束之间的痛苦和对立。如果心灵没有净化,就会出现心里很想做某些事,但法律和道德不允许做,这不仅导致心灵痛苦,而且这种外在约束也最不可靠。那么王阳明则是更深入地告诉我们在起心动念的地方下手,从而把人性的弱点不断加以弱化,虽然很不容易做到这一点,但这是根本的修养方法,是不断努力的方向。

当一个人真正懂得在起心动念的地方修养自己,那就是净化心灵以培养真心,一旦有了真心,必然是真行动。反过来,带着赤诚之心去做事,也必然在心灵上留下痕迹,这就是王阳明所说:知之真切笃实处,既是行,行之明觉精察处,既是知。知行工夫,本不可离。②

我们理解了王阳明的"知行合一"思想,不仅要自觉地把二者结合起来,更要在起心动念的地方观察自己、反省自己。一个不良的念头,其实已经种下了将来的祸根,不可不慎!如同一个管理者,贪赃枉法的想法一旦在心中升起,哪怕是还没有采取行动,人生已经危若累卵,不可不慎。

---

① (明)王守仁撰,吴光,钱明等编校:《王阳明全集》上,上海古籍出版社,2015年版,第84页。
② 同上,第37页。

四、事上磨练

一个人的德行和智慧如何提高？这是一个人类思想史和道德教育史上的根本问题。王阳明对此作了总结，那就是一个人的境界不是空说，修为更不是空谈，而是要在实践中磨练，在踏踏实实做事的过程中修炼自己，可谓振聋发聩，特别值得我们重视。

1. 青山何处不道场

有这样一个例子，一次学生问王阳明：

静时亦觉意思好，才遇事便不同，如何？先生曰：是徒知静养而不用克己工夫也。如此临事，便要倾倒。人须在事上磨，方能立得住；方能静亦定、动亦定。①

这是很多修养自身的人遇到的通病。很多人在安静的时候，在没有杂事或者工作干扰的时候，似乎心里还算有定力。但是一旦到了万丈红尘，到了生活和工作中，定力就会丧失，心浮气躁。对此，王阳明特别强调："人须在事上磨练，做功夫，乃有益。若只好静，遇事便乱，终无长进。那静时功夫，亦差似收敛，而实放溺也。"②

一个人的定力和真功夫，不是表现在嘴皮上，也不是与世隔绝的状态里，而是在日常的生活中培养定力和智慧。当别人批评自己的时候，能够闻过则喜，或者至少听得进去，海纳百川；遇到别人的误解，能够心胸开阔，坦然自若；有一点成就，绝对不飘飘然，能够谦虚谨慎，不骄不躁；遇到困难的时候，不怨天尤人，能够认真反思自己的问题，不断学习，勇于开拓。诸如此类，在每一个生活的细节里都处理好，这才是一个人的真功夫。

青山何处不道场，修行未必在山林。懂得这个道理，就一定树立在生活中修养自己的自觉。很多人工作就是工作而已，说得直白一点，不过是把工作视为谋生的工具而已，这是对自己人生不负责的做法。我们每工作

---

① （明）王守仁撰，吴光，钱明等编校：《王阳明全集》上，上海古籍出版社，2015年版，第11页。
② 同上。

一天，都是失去生命的一天，无论我们做什么，都是拿着命去换来的，如果我们不能在工作中好好修炼，真是太糊涂而浪费光阴。因此一定要在工作中历练自己、反思自己、提升自己。

有这样一则案例：

陆澄在鸿胪寺仓居，忽家信至，言儿病危。澄心甚忧不能堪。先生曰："此时正宜用功。若此时放过，闲时讲学何用？人正要在此等时磨练。"①

王阳明的本意，不是让我们没有亲情，而是说在重大考验的时候，不能乱了阵脚，不能悲痛之下就不知如何是好了。对亲人的爱护和痛惜，是人之常情，但是我们无论遇到什么，都要有智慧做出准确的判断，采取更好的办法去解决问题。在情绪失控之下惊慌失措，就会导致更糟糕的后果。人生会遇到很多急迫局面，如果因为情绪的激烈波动而失去定力，忙中出错，乱上加乱，这不是祸不单行吗？所以一定要注意把每一个生活的细节视为修行的道场，越是在紧迫的时候，越临危不乱，每临大事有静气，才能从容中道。

2. 修静才能开智慧

在节奏越来越快的大环境中，在纷繁复杂的社会中，刺激和干扰非常之多，社会的节奏就像旋转的陀螺，越转越快。如果我们不懂得"修静"的重要性，那就会越来越心浮气躁，越来越难掩心中的戾气，导致自己做事越来越马虎，甚至会忙中出错，心里也会整天乱糟糟，毫无幸福可言。

须知一切的智慧，都和"修静"有关。人生务必有修持定力的意识。王阳明一生特别注意修静，把打坐修静视为一生的必修课。他时时注意"息思虑"，放下妄心，让自己静下来，这对开发智慧、培养德性，至关重要。根据《年谱》记载："究极仙经秘旨，静坐为长生久视之道，久能预知"。②他称"静坐"为"默坐澄心"，其实就是不断心灵净化的一个过程。当妄念越来越净化的时候，心静则能够生慧，清明朗照，智慧现前；修静不是

---

① （明）王守仁撰，吴光，钱明等编校：《王阳明全集》上，上海古籍出版社，2015年版，第15页。
② （明）王守仁撰，吴光，钱明等编校：《王阳明全集》下，上海古籍出版社，2015年版，第1162页。

没有念头，只是浮云不碍虚空，不随念头去而已，当下把握得住。

修静不一定非要某种形式，不是非要坐上蒲团，而是要随时随地学会安静下来，做一件事的时候，就全心全意地做事，做完事了不要太挂念，就把心空下来；等到做其他事的时候，再踏踏实实地做其他事！这就是很好的修行！有一些人，没事的时候，胡思乱想，不知道自己在想什么；在做事的时候，不能专注，心不在焉，顾左右而言他，这就是空过时光，不懂如何修养自己。

修静还在于"虚心"，不要先入为主，更不要因为一点外界刺激就有先入为主的判断。我们在看问题的时候，不可带着成见，自以为是，而是把心空下来客观地看待分析问题，这样才能全面准确。可以说，以虚空的心看世界、看问题，才能尽可能避免偏见和主观。

3. "省察克治"：不动心方乾坤朗照

在生活中究竟如何用心，如何修养自己？这就涉及一个方法问题。对此，王阳明有清晰的指导。王阳明在《传习录》中谈到：

"省察克治之功，则无时而可间，如去盗贼，须有个扫除廓清之意。无事时，将好色、好货、好名等私，逐一追究搜寻出来，定要拔去病根，永不复起，方始为快。常如猫之捕鼠，一眼看着，一耳听着，才有一念萌动，即与克去，斩钉截铁，不可姑容，与他方便，不可窝藏，不可放他出路，方是真实用功，方能扫除廓清。"[①]

这里的省察克治，就是平常修养自己的好方法。在我们起心动念的时候，一定要做好观察，每个念头升起的时候，都马上觉悟是否符合道心，是不是人性的弱点在作祟。一旦有了违背人伦的不好念头，能够及时反省和觉悟。这种方法对于我们提高自己非常重要。比如，一个官员，当别人送几百万的贿赂时，嘴上虽然严词拒绝，但内心里究竟怎么样，不能自欺欺人！如果内心里一点都不动心，现实中更不会接受，那真是正人君子，是我们学习的典范。如果嘴上说得堂堂正正，但内心已经动摇，只是觉得不

---

① （明）王守仁撰，吴光，钱明等编校：《王阳明全集》上，上海古籍出版社，2015年版，第14页。

安全而不敢据为己有的话，那这个人出问题恐怕也是早晚的事。所以，修养自己的内心是对自己的真负责，修养自己决不可给人装样子看，如果自欺欺人，最终天网恢恢，自食其果，这不是糊涂吗？

在起心动念的地方下手，时时警惕，不断自我净化，这是非常有效的修养方法。

五、私意，凡心与圣境的最大阻隔

当今的很多人，对于人性的理解不免有一些偏差，甚至很多人被误导，认为"人性自私"，并由此产生很多不良影响。对此，我们必须做出全面的分析，以在这个问题上做出正确的引导。

1. 人性是自私的吗？

这个问题的答案很清楚，当然不是！客观地说，人性之中有自私的因素，但绝不能简单地把人性理解为自私。这对于当代人而言，有点不好理解。因为，很多人看来，自私不是很正常嘛，而且西方的某些文化形态也一直强调人是自私的，这种错误的认识为人性的"恶"提供了所谓的"理论庇护"，结果误导多少人走向人生的堕落和犯罪的深渊。

人性究竟是什么，前面已经论述，人性既有积极的力量，也有消极的力量，那种言人是自私的判断，不免幼稚、偏颇、极端、狭隘。人性非常复杂，人是可以被塑造和影响的，这是基本的事实。关键是，我们要把人性之中的哪些内容激发出来？我们要以什么样的文化去启发和影响社会？这才是问题的关键。古往今来，无论是哪个国家，我们会发现几乎所有人类的悲剧和灾难都和人性的弱点有关，很多大英雄不是被别人打败，而是败在人性的弱点上。反之，人类所有的文明和辉煌，都和人性的积极力量有关，都是人性深处美好的力量所创造。我们明白了这个道理，就不要幼稚地以为人是自私的，更不要以为自私就是好的。客观地说，人有自私的一面，这是一个现实，应该适度尊重，但绝不可大张旗鼓地鼓励，相反，如果我们希望一个人过得好，过得平安，如果我们希望社会越来越好，那就要通过制度和文化限制住人性的自私，不断地启发人性的博大和仁爱，这才是人间正道。

2. 超越小我，智慧涌现

王阳明明确指出"私意"是凡心和圣意之间最大的阻隔。也就是说，一个人不能成为圣人的最重要原因，就是人的自私。对此，王阳明说：

> 天下之人心，其始亦非有异于圣人也，特其间于有我之私，隔于物欲之蔽，大者以小，通者以塞，人各有心，至有视其父、子、兄、弟如仇雠者。圣人有忧之，是以推其天地万物一体之仁以教天下，使之皆有以克其私、去其蔽，以复其心体之同然。①

在王阳明看来，当一个人把自私去掉的时候，就相当于把心灵的镜子给擦亮了，自然可以照天照地。如果把自私比喻成"小我"，那么，把"小我"打破的时候，"大我"的境界就自然产生了。对此，王阳明指出：

> 若良知之发，更无私意障碍，即所谓"充其恻隐之心，而仁不可胜用矣"。然在常人不能无私意障碍，所以须用"致知""格物"之功，胜私复理。即心之良知更无障碍，得以充塞流行，便是致其知，知致则意诚。②

比如，人人都有恻隐之心，对别人有同情可怜之心。可真正遇到可怜的人，可能心疼自己的财物而舍不得救助别人，这就是王阳明所说的"私意"障碍了我们的德行，即知行本体的自性，原本是合一的，它之所以不合一，是因为被私欲私意隔断，所以必须有"致"的功夫以复其合一之体。

用我们今天的话语体系来说，所谓的自私，就是只想着自己，什么都是为了自己，看任何问题都是以自我为中心。这种人在德行上必然是自私自利，如果做官，必然是以权谋私；经商，必然是缺斤少两；对人，必然是斤斤计较。如果用佛家的话说，自私的实质是"我执"。人生几乎所有的毛病，诸如"贪财""好色""虚荣""嫉妒""攀比""傲气""贪占便宜""好名"等人生弊病，在于"有我"。所以，我们这一辈子的修行，就是在修掉这个"我执"，外在的表现就是自私。人生所有的痛苦和灾难，都

---

① （明）王守仁撰，吴光，钱明等编校：《王阳明全集》上，上海古籍出版社，2015年版，第47页。
② 同上，第5页。

和"自私"有关；人生大的格局、高尚的境界、让人肃然起敬的德行、人生的幸福感等，都只有在超越自私的过程中才能实现。"我执"是人生的一张大网，孔子"六十而耳顺"，就是超越"我执"的一种表现，那个时候，才有人生的豁达和开阔。

什么是圣贤的境界？无非是超越"小我"而能够为大众服务的境界。一个人真正做到"无我"，才能更好地做到"利他"。大家看历代的圣贤，看所有民族推崇的伟大英雄和智者，无不是超越自己的利益而为大众打拼。从这个意义上说，我们提升境界的过程，就是不断地弱化"私意"的过程。正是在这个过程中，人生才有大格局。试想，整天都是自己的小算计，切不要说不会有大事业，也不会有人生的幸福。因为，绞尽脑汁的盘算，患得患失的权衡，到头来，只能是焦虑和紧张。

可以说，只有打破"小我"，才能开启内在的智慧，才能彰显人的德行。

六、每个岗位皆出圣贤

在一般人看来，所谓圣贤高大上的追求，哪里是我们平凡人应该追求的目标呢？其实这是很多人不懂其中的道理而出现的误解。所谓圣贤，其本质在于一个人心灵的层次，和外在的地位、权贵、金钱、名利等没有多少关系。当一个人的心灵干干净净，把心上的污点去掉，不自私自利，不蝇营狗苟，心里没有偏见、狭隘、嫉妒、虚荣、攀比等弱点，无论做什么工作，都能本本分分、踏踏实实。力所能及地做好工作，利益社会，成全别人，这就是圣贤境界。所以，很多人抱怨社会如何如何，嫌弃自己的平凡，实际上这个社会最多的是平凡人，大家都是在平凡的岗位上给社会做事、为人民服务！只要能够兢兢业业、本本分分，在平凡的岗位上，诸如工人、农民、厨师、清洁工、邮递员、教师、医生等，无数的平凡人，在以自己的工作和生活引导和影响着社会，这就是我们身边的"圣贤"精神。相反，有一些身居高位的人，权力很大，可是心灵的层次和权力不匹配，不是把权力视为奉献社会的机会，而是当作谋取私利的工具，最终只落得牢狱之灾，甚至家破人亡，这不是糊涂至极吗？

1. 下下人，有上上智

一个人的境界和智慧，与身份和岗位没有直接关系，永远不可轻视任何一个人。看起来很平凡的人，境界和智慧可能足可以让我们肃然起敬。对于这一点，惠能大师已经做了很好的说明。

在弘忍大师准备传法的时候，要求人人都要写出一个偈子，惠能准备写自己的修行体会时，有一位站在身边的江州别驾，姓张名日用，用今天的话说就是江州市政府办公室主任，他很惊讶，说：你这没读书的人，而且不过是在寺院做杂活的，难道也会写偈子吗？惠能听了告诉他：欲学无上菩提，不得轻于初学。下下人有上上智，上上人有没意智。若轻人，即有无量无边罪。① 这当场就让那个张别驾感到特别惭愧和惊讶。之后的历史证明：就是这样一个在寺院做杂活的人，这样一个不怎么认字、没怎么读过书的人，却成了中国禅宗史上最伟大的宗师之一。通过惠能大师的案例，我们要永远记得，下下人往往有上上智。绝不可看不起平凡人，我们也不要看不起自己。

对于如何看一个人的修为和层次，王阳明有很精彩的说明。"论金子的大小和成色"，就是王阳明的创见。

2. 金子不仅有大小，还有纯度

在《传习录》中，记载了王阳明这样一件事：

《传习录》：希渊问："圣人可学而至，然伯夷、伊尹于孔子才力终不同，其同谓之圣者安在？"先生曰："圣人之所以为圣，只是其心纯乎天理而无人欲之杂。犹精金之所以为精，但以其成色足而无铜铅之杂也。人到纯乎天理方是圣，金到足色方是精。然圣人之才力，亦有大小不同，犹金之分两有轻重。尧、舜犹万镒，文王、孔子犹九千镒，禹、汤、武王犹七、八千镒，伯夷、伊尹犹四、五千镒。才力不同，而纯乎天理则同，皆可谓之圣人。犹分两虽不同，而足色则同，皆可谓之精金。以五千镒者而入于万镒之中，其足色同也。以夷、尹而厕之尧、孔之间，其纯乎天理

---

① 陈秋平，尚荣：《金刚经·心经·坛经》，中华书局，2016年版，第182页。

同也。盖所以为精金者，在足色，而不在分两。所以为圣者，在纯乎天理，而不在才力也。故虽凡人，而肯为学，使此心纯乎天理，则亦可为圣人。犹一两之金，比之万镒，分两虽悬绝，而其到足色处，可以无愧。故曰'人皆可以为尧舜'者以此。学者学圣人，不过是去人欲而存天理耳。犹炼金而求其足色，金之成色所争不多，则锻炼之工省，而功易成。成色愈下，则锻炼愈难。人之气质清浊粹驳，有中人以上、中人以下，其于道有生知安行、学知利行，其下者必须人一己百、人十己千，及其成功则一。后世不知作圣之本是纯乎天理，欲专去知识才能上求圣人，以为圣人无所不知，无所不能，我须是将圣人许多知识才能逐一理会始得。故不务去天理上着工夫。徒弊精竭力，从册子上钻研，名物上考索，形迹上比拟。知识愈广而人欲愈滋，才力愈多而天理愈蔽。正如见人有万镒精金，不务锻炼成色，求无愧于彼之精纯，而乃妄希分两，务同彼之万镒，锡、铅、铜、铁杂然而投，分两愈增而成色愈下，既其梢末，无复有金矣。"

时曰仁在旁，曰："先生此喻，足以破世儒支离之惑，大有功于后学。"

先生又曰："吾辈用功，只求日减，不求日增。减得一分人欲，便是复得一分天理，何等轻快脱洒，何等简易！"[①]

读王阳明给学生的解释，我们可以得出：一个人的修行过程，可以比作是锻造纯金。人们在评价金子的时候，有两个角度：一是金子的大小，二是金子的纯度。"金子的大小"，更多的是反映一个人的能力；"金子的纯度"，更多的是反映一个人的高度。比如有人位高权重，亿万家财，好比是金子的重量很大，个人能力比较强。但是如果自身修为不好，言行不检点，那金子的纯度就比较差，个人的境界和高度不够。但有一种人，就是平常的老百姓，很平凡，养儿育女，孝敬老人，接济邻里，与人为善，心胸坦荡，面对不公平，天高云淡。这种人就是金子的重量不大，即个人的能力不很大，但是纯度很高，人生的境界和德行很高。比如颜回，生活困难，很难给社会做多大的功业。但他修得非常好，在颜回去世的时候，孔

[①] （明）王守仁撰，吴光，钱明等编校：《王阳明全集》上，上海古籍出版社，2015年版，第24页。

子痛哭，认为是"天丧予"。

决定金子是否是精金的关键在于金子的纯度；决定一个人是否是圣贤的关键是一个人的境界和德行。很多人只是关注金子的大小，希望轰轰烈烈，位高权重，万贯家财，很少人关注到金子的纯度和成色。金子的重量很大，可是纯度不好，就如同一个人德行不好，但是很有能力，结果必然走错路而付出代价。金子重量不大，但纯度极高，如同一个人生活平凡，但心灵高洁，境界很高，值得很多人学习。

金子的大小，要看机缘和条件，除了个人的能力之外，还需要外在的社会条件，并不是哪一个人都可以位高权重、振臂一呼应者云集的，但是修炼金子的纯度却不需要什么外在条件，任何岗位都是修炼自己的好机会，就看自己是否真正有提升自己的觉悟，是否有不断净化自己的自觉，是否有力所能及成全别人的善心。

3. 每个岗位皆可出圣贤

通过王阳明的分析，我们要懂得世界上没有什么平凡与不平凡。任何一个岗位，都是修炼自己的好机会。任何一个岗位，只要做到极致，都是社会的典范。关键是自己是否真正想修炼自己。近代的禅宗大德虚云老和尚，有一次在云居山开示的时候，讲述了这样一个故事：

明朝初年，湖南潭州有一黄铁匠，以打铁为生，人皆呼为"黄打铁"。那时正是朱元璋兴兵作战的时候，需要很多兵器，黄打铁奉命赶制兵器，日夜不休息。

有一天，某僧经过他家，从之乞食，黄施饭，僧吃毕，谓曰："今承布施，无以为报，有一言相赠。"黄请说之。

僧曰："你为何不修行呢？"黄曰："修行虽是好事，无奈我终日忙忙碌碌，怎能修呢？"

僧曰："有一念佛法门，虽在忙碌中还是一样修，你能打一锤铁，念一声佛，抽一下风箱，也念一声佛，长期如此，专念南无阿弥陀佛，他日命终，必生西方极乐世界。"

黄打铁遂依僧教，一面打铁，一面念佛，终日打铁，终日念佛，不觉疲劳，反觉轻安自在，日久功深，不念自念，渐有悟入，后将命终，预知时至，遍向亲友辞别，自言往生西方去也。

到时把家务交代了，沐浴更衣，在铁炉边打铁数下，即说偈曰："叮叮当当，久炼成钢，太平将近，我往西方。"

泊然化去。当时异香满室，天乐鸣空，远近闻见，无不感化。[1]

通过这个故事，给我们很多启发。真正学佛的成就者，未必就是学富五车的大知识分子或者方丈、住持。相反，像打铁匠这样极平凡的人，老老实实地修行，照样成就。由此，人们要懂得，任何一个平台、任何一个平凡的岗位，都给我们提供了提升自己、净化自己的好机会，无论多平凡的工作，只要我们兢兢业业，做好本职，在这基础上力所能及地帮助别人，就是最好的修炼。

七、历史洪流中看阳明

任何一个思想体系，都是因缘生法，不过是特定时节因缘的产物。明朝开国之后，把朱熹的学说定位一尊，科举取士，于是很多知识分子，皓首穷经，教条僵化，更有很多只注重形式的人，表面一套符合礼仪的做法，背后又是另外的样子，即如某些人所批评的"满口的仁义道德，肚子里男盗女娼"。在这样的背景下，如何回归圣贤的本意，成了思想史的一大问题。王阳明在世的时期，明朝的商品经济有了一定的发展，饱暖思淫欲，世风糜烂，人心浮动，如何救正人心，成为时代所需。《金瓶梅》等书的出现就是明证。所以王阳明感慨"破山中贼易""破心中贼难"。我们常说孔子时代"礼崩乐坏"，其实根本在于人心的变化，所以无论多好的制度，人心出问题了，一切制度都成了摆设。所以，我们固然要重视制度的作用，完善制度和法律，但不可迷信制度和法律，更要重视心灵的教育，因为在任何时候，心灵的教育都是基础。

---

[1] 净慧主编：《虚云和尚全集》第一册，中州古籍出版社，2009年版，第254页。

在这样的背景下，"心学"应运而生。王阳明看起来是开创了"心学"，实则是回归"圣贤本意"，回归人类文化的根本，注重开启人们的"道心"和"良知"，在这个基础上升华人生，开启文明。从这个意义上说，王阳明聚焦了人类文明史上最核心的问题，即如何通过激发和启迪道心而开创人类文明。从这个意义上说，王阳明的思想永远有他的价值。尤其是随着改革开放的深化，我们越来越感觉到物质建设和精神文明建设务必要实现同步；如果没有或者忽视精神文明的建设，没有信仰和文化的推进，物质建设也会失去意义和价值，最终物质建设也不会持续和健康发展。

任何一个伟大的民族，必须有自己的心灵家园和精神世界！客观地说，我们民族自己的心灵世界和精神家园已经面临很严重的挑战和问题，如何维护中华民族的精神独立性，如何好好地传承、发展中华文化，为中华民族的千秋万代负责，这是时代的责任，也是王阳明"心学"之所以被重新认识和发现的重要原因。

"心学"所强调的人人可以成为"圣贤"，从学理上固然讲得通，但必须认识到现实的人有着各种欲念，各种自私、偏见、狭隘等弱点，一旦这样的人以"圣贤"自诩，结果不仅是自身精神上的谬狂，更会严重伤害社会的文化建设，败坏社会风气。对于这一点，我们必须注意。我们学习"心学"，是要学习王阳明不断追求自身净化和超越的精神，学习"心学"以开启"道心"为目标，学习王阳明在奉献社会中修养自身，在修养自身的时候去奉献社会的智慧，在这个过程中实现自身人格的完善与利国利民的有机统一。这些精神永远是我们民族文化的宝库，值得继承和弘扬。在这个过程中，我们要防止出现没有证出"良知"却以"圣贤"自诩的狂徒。因此，如何建立制度以明确人们的行为边界，如何启发人心之中的积极力量以推进社会进步，这是我们要着力的方向。

第 13 讲

《了凡四训》：人人皆可把握命运

《了凡四训》：人人皆可把握命运

《了凡四训》是中国文化中集中探讨人类命运的一本书，作者是明朝袁了凡，本名袁黄，生于1533年，卒于1606年，初号学海，后改号为了凡。这本书，其实是袁了凡结合他亲身的经历，写给孩子的家书或者家训，该书体现了他毕生的学问与修养，是我们思考如何做人、做事和人生命运问题的经典读本。

中纪委、监察部的网站这样形容《了凡四训》：《了凡四训》是以了凡个人经历现身说法训示子孙的家训，俗称"了凡戒子文"。由"立命之学、改过之法、积善之方、谦德之效"四部分组成。其思想核心是"改过"和"积善"，对后世的道德伦理思想影响深远，被誉为"中国历史上的第一善书"和"东方励志奇书"。我们有必要通过对这一本书的解读，萃取让我们终生受益的智慧。

一、从被规定的人生到自觉的生命

如果我们对袁了凡的一生做一个总结，那就是从一个宿命论——命运被规定的状态，走向觉悟者——自己把握自己命运的状态。

早年的袁了凡，以为人的命运是被规定好的，就是俗话所言：该是你的就是你的，不该是你的努力也没用。他的这种认识和早年的一次独特经历有关，了凡这样记叙：

> 余童年丧父，老母命弃举业学医，谓可以养生，可以济人，且习一艺

以成名，尔父夙心也。①

　　了凡的老母亲告诉了凡，之所以学医，除了养家之外，还能帮助别人。请大家反问：我们在思考人生的选择时，是否会从利益社会的角度考虑？袁了凡的命运之所以后来发生转折，和这个伟大的母亲有直接的关系。正因为袁了凡从小能够与人为善、能够设身处地为别人、为大众考虑，才能够广结善缘。

　　后余在慈云寺，遇一老者，修髯伟貌，飘飘若仙，余敬礼之。语余曰：子仕路中人也，明年即进学，何不读书？余告以故，并叩老者姓氏里居。曰：吾姓孔，云南人也。得邵子皇极数正传，数该传汝。余引之归，告母。母曰：善待之。试其数，纤悉皆验。余遂起读书之念，谋之表兄沈称，言：郁海谷先生，在沈友夫家开馆，我送汝寄学甚便。余遂礼郁为师。

　　孔为余起数：县考童生，当十四名；府考七十一名，提学考第九名。明年赴考，三处名数皆合。

　　复为卜终身休咎，言：某年考第几名，某年当补廪，某年当贡，贡后某年，当选四川一大尹，在任三年半，即宜告归。五十三岁八月十四日丑时，当终于正寝，惜无子。余备录而谨记之。

　　自此以后，凡遇考校，其名数先后，皆不出孔公所悬定者。独算余食廪米九十一石五斗当出贡；及食米七十余石，屠宗师即批准补贡，余窃疑之。

　　后，果为署印杨公所驳，直至丁卯年，殷秋溟宗师见余场中备卷，叹曰：五策，即五篇奏议也，岂可使博洽淹贯之儒，老于窗下乎！遂依县申文准贡，连前食米计之，实九十一石五斗也。

　　余因此益信进退有命，迟速有时，澹然无求矣。②

　　通过袁了凡的记述，我们知道他早年父亲去世，母亲希望他学医，后来有缘认识了一位特别精通命理的孔先生。孔先生欣赏袁了凡的彬彬有礼，依靠他对《周易》和术数的娴熟了解，对袁了凡的一生做了预测，结

---

① （明）袁了凡，尚荣，徐敏评注：《了凡四训：插图本》，中华书局，2008年版，第1页。
② 同上，第3页。

果处处应验，这给袁了凡很大震动，于是他以为命运都是安排好的，奋斗也没有多大意义，这就是我们平时所谓的"宿命论"。但在后来，袁了凡有幸又认识了一位修为很高的大禅师，在禅师的启发下，对命运的看法有了更深刻的认识，这才引发了整个人生的转机。

袁了凡在被安排去南京国子监任职的时候，内心已经非常消极，于是先去南京栖霞寺拜见了云谷会禅师，命运的转折由此开始。根据袁了凡记述：他"先访云谷会禅师于栖霞山中，对坐一室，凡三昼夜不瞑目。"[1]，云谷会禅师看到非常奇怪，觉得一般的人来寺院大都是求男求女、升官发财，可为什么袁了凡的狂心能够息下来呢？于是云谷问曰：凡人所以不得作圣者，只为妄念相缠耳。汝坐三日，不见起一妄念，何也？[2] 了凡听了很感慨，于是回答：吾为孔先生算定，荣辱生死，皆有定数，即要妄想，亦无可妄想。云谷听了哈哈哈大笑：我待汝是豪杰，原来只是凡夫。[3] 注意，从云谷会禅师的话中，我们就知道袁了凡对人生命运的理解大有问题，不然禅师不会哈哈大笑。袁了凡听了觉得希望来了，马上问禅师为什么哈哈大笑。禅师回答：人未能无心，终为阴阳所缚，安得无数？但惟凡人有数；极善之人，数固拘他不定；极恶之人，数亦拘他不定。汝二十年来，被他算定，不曾转动一毫，岂非是凡夫？[4] 禅师认为人的命运并非定数，那些作恶多端的人，即便命中长寿，恐怕很早就会身陷囹圄，甚至殒命。反过来，那些乐善好施的人，即便是命中寿命不长，但因为心胸宽广而身体好，因为德行好而得到大家的尊重。袁了凡听了继续追问：然则数可逃乎？意思是人的命运可以改变吗？因为这是困扰他几十年的大问题，被孔先生算定的命数压得他透不过气来。禅师明确地告诉了凡：命由我作，福自己求。诗书所称，的为明训。我教典中说：求富贵得富贵，求男女得男女，求长寿

---

[1] （明）袁了凡，尚荣，徐敏评注：《了凡四训：插图本》，中华书局，2008年版，第12页。
[2] 同上，第15页。
[3] 同上，第16页。
[4] 同上，第17页。

得长寿。夫妄语乃释迦大戒，诸佛菩萨，岂诳语欺人？① 简言之，禅师斩钉截铁地告诉袁了凡：命运都在个人手里，根本不是由一个外部的神秘力量所决定。

对于命运更深层次的解读，禅师对了凡说：

汝不见六祖说：一切福田，不离方寸；从心而觅，感无不通。求在我，不独得道德仁义，亦得功名富贵；内外双得，是求有益于得也。若不反躬内省，而徒向外驰求，则求之有道，而得之有命矣，内外双失，故无益。②

禅师对命运的看法，集中概括为一句话就是，命自我立，福自己求，个人的命运如何在于自己如何认识人生和世界、如何践行。这其中的内在逻辑就是自己种了什么"因"，自然会收获什么"果"。那些发展比较快的人，很多人往往会说某某人"命好"，实际上这是糊涂话。某人发展得好，这是"果"，如果仔细分析，没有哪个人可以无缘无故地"命好"，他一定是通过辛苦努力打拼而种下了"善因"。反过来，一个人如果不顺利，很多人以为这一个人遇到倒霉的"运气"。实际上一个人不顺利是"果"，为什么"不顺利"也有其中的原因。只不过有些人不懂得或者不愿意从自身角度分析其中的原因，反而怨天尤人罢了。总之，人生的命运，全在于自己如何努力种"因"，才有后来的"果"。反之，如果一个人身陷囹圄，也不是简单的"命不好"，而是自己很多方面没有注意而带来的"恶果"。

在对命运进行深度分析之后，禅师引导袁了凡抛开宿命论的窠臼，引导他自己分析自己的命运。当初孔先生算定袁了凡没有孩子，而云谷会禅师反问袁了凡：汝自揣应得科第否？应生子否？意思是你不要说孔先生算你没有孩子，请你自己想一想，你现在的生活状态，能有孩子吗？

余追省良久，曰：不应也。科第中人，类有福相，余福薄，又不能积功累行，以基厚福；兼不耐烦剧，不能容人；时或以才智盖人，直心直行，轻言妄谈。凡此皆薄福之相也，岂宜科第哉。

---

① （明）袁了凡，尚荣，徐敏评注：《了凡四训：插图本》，中华书局，2008年版，第18页。
② 同上，第19页。

> 地之秽者多生物，水之清者常无鱼；余好洁，宜无子者一；和气能育万物，余善怒，宜无子者二；爱为生生之本，忍为不育之根；余矜惜名节，常不能舍己救人，宜无子者三；多言耗气，宜无子者四；喜饮铄精，宜无子者五；好彻夜长坐，而不知葆元毓神，宜无子者六。其余过恶尚多，不能悉数。①

云谷会禅师通过这种引导，非常清楚地告诉了凡：你不要以为你的命运是被决定好的，更不要以为是被孔先生的"卦"所算定。其实，你的命运都是由你的认知、言行、个人的生活方式所决定。具体到没有子嗣的问题上，无论是袁了凡不注意按时休息，说话过多耗费气力，亦或是纵酒过度等，这都会伤害身体的健康而导致没有子嗣。

简言之，在云谷会禅师看来，袁了凡的命运并不是已经成为定数，更不是被一个"卦"所算定，而是自己的认识、言行而造就的后果，无非是"命自我立"。在这个基础上，禅师继续启发了凡：

> 岂惟科第哉。世间享千金之产者，定是千金人物；享百金之产者，定是百金人物；应饿死者，定是饿死人物；天不过因材而笃，几曾加纤毫意思。
>
> 即如生子，有百世之德者，定有百世子孙保之；有十世之德者，定有十世子孙保之；有三世二世之德者，定有三世二世子孙保之；其斩焉无后者，德至薄也。②

当然，这里所说无非是禅师的善巧方便，是想告诉袁了凡，一个人的命运如何，根本上取决于自己的努力，取决于自己的德行和修为。至于一个人有没有后代，则原因复杂。有很多大德高僧，童真出家，也没有后世子孙；有些大英雄因为特殊的使命，也没有后代，这并不是因为什么德行亏欠。禅师只是为了启发了凡而做出的解释，我们不可求全责备。

在分析"命自我立，福自己求"的道理之后，禅师告诉了凡：

---

① （明）袁了凡，尚荣，徐敏评注：《了凡四训：插图本》，中华书局，2008年版，第21页。
② 同上，第24页。

> 汝今既知非。将向来不发科第，及不生子相，尽情改刷；务要积德，务要包荒，务要和爱，务要惜精神。从前种种，譬如昨日死；从后种种，譬如今日生；此义理再生之身也。①

禅师告诉袁了凡：既然知道了这个道理，就不要怨天尤人，更不要自暴自弃，而是真诚地改进自己、升华自己，从自我做起，逐渐地改变命运。对此，禅师结合《尚书》，强调：天作孽，犹可违；自作孽，不可活。意思是天灾等自然灾害之类的事情，人们还可以通过努力加以避免，但是如果自己不争气、不努力，就无可救药了。正如同《诗经》所言：永言配命，自求多福。禅师希望袁了凡"汝今扩充德性，力行善事，多积阴德，此自己所作之福也，安得而不受享乎？"②所谓"阴德"，在中国文化的视野里，就是默默无闻做的善事。如果社会知道某人做了善事，大力表扬、广为舆论宣传，这就不是"阴德"。

对于如何看待用《易经》"算命"，禅师给出了非常精彩的回答：易为君子谋，趋吉避凶；若言天命有常，吉何可趋，凶何可避？开章第一义，便说：积善之家，必有余庆。③禅师没有把《易经》神秘化，更没有把大家引向崇拜神秘力量的道路，而是告诉大家，《易经》的实质是告诉我们如何做人，如何行持人生的正道，如何做堂堂正正大写的人。积善之家，必有余庆；积不善之家，必有余殃，已经把所有的人类命运问题说完了。如果大家希望自己的命运越来越好，不要搞什么迷信，更不要东求西求，而要真正从自我做起，不断地完善自己，力所能及地给社会服务，给大众造福，在这个过程中命运会越来越好。

袁了凡的伟大在于他非常谦卑，能够听得进别人的话，当场表态：

> 余信其言，拜而受教。因将往日之罪，佛前尽情发露，为疏一通，先

---

① （明）袁了凡，尚荣，徐敏评注：《了凡四训：插图本》，中华书局，2008年版，第24页。
② 同上，第26页。
③ 同上，第27页。

求登科；誓行善事三千条，以报天地祖宗之德。①

　　禅师为了帮助了凡改变命运，升华人格，"出功过格示余，令所行之事，逐日登记；善则记数，恶则退除，且教持准提咒，以期必验。"② 禅师拿出一张类似于今天田字格一样的纸张，做好事和做坏事，都加以记录，从而更好地提醒、改进自己。至于持咒，对于修心和修定，都有重要的意义。禅师告诉了凡，只要诚恳地改进自己，命运自然会发生变化，这就是："修身以俟之，乃积德祈天之事。曰修，则身有过恶，皆当治而去之；曰俟，则一毫觊觎，一毫将迎，皆当斩绝之矣。到此地位，直造先天之境，即此便是实学。"③ 禅师非常清楚地告诉了凡，如果一个人的起心动念都是非常纯净，都能够自觉地利益大众，这个人的命运一定会改变。

　　如果我们仔细分析袁了凡能够接触这些善缘的背后原因，会发现这与袁了凡母亲的教育很有关系。袁了凡的母亲非常注重孩子的品格和德行，这使得袁了凡彬彬有礼，与人为善，能够倾听别人的指教，并且身体力行，如果袁了凡刚愎自用、自以为是，那命运的改变就无从谈起了。所以，世界上的任何事情，都不是无缘无故的，都有其内在的因果联系。

　　《了凡四训》这本书，引发我们对教育终极意义的思索。袁了凡的人生觉悟，启示我们所有的教育，其最终极的意义，绝不是用分数评价人，而是在培养一个人的觉悟，引导、启发受教育者成为自觉的人，成为自己把握自己、自己成全自己、自己实现自己的人。教育不是让人形成对外部力量的依赖和崇拜，而恰恰相反，真正的教育是让人能够打破限制其发展和升华的天花板，真正成为自己把握命运的大写的人。我们对孩子的教育，最终是让孩子独立成长，成为可以独立面对风雨和自我负责的人。我们每一个人都是自己命运的主人。懂得了这个道理，就要从修养自身做起，从努

---

① （明）袁了凡，尚荣，徐敏评注：《了凡四训：插图本》，中华书局，2008年版，第27页。
② 同上，第29页。
③ 同上，第34页。

力为社会造福做起，自己为自己负起责任，从而让自己的人生越来越好！

现在有一些家长带着控制孩子的心态培养孩子，把"孩子听父母的话"视为教育的目标，这违背了教育的意义，也违背了孩子成长的规律，最终孩子在反抗中痛苦、家长在付出中痛苦。我们不妨好好品味庄子的话："相濡以沫，不若相忘于江湖。"从父母的角度，孩子能够独立成长，能够独立面对人生的各种考验，能够成熟地处理好人生的各种问题，这才是培养的目标，而不是简单的"听话和顺从"。从孩子的角度看，永远对包括父母在内的师长、朋友感恩，这是做人的根本。

二、命运何以改变

希望改变自己的命运，希望人生越来越好，这几乎是全人类的共同心愿。但命运如何改变？这又是让很多人困惑的大问题。古往今来，那种夸夸其谈耍嘴皮子的人，都不会改变命运。任何一个人，如果希望人生越来越好，只有知行合一，将真正好的道理落实在实际的行动中，从而真正在实践中改变命运。孔子反对空谈，讨厌夸夸其谈而不能落实的行为，他说"巧言令色，鲜矣仁！"又说"刚毅木讷，近乎仁"，孔子认为只是能说会道的人，没有几个是真正的善者。道家和佛家也认为那些嘴上有道身上没道的人，永远不会真正成就。所以，我们一定要把正确的认知和真正的践行落实起来，在实践中修行，在修行中实践，从而让人生越来越好。袁了凡在这一方面，特别值得我们学习：

余初号学海，是日改号了凡；盖悟立命之说，而不欲落凡夫窠臼也。从此而后，终日兢兢，便觉与前不同。前日只是悠悠放任，到此自有战兢惕厉景象，在暗室屋漏中，常恐得罪天地鬼神；遇人憎我毁我，自能恬然容受。①

由于袁了凡马上把禅师所讲的道理付诸行动，真正把道理落实下来，所以命运的轨迹必然发生变化：

---

① （明）袁了凡，尚荣，徐敏评注：《了凡四训：插图本》，中华书局，2008年版，第34页。

到明年礼部考科举，孔先生算该第三，忽考第一；其言不验，而秋闱中式矣。

孔公算予五十三岁有厄，余未尝祈寿，是岁竟无恙，今六十九矣。书曰：天难谌，命靡常。又云：惟命不于常，皆非诳语。吾于是而知，凡称祸福自己求之者，乃圣贤之言。若谓祸福惟天所命，则世俗之论矣。①

由此可见，孔先生算定袁了凡的考试结果和寿命的长短等，都已经不起作用了。袁了凡就是用自己的现身说法告诉他的孩子，一定要懂得"命自我立，福自己求"，决不可自暴自弃，更不可虚度年华，而是做一个自己把握自己命运的人，做一个自己实现自己人生的人，做生命的觉悟者。

究竟如何做才能改变命运呢？在《了凡四训·改命之法》这一部分，袁了凡给出了系统的建议，对于我们今天如何过好一生有很强的现实意义。

但改过者，第一，要发耻心。思古之圣贤，与我同为丈夫，彼何以百世可师？我何以一身瓦裂？耽染尘情，私行不义，谓人不知，傲然无愧，将日沦于禽兽而不自知矣；世之可羞可耻者，莫大乎此。孟子曰：耻之于人大矣。以其得之则圣贤，失之则禽兽耳。此改过之要机也。

第二。要发畏心。天地在上，鬼神难欺，吾虽过在隐微，而天地鬼神，实鉴临之。重则降之百殃，轻则损其现福；吾何可以不惧？不惟是也。闲居之地，指视昭然；吾虽掩之甚密，文之甚巧，而肺肝早露，终难自欺；被人觑破，不值一文矣，乌得不懔懔？

第三，须发勇心，人不改过，多是因循退缩；吾须奋然振作，不用迟疑，不烦等待。小者如芒刺在肉，速与抉剔；大者如毒蛇啮指，速与斩除，无丝毫凝滞，此风雷之所以为益也。②

首先，袁了凡认为改变命运要有"三心"。先看耻心。一个人只有对自己做过的错误的事、不好的事，内心愧疚，这样才有改正自己的可能。如果不能认识自己的错误，不能反省自己的过失，对错误的事，不

---

① （明）袁了凡，尚荣，徐敏评注：《了凡四训：插图本》，中华书局，2008年版，第34页。
② 同上，第52页。

以为耻，反以为荣，价值观颠倒，那就无从谈起。所以孔子认为"知耻者，近乎勇也"。其次看敬畏之心，一个人、一个民族，在天地之间生存，对于大自然、对于天地，我们都要有敬畏之心、感恩之心，如果忘乎所以，甚至胡作非为，会带来大祸。再看勇心，我们既要勇敢地承认自己的不足，敢于直面人性的弱点，更要勇于改正，这样才能越来越好。所以，"具是三心，则有过斯改，如春冰遇日，何患不消乎？"①

其次，在如何改变命运的具体操作方法上，了凡作了总结：然人之过，有从事上改者，有从理上改者，有从心上改者；工夫不同，效验亦异。②

什么是从事上改正？《了凡四训》说：如前日杀生，今戒不杀；前日怒詈，今戒不怒；此就其事而改之者也。强制于外，其难百倍，且病根终在，东灭西生，非究竟廓然之道也。③简单地说，所谓从事上改正，就是不该做的事情就不要做。包括违法乱纪的不做，伤天害理的不做，危害别人和社会的不做，不符合社会道德的不做，如此等等，马上停止。

什么是从理上改呢？《了凡四训》说：

善改过者，未禁其事，先明其理；如过在杀生，即思曰：上帝好生，物皆恋命，杀彼养己，岂能自安？且彼之杀也，既受屠割，复入鼎镬，种种痛苦，彻入骨髓；己之养也，珍膏罗列，食过即空，疏食菜羹，尽可充腹，何必戕彼之生，损己之福哉？又思血气之属，皆含灵知，既有灵知，皆我一体；纵不能躬修至德，使之尊我亲我，岂可日戕物命，使之仇我憾我于无穷也？一思及此，将有对食伤心，不能下咽者矣。如前日好怒，必思曰：人有不及，情所宜矜；悖理相干，于我何与？本无可怒者。

又思天下无自是之豪杰，亦无尤人之学问，行有不得，皆己之德未修，感未至也。吾悉以自反，则谤毁之来，皆磨炼玉成之地；我将欣然受赐，何怒之有？

---

① （明）袁了凡，尚荣，徐敏评注：《了凡四训：插图本》，中华书局，2008年版，第57页。
② 同上。
③ 同上。

又闻谤而不怒,虽谗焰薰天,如举火焚空,终将自息;闻谤而怒,虽巧心力辩,如春蚕作茧,自取缠绵;怒不惟无益,且有害也。其余种种过恶,皆当据理思之。此理既明,过将自止。①

从理上去改正,实际上就是要明白为什么要改正某些不好的行为。对于不能做的事,强制不做,就是事上改正。可是,为什么不要做呢?不仅知其然,还要知其所以然,这就要从道理上说明白,讲通透,心服口服。如果不能明理,会让人疑惑丛生,最终不能坚持下去。可是,光明白道理还不够,内心是否认同,这是最终的关键。比如面对不要公众场合抽烟的规定,那先不要在公众场合抽,这就是事上改。可是有的人觉得自己抽个烟怎么了?这就是道理上没有明白,需要讲清楚抽烟对自己和别人的危害,公众场合,不能因为自己的坏习惯而影响别人。可是道理讲清楚了,如果内心非常不认同,这就需要更进一层,那就是心上改正:

何谓从心而改?过有千端,惟心所造;吾心不动,过安从生?学者于好色、好名、好货、好怒、种种诸过,不必逐类寻求;但当一心为善,正念现前,邪念自然污染不上。如太阳当空,魍魉潜消,此精一之真传也。过由心造,亦由心改,如斩毒树,直断其根,奚必枝枝而伐,叶叶而摘哉?②

所谓心上改正,是指一个人不仅明白了其中的道理,而且内心非常认同,决心将明白的道理落实在实际的行动中,只有这样才是真正彻底通透地改正自己。如果没有内心深处的认可和认同,一切就会流于形式和表面。

所以,我们要把外在的道理内化为心灵的认同和实践中的践行,只有这样,改变命运才能落在实处。所以,袁了凡非常强调从心地上不断完善自己的重要性:

大抵最上者治心,当下清净;才动即觉,觉之即无。苟未能然,须明理以遣之;又未能然,须随事以禁之;以上事而兼行下功,未为失策。执

---

① (明)袁了凡,尚荣,徐敏评注:《了凡四训:插图本》,中华书局,2008年版,第58页。
② 同上,第63页。

下而昧上，则拙矣。①

从心地上如何完善自己，并不是不可捉摸，是指一个人减少个人的过分贪欲，做到内心清净，这个时候升起的念头都是积极向上、利益他人和社会的正念。即便是有一些出于贪欲的不好念头，也能及时发觉，并随时自我提醒。可以这样说，当一个人能够管住自己的心时，已经是相当高的境界了。

对于"事上改""理上改"与"心上改"的内涵，我们不妨举一个例子说明：有一个盗窃犯，喜欢不劳而获，经常小偷小摸。当被绳之以法以后，坚决管住小偷小摸的行为，这就是事上改正。然后给他讲道理，让他懂得人都不容易，不可将别人的辛苦劳动成果据为己有，人生在于自强不息，这就是"理"上改。但如果行为上改了，道理也明白了，就是心里蠢蠢欲动，老想偷点东西，这就需要"心"上改正。如果有一天内心也没有了偷盗的念头，明白了不能盗窃的道理，更没有了偷盗行为，那就完成了对盗窃犯的真正改造。这对于当前犯罪人员如何改造也提供了指导，只有让犯罪人员从内心深处反省自己，能够真正洗心革面，只有这样才是完成了对犯罪人员的改造，使其成为有益于社会的人。反之，如果仅仅是使其参加劳动，单纯强制性地管理，反而让罪犯心生怨气，都不能实现真正的改造，不免会出现很高的重新犯罪率。

除此之外，了凡还结合现实生活，提出了几条改变命运、让人生越来越好的具体措施，直到今天，仍然有非常强的现实意义。

随缘济众，其类至繁，约言其纲，大约有十：第一，与人为善；第二，爱敬存心；第三，成人之美；第四，劝人为善；第五，救人危急；第六，兴建大利；第七，舍财作福；第八，护持正法；第九，敬重尊长；第十，爱惜物命。②

这十条建议，简单明了，可操作性强，是我们修养身心和提高德行的

---

① （明）袁了凡，尚荣，徐敏评注：《了凡四训：插图本》，中华书局，2008年版，第63页。
② 同上，第107页。

好参照。"随缘济众",就是根据自己的条件力所能及地帮助别人,大致包括十个方面:

第一,与人为善,这里包含了一个人的出发点与实际帮助人的行为有机结合起来。从出发点上,我们爱护别人、尊重别人,这是做人的基础,在事实上也能真正帮助到别人,这才是好心和好事的结合。我们每一个人都应该有一颗与人为善的心,并在现实中力所能及地帮助别人。

第二,爱敬存心,是指我们要对别人有一颗恭敬的心,不要趾高气昂,不要自以为优越而看不起别人。什么时候都要平等待人,真诚地尊敬别人,这才能得到别人的认可和尊敬。而且,一个人对别人有恭敬心,才能得到别人的认可和帮助,如果心高气傲,谁会理你?这就是孟子所言:敬人者,人恒敬之;爱人者,人恒爱之。大家读西汉政治家张良的传记,正因为他早年待人非常恭敬,才得到老人的帮助,送给他一部兵书,对他后来帮助很大。

第三,成人之美。夫子说"君子成人之美,不成人之恶",是说我们要成全别人积极向上的追求,而绝不助纣为虐。现实中,当我们见到一个人希望做利益社会的善事时,我们要尽可能成全别人,帮助别人做成好事,佛家称之为"随喜"。但如果是一个人想伤害社会或者他人,我们则绝不能助纣为虐。

第四,劝人为善。用今天的话说,就是传递正能量,传播优秀文化、圣贤的智慧,引导每一个人都做堂堂正正大写的人。在传播中华优秀文化的过程中,升华人的境界和德行,以引导大家做利国利民的事。在互联网的时代,每一个人的言行都对别人产生重要影响,不能不谨慎。从正面的角度看,尽可能以好的影响感召大家,带动越来越多的人做利益大众的事,这样社会风气越来越好。

第五,救人危机。世界上有锦上添花的事,也有雪中送炭的事。两种都值得肯定,但雪中送炭,尤其值得肯定。很多人遭遇急难的时候,内心非常痛苦,如果没有帮助,可能都不知道下一步怎么办,如果遇到这种情况,力所能及地帮助别人,给人希望,这是我们做人的本分。

第六，兴建大利。这是指修桥、修路等造福大众的公共事业。在今天，仍然需要很多公共工程，关系人民的福祉，我们从各种角度来推动这种工程的建设，就是兴建大利。

第七，舍财做福。请大家分析人的机遇从哪里来？如果对此做总结，不难发现人的机会和回报来自人的奉献。一个人多大程度上得到社会的认可、得到大家的认可、得到领导、同事的认可，取决于自己给别人做多大的贡献。现在的很多企业家大都注重慈善事业，包括邵逸夫先生、李嘉诚先生、曹德旺先生、马云先生、刘强东先生等，都是花一定的时间，做利益社会的事。因为这些企业家深懂一个道理：企业发展得好不好，根本取决于企业能够为社会做多少贡献。当然，也有人会说：我没有钱，怎么做利益他人的事？其实利益他人，不一定用钱，有一颗善良的心，对人真诚的微笑，别人有问题时能够耐心诚实地回答等，都是利益他人。当然，对有实力的企业家而言，就是有能力做到舍财做福。

第八，护持正法。这实际上给我们指出了推进文化健康发展的重要方针。当前社会的文化现象比较复杂，各种价值观、各种观点纷繁杂芜，这个时候很需要我们有很强的辨别力。有的时候，很多引人走向邪路的观点会迷惑很多人。那么，什么是正法、邪法呢？我们今天拿出一个标准：所有启发人的道心、引导人积极向上、开明上进、自强不息、利益大众的文化，都是正法；反之，利用人的欲望和弱点、引导人走向狭隘、极端、自私、贪欲、虚荣、攀比等方向的就是邪法。这是务必要注意的问题。所以，但凡让人越来越优秀越智慧越有修养的文化，就是正法，如果让人问题越来越多，弱点越来越多，那就是邪法。而且更深一步，凡是引导人懂得命自我立、福自己求的文化，就是开明的正法；凡是引导人走向盲目迷信和狂热崇拜的文化，就是邪法。一个国家良好的文化生态，一定是弘扬正法和限制邪法的有机统一，一定是种庄稼和拔杂草的有机统一。如果没有大力弘扬正气，必然是歪风邪气弥漫，单纯打压不良风气解决不了文化建设问题。希望我们每一个人多弘扬中华优秀文化，造福大众，引导社会风气越来越好。

第九，敬重尊长。对每一个帮助我们成长的人，我们都要永远保持敬意和尊重。推而广之，我们任何人都要敬重，永远不要看不起人，看起来很平凡的人，往往有很高的境界、很大的智慧，我们绝不可将人分为三六九等，不可势利待人。

第十，爱惜物命。任何一个生命，在成长的过程中都非常不容易，不管是动物还是人，在遭遇杀戮的时候，都会经历极大的痛苦，我们要有感同身受的心。我曾遇到一个年轻人，喜欢捉鱼，而且是常用炸药炸鱼，当然这是违背法律的行为。我听说之后，问他为什么这么做？他说喜欢吃鱼。我告诉他：你所谓的喜欢吃鱼，恐怕一条就够了，这样炸鱼，伤害多少无辜的生命？而且在春天是鱼妈妈产卵的关键时期，中国古代都不允许在春天的时候捕鱼，这种超出自己需要的滥杀无辜，你就没有自责之心吗？所以，爱惜物命要求我们一生都要珍爱生命，不仅是爱惜人的生命，任何一个生命都来之不易，我们绝不可滥杀无辜，一定尽可能地爱护生命，实现人与自然的和谐。

上面所讲，从道理上、心地上和具体操作方式上等各个层面，告诉我们如何改变自己的命运，对于今天的人们仍然有非常现实的意义。如果超出改变个人命运的视角，会发现这些建议对于整个社会风气的改变、对于社会的道德教育、对于提升整个民族的修为都有极其重要的意义，为我们每一个人不断完善和升华提供了指导。

当然，如果我们从学理的角度探究人生命运何以发生变化的内在原因，实际上在于因果的规律。所谓因果，在辩证法看来，指出了人类自身行为的引起和被引起的逻辑关系，一个人的言行种下什么因，就会有与之相符合的果，这之间有内在的逻辑。所以，一个人的命运不要神秘化，更不要迷信化，而要像袁了凡一样好好做人做事，命运自然越来越好。

比如，孩子都在读高中，有的孩子荒废时光，有的孩子刻苦用功，两个人种的因不一样，结果考的分数和录取的情况自然不一样。比如两个官员，一个克己奉公，一个贪赃枉法，其人生的结局也会不一样。贪赃枉法者，即便暂时逃脱法律惩罚，但惶惶不可终日的状态是逃不过去的。所以,中国文化所提倡的"命自我立,福自己求",极大地肯定了我们人类的尊严,启示我们要做一个生命的觉者,做一个自己把握自己命运的人。通过不断提高自身的觉悟、智慧、德行和做事的能力,让人生的局面越来越好。

三、身在公门好修行

对于任何公共管理者而言,一项政策涉及很多人的切身利益,如果是更高层次的管理者,甚至会关系国家的兴衰。从这个意义上说,一个优秀的德才兼备的管理者,不知道要造福多少人。可以这样说,一个优秀的管理者实为民众的福祉,是国家发展特别重要的人才资源。我们常说"身在公门好修行",是说一个人的德行和境界,不是语言空说,而是在服务社会的过程中才能得到真正的提升和历练,而公共管理岗位涉及千千万万人的幸福,是一个特别好的修炼自我和服务社会的好机会。我们通过《了凡四训》中的两个故事来说明"身在公门好修行"的道理。

其中一则是袁了凡本人的经历。他听了云谷会禅师的讲述,明白了命自我立的道理,决心通过自己的善行改变命运。袁了凡一个非常显著的优点就是"勤而行之",能够把禅师的教导立刻付诸行动:

> 余(就是袁了凡本人)置空格一册,名曰治心编。晨起坐堂,家人携付门役,置案上,所行善恶,纤悉必记。夜则设桌于庭,效赵阅道焚香告帝。汝母见所行不多,辄颦蹙曰:我前在家,相助为善,故三千之数得完;今许一万,衙中无事可行,何时得圆满乎?夜间偶梦见一神人,余言善事难完之故。神曰:只减粮一节,万行俱完矣。盖宝坻之田,每亩二分三厘七毫。余为区处,减至一分四厘六毫,委有此事,心颇惊疑。适幻余禅师自五台来,余以梦告之,且问此事宜信否?师曰:善心真切,即一行可当万善,况合县减粮、万民受福乎?吾即捐俸银,请其就五台山斋僧一万而回向之。[①]

大家请看,袁了凡发心做一万件利益别人的善事,由于公务繁忙,很

[①] (明)袁了凡,尚荣,徐敏评注:《了凡四训:插图本》,中华书局,2008年版,第40页。

难有机会完成心愿，这个时候做了一个梦，在梦里有神人告诉他：你作为县里的主管，就是减免苦难群众的税收这一项德政，就惠及几万乡民，可以说一件顶一万件还多！大家想，如果一个县的一把手，能够造福一方，严于律己，那会利益几十万百姓。如果一个部级干部践行全心全意为人民服务的宗旨，一个好的政策会让整个国家受益，可谓功德无量！所以，后来孔先生算定袁了凡没有子嗣、不能考中进士等所谓命数，都已经失效了。

在《了凡四训》中，袁了凡还记载了这样一则故事：

昔卫仲达为馆职，被摄至冥司，主者命吏呈善恶二录，比至，则恶录盈庭，其善录仅如箸而已。索秤称之，则盈庭者反轻，而如箸者反重。仲达曰：某年未四十，安得过恶如是多乎？曰：一念不正即是，不待犯也。因问轴中所书何事？曰：朝廷常兴大工，修三山石桥，君上疏谏之，此疏稿也。仲达曰：某虽言，朝廷不从，于事无补，而能有如是之力。曰：朝廷虽不从，君之一念，已在万民；向使听从，善力更大矣。故志在天下国家，则善虽少而大；苟在一身，虽多亦小。[①]

事情的真伪不是我们讨论的问题，我们重在通过故事说明道理。官员卫仲达，死了以后冥司根据他在世期间的言行予以审判，主管人命的官吏拿来他平时所思所做的案卷，他发现自己的过失非常之多，原来平时一个不好的念头都会记录在案。但有一件好事，确是非常有重量，仔细查看原来是他曾经给皇帝上书，希望不要大兴土木，劳民伤财。虽然皇帝并未采纳，但由于他一念在为万民祈福，那就是功德无量！我们不必要讨论这种故事的真假，而是要好好领会其中的道理。我们读儒、释、道的书，会发现无论是哪家的学说，一个人如果不能积累足够的功德，根本谈不上什么成圣成仙成佛。身在公门，小一点说，一举一动涉及万千人的利益，大一点说，一身系天下安危，可谓举足轻重。如果带着造福大众的心，可谓无量功德。如果自私自利，会伤害无数人的利益，亦是无量的罪过，不可不慎！

所以，任何一个志在成就卓越人生的朋友，务必发心以造福社会、利

---

① （明）袁了凡，尚荣，徐敏评注：《了凡四训：插图本》，中华书局，2008年版，第104页。

益大众为初心，这样自利利他，整个社会皆大欢喜。如果一个人能够带着出世的心去做利国利民的事业，放下对小我的名利追逐，而能够为大众谋利益，做几件经得起历史检验的善政，从自己的角度说，这是积德，从国家的角度看，这是德政，可谓善莫大焉。

结 语

阅读经典，造福大众，成就人生

阅读经典，造福大众，成就人生

这是一本写给历史的书，更是一本希望造福大众的书！书中所选取的文本是中国历史上的经典文本，目的就是希望确保这本书的质量，确保读者能够真正从中受益。

经典是人类文明史上经得起检验的文化瑰宝，蕴含着人类文明极其宝贵的经验和智慧，是我们提高自身的重要文化素养和人生成长的"捷径"。本书旨在从传世经典中萃取直接用于当下的"蜂王浆"，虽然文字不多，但立意在于从经典中抽离出对我们的生活、工作等有直接教益的内容，予以阐发和总结，目的就是把中华传统文化的"宝贝"直接提供给大家。

孔子在《论语》里开篇提出"学而时习之，不亦说乎"！对这句话的意思，有很多理解，但最符合孔子本意的是，我们学了智慧，一定要落实在实践中，这是让人欣慰的事！因为，在孔子看来，君子应该慎于言而敏于行。而且，孔子的学生曾子在提出"三省吾身"的时候，其中有一条"传不习乎"？这里所谓的"习"，就是实践和落实的意思。对于我们民族的经典瑰宝，我们不仅要学习其中的智慧和精神，更要落实在实际的行动中，如果仅仅停留在口头言教，那对个人的命运和社会的发展没有多大意义。所以，我们务必有一个将智慧的学习和实践落实相结合的自觉，要把在经典中学习的体会，自觉和实际的工作、修身结合起来，这样才能让中华经典的光照耀我们前行的道路，真正造福社会大众。

如果我们没有身心的变化，任何人类的智慧都没有实际意义。我们只有将人类的智慧真正落实在升华自身和造福大众的实践中，文化的价值才熠熠生辉。

在如何建设一个美好的社会问题上，制度的建设和具体操作的模式固然非常重要，但是如何培养人们的智慧、德行、境界和自身修为等，却有着不可替代的作用。人们的素质如果跟不上，再美好的制度、理念和价值目标，都不过是空中楼阁，难以成为现实。从这个意义上说，如何从中华经典中汲取智慧，提高人们的内在修为，这是实现社会长治久安的基础性工程，应该引起更多人的重视。

每一个人都在追求幸福的生活，可是怎样才能获得真正的"幸福"？除了必要的物质条件之外，幸福的真正源泉来自人们的心灵世界。一个伟大、智慧的心灵，懂得创造幸福、感受幸福。一个在心灵上贪得无厌的人，无论有多少富贵，他都永不会满足。从这个意义上说，这本书是一个人阅读的人生参考。如何让人生更圆满、更有智慧，是每一个人的人生必修课，也是实现卓越人生、幸福人生应该自觉吸纳的精神营养。

《中庸》说"大德者，必授命"，意思是只有真正有利国利民之心的"大德"，才有能力承担历史使命，做出造福大众的伟大功业。中华经典，就是培育我们德行和智慧的重要文本，是我们每一个人自我提高和自我净化的源头活水。

如果放置于宇宙时空，人生百年，也不过白驹过隙，但真正有意义的人生，在于几十年的光景里做出经得起检验的业绩，造福后人，在历史的长河中留下属于我们这一代人的痕迹。如果按工作岗位说，不管哪一个职业和岗位，都是实现人生的平台，只要珍惜和努力，任何岗位都可做成典范，从而让人肃然起敬。正是一个一个的典范，点亮了社会的星空，照亮了无数人前行的道路。

无论是看人生还是看世界，只有放在大的历史视野里，才能"会当凌绝顶，一览众山小"，才能更好地给自己的人生定位，才能更清晰地看清楚很多事情。从现在到未来的几十年，是中华民族走到世界舞台中心的关键时期，这是一个世界历史的大局，更是关系到中华民族国运的大局。这个历史大局能否成为现实,我们能否让这个过程实现得更稳健,根本取决于我们中国人的精诚团结和不断努力。

回望历史,几千年的时间,在绝大多数的时间里,中华民族都能够迎立潮头,做世界文明的引领者;展望未来,我们一样自信有这样的能力,以中华文化的智慧为人类的文明做更大贡献!当我们有了这样的历史自觉,我们会倍加珍惜今天来之不易的大好局面,团结起来,众志成城,上下同心,接续文脉,直面挑战,再造文明!

值得提及的是,在实现民族伟大复兴的过程中,我们务必化解近代的"心结"!近代历史带给我们最大的苦难,也许不是无数的割地赔款,而是带给我们民族心灵的伤害!直到今天,仍然有很多人在心灵深处有对自己国家和文化的不自信,这是需要引起我们重视的问题。中华民族的文化主张日新又新、海纳百川、自强不息、道法自然等精神,是中华民族不断发展壮大的精神支撑。但是满清闭关锁国政策,根本背离中华民族不断开拓进取的内在精神,导致封闭僵化。客观地说,满清"闭关锁国"的所谓国策背离中华民族内在生机勃勃的精神,这是"因"。导致后来的僵化保守和落后挨打,这是"果"。近代以来,某些人对近代史的误读,片面地将中国的落后归结为文化的原因,由此产生了对文化认同的困惑。我们必须要化解这个心结,认识到近代落后的原因,从表面上看是错过了工业革命,直接的原因是闭关锁国和文字狱等失败的国策,深厚的原因是我们背弃了中华文化生机勃勃的内在精神,导致没有准确把握大势,没有做到政治、经济、文化等方方面面的与时俱进。由此,我们更要体会到传承、接续和发展中华优秀文化的重要性和紧迫性。

放眼人类的文明史,中华民族的灿烂文明举世公认,近代暂时的落后,我们固然要痛定思痛,深刻地反省其中的原因和应该借鉴的教训,但是没有必要丧失对国家和文化的自信。任何民族的未来,必然建立在自身文化和历史的根脉上,我们要好好汲取中华文化几千年文明创造,在这个基础上海纳百川,为我所用,中华民族的伟大振兴,必然会成为现实!

人能弘道,非道弘人。无论是中华民族的未来,还是每个人的未来,都在于我们每个人的努力。我们中华民族的后世子孙，应该自觉承担起传承、弘扬中华文化的重任，既要维护中华文化的主体性，又要海纳百川，吸纳人类文明的一切优点为我所用，承担起振兴中华、造福人民的责任，在学习中实践，在实践中学习，在提高修为中服务人民，在服务人民中提高修为，建设好我们的美好家园，也以此为人类社会的未来提供中国智慧和方案，从而造福人类文明，我们责无旁贷！

郭继承于弘正学堂

2019 年 4 月 10 日